AESTHETIC EDUCATION FOR SUSTAINABLE DEVELOPMENT

미학기반
지속가능발전교육

손종호

지도교수였던 Professor Miles T. Bryant에게 바칩니다.

차례

들어가면서

    일반적으로 교육의 3요소라 하면 교사와 학생, 그리고 교육과정(Curriculum)을 의미합니다. 이는 무겁고 큰 솥(鼎, 교육)을 받치는 세 개의 다리에 비유할 수 있습니다. 순서와 관계없이 먼저 교육과정을 살펴보겠습니다. 우리나라의 경우 교육과정은 교육부에서 총론과 교과별 각론을 제작 고시한 후 전국 시도교육청을 통해 초·중·고등학교에 배부됩니다. 그래서 우리나라의 교육과정은 중앙집권적이고 하향적인 구조에 의해 만들어진다고 할 수 있습니다. 그리고 소수의 일부 학교[1]를 제외하고는 지역에 상관없이 똑같은 교육과정이 적용됩니다. 다음으로는 교사입니다. 우리나라에서 교사가 되기 위해서는 먼저 교사자격증을 취득해야 합니다. 초등학교 교사는 교육대학교, 중등학교 교사는 사범대가 설치된 4년제 대학을 졸업하면 교사자격증을 취득할 수 있습니다. 교사자격증 취득 후 교사로 임용되어 근무지로 발령받기 위해서는 교원임용시험이라는 관문을 통과해야 합니다. 우리나라 학교는 설립 주체에 따라 크게 국공립, 사립학교로 나뉘는데, 국공립학교의 설립 주체는 교육부, 시도교육청이며, 사립학교의 설립 주체는 재단법인입니다. 국공립학교이든 사립학교이든 교원임용시험을 거쳐야 하는 것은 공통적이지만, 국공립학교인 경우 평균적으로 4년마다 학교를 옮겨야 하고, 사립학교는 채용된 학교 재단에서 계속 근무하게 됩니다. 마지막으로 학생입니다. 우리나라의 경우 학생은 고등학교까지가 의무교육이며, 일반적으로 자신이 사는 거주지 주변에서 원하는 학교를 지망한 후 컴퓨터 프로그램을 통해 학교가 배정됩니다. 따라서 학교가 배정되면 교육과정은 교육부에서 고시한 교육과정이 똑같이 적용됩니다.

---

1) 자립형사립고등학교와 일부 특목고 등이 여기에 해당되며, 현재 우리나라에 실시되고 있는 교육과정은 2022 개정 교육과정이다.

지금까지 교육의 세 요소, 즉 교육과정, 교사, 학생에 대하여 살펴보았는데 우리나라의 경우 교육과정은 공통적이며, 교사와 학생이라는 인적 요소는 학교에 따라 차이가 있음을 알 수 있습니다. 이제부터는 교육이 왜 변화하기 어려운가에 대해서 말해보고자 합니다. 실제로 교육활동이 일어나는 학교는 학교마다 교육목표를 달성하기 위한 교육과정을 기반으로 학생, 교사, 학부모 등 다양한 인적 요소들이 밀접하게 연결되어 있으며 서로 영향을 주고받는 공간입니다. 그런 이유로 시대의 변화에 따라 교육목표가 변하고, 이렇게 변화하는 교육목표를 달성하기 위해서 학교의 변화를 모색한다면 교육의 세 요소 중 일부의 변화만으로는 의도하는 변화를 끌어내는 것이 어려움을 알 수 있습니다.

　　Meyer(1978)에 따르면, 학교는 지역사회에서 차지하는 현재의 위치와 무엇을 추구하는가에 대한 명확한 인식이 필요한데 그것을 학교의 위상이라고 하였습니다. 이와 함께 학교는 학교의 사회적 위상을 결정하는 구조를 학교 외부에 두게 되는데, 이것을 학교 헌장(charter)이라고 하였습니다.[2] 즉 같은 국립대학교라 하더라도 서울대학교는 경북대학교, 부산대학교, 전북대학교, 충남대학교와는 다른 헌장(charter)을 가지고 있다는 것입니다. 그리고 학교 위상의 변화는 학교 내부구조의 변화에 의한 것보다는 지역사회가 학생들과 교사들에게 기대하는 것에 영향을 받는다는 것입니다. 학교가 가지는 이러한 사회적 위상의 변화과정을 우리나라에서 대학 진학을 목적으로 하는 일반계 고등학교를 예로 들어 설명해 보겠습니다. 학교가 가진 사회적 위상의 변화를 위해서는 먼저 학교가 위치한 외적 환경을 고려해야 합니다. 어떤 학교이든 그 학교가 위치한 지역사회는 인구 구성과 산업적 측면에서 독특한 환경을 가집니다. 그러므로 학교의 외적 환경은 크게는 국가의 사회경제적 상황, 좁게는 학교가 위치한 지역사회의 인구 구성과 지역주민의 연령대 및 직업 구성의 분포 등을 의미합니다. 그러나 우리나라 일반계 고등학교의 경우 학교의 사회적 위상은 학교가 속한 외적 환경보다는 대학 진학률에 의해서 대부분 결정됩니다. 즉 졸업생들이 우수한 상급학교로

---

2) 손종호. (2011). 학교헌장과 학교문화의 변화과정에 대한 통합적 접근. 인문연구, 제62호.

어느 정도 진출하느냐 하는 진학률이 가장 큰 기준이 됩니다. 따라서 졸업생들이 원하는 상급학교의 진학률이 계속 낮아지게 되면 학교에 대한 사회적 압력은 커지게 됩니다. 그러한 상황이 몇 년간 지속되면 가장 효과적이고 쉬운 방법으로 학교의 관리자, 즉 교장, 교감을 교체하게 될 것입니다. 그렇다면 일반계 고등학교에서 졸업생들을 자신이 원하는 상급학교로 보내기 위해서는 어떻게 해야 할까요?

이러한 문제를 해결하기 위해서는 먼저 학교의 인적 요소 중에서 교사가 변화되어야 합니다. 왜 그럴까요? 앞서 살펴보았듯이 교육의 3가지 요소인 교육과정과 학생의 경우 학교가 선택할 수 있는 권한이 없기 때문입니다. 또한 교육과정을 운영하고 학생을 가르치는 것이 교사이기 때문입니다. 교사의 역할은 크게 수업, 담임, 업무의 세 분야로 나누어집니다.[3] 그중에서 교사의 가장 중요한 역할은 수업입니다. 그것은 교육과정이 수업을 통해서 구현되며, 학생에게 직접 전달되기 때문입니다. 담임과 업무는 교육과정을 실현하기 위한 부차적인 도구입니다. 따라서 교사가 수업에 전념할 수 있게 하고 그 외 업무에 대한 부담을 줄여주기 위한 노력이 필요합니다.

칸트는 '자신의 존재 목적을 자기 자신 안에 가지고 있는 자'[4]라고 인간을 정의합니다. 이 말의 의미는 인간만이 이성에 의하여 자기의 목적을 스스로 규정할 수 있다는 것입니다. 이러한 특징을 가진 인간은 하나의 인격체로서, 특히 교사와 학생은 상호 주체적인 존재로서 마주보거나 같은 곳을 지향한다고 할 수 있습니다. 나중에 살펴보겠지만 칸트가 진리(지성)와 도덕(이성)을 연결하는 매개체로서 판단력(美)을 제시하고, 존 듀이가 자연과 인간을 매개하기 위해서 경험을 자연과 인간의 상호작용으로 파악하였듯이 교사와 학생을 매개하는 것은 교육과정입니다. 또한 교육과정은 학생의 상상력과 교사의 지식(지성)을 합친 결과물이라 할 수 있습니다. 이러한 관점에서 상상력과 지성의 결합이라 할 수 있는 미학(美學)은 교사와 학생을 연결시켜주는 매개체로서 그 역할이 인정됩니다.

---

3) 손종호. (2023). 교사의 인격과 교원임용제도. 박영스토리.
4) 크리스티안 헬무트 벤첼. (2012). 칸트 미학. 그린비.

학교는 교육적 의미와 가치가 있는 자원들을 조직하여 교육목표를 달성하기 위한 장소이며, 학생들에게는 자기효능감과 미래의 성공 가능성을 제시하는 곳입니다.[5] 이와 함께 학생들은 학교가 자신이 미래에 원하는 분야에서 성공으로 이끄는 힘을 가진 곳으로 믿고 따를 수 있어야 합니다. 학생들이 자신이 속해 있는 학교를 통해서 자신이 원하는 목표를 달성할 수 있을 것이라는 가능성이 이해되고 형상화될수록 그 전달 효과는 강력해집니다. 그리고 학생을 변화시키는 학교의 힘은 학교의 사회적 가치가 증가할수록 커지게 됩니다. 학교가 변화하기 위해서는 최소한 3년이란 시간이 필요합니다. 이는 입학생이 들어온 후 졸업하기까지의 시간입니다. 그래서 이 3년이란 시간은 학교의 변화를 가늠할 수 있는 최소한의 기간이라고 할 수 있죠. 그러나 그 변화가 과연 지속가능한 것인가를 살펴보기 위해서는 더 많은 시간이 필요합니다. 그래서 교육을 백년지대계라고 합니다.

여기서는 학교를 변화시키기 위해서 무엇이 필요하며, 어떤 것들이 변화되어야 하는지, 변화를 위한 방법은 무엇인지, 그 변화가 지속가능하기 위해서는 어떤 절차와 과정을 밟아야 하는지를 살펴보고자 합니다.

1부는 지속가능발전의 이론적 근거가 되는 미학 이론에 관한 부분입니다. 제1장에서는 미학의 개념과 정의를 살펴봄으로써 미학이 발생하게 된 배경과 발전 과정, 그리고 미학의 철학적 기반을 검토할 것입니다. 2장에서는 미학에서 가장 중요한 개념인 감성을 자연과 자유의 매개체로 보았던 칸트의 "판단력 비판"을 중심으로 살펴볼 것입니다. 3장에서는 경험을 인간과 환경과의 상호작용으로 보았던 듀이의 사상을 말년의 저술인 "경험으로서 예술"을 중심으로 살펴볼 것입니다. 제4장에서는 네이티브 아메리칸(Native American)의 생활을 통해 그들의 삶이 자연과 어떻게 일치하고 있는지를 노스 다코타(North Dakota)주의 인디언 보호구역(Indian Reservation)을 탐방했던 나의 경험을 중심으로 살펴볼 것입니다.

2부에서는 미학 이론을 교육에 적용하기 위한 이론적 도구인 시스템 사고

---

5) Bryant, M. T. & Son, J. H. (2001). Proper human relation and Korean principal's leadership styles. AERA Conference in Seattle.

에 관한 내용입니다. 제5장에서는 시스템 사고가 무엇인지 그 유래와 발전과정에 대해 살펴볼 것입니다. 6장에서는 시스템 사고를 학교와 교실, 학습자, 지역사회에 어떻게 적용할 것인지에 대한 방법을 구체적으로 살펴보고자 합니다.

3부는 현재 인류가 처한 위기 상황을 제시한 후 이를 해결하기 위한 방법으로 지속가능발전을 제시하고 이를 교육에 적용하기 위해서 어떠한 노력이 필요한지 검토할 것입니다. 제7장에서는 지속가능발전이 무엇인지 현재 우리가 처한 현실의 상황을 중심으로 살펴볼 것입니다. 제8장에서는 지속가능발전을 경제학에서는 어떻게 바라보고 있으며 이를 어떻게 해석하고 있는지를 중심으로 살펴볼 것입니다. 제9장에서는 지속가능한 세계가 되기 위해서는 교육이 어떻게 바뀌어져야 하는지, 현재 지속가능발전을 위한 교육이 어떻게 진행되고 있으며, 어떻게 나아가야 하는가를 살펴볼 것입니다.

PART
01

미학이란 무엇인가

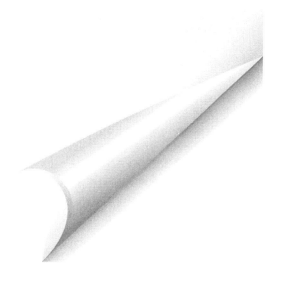

미학의 정의

1 미학(美學) 개념1)의 형성

　　미학이라는 용어는 근대의 산물입니다. 고대에는 오늘날 우리가 이해하는 예술이 다른 형태의 기술들과 구별되지 않았습니다. 고대인들은 예술과 기술의 구별 없이 이 모두를 기예(techne)2)라는 동일한 이름으로 불렀습니다. 즉 고대에서 회화와 조각은 목공술, 의술, 통치술과 구별되지 않았다는 것입니다. 예술이 다른 기술들과 구별되어 그 고유한 이름을 가지게 된 것은 17세기에 이르러서입니다.3) 예술이 하나의 독립적 사고 대상이 되고 그것을 통해 새로운 사고체계가

---

1) 개념이란 의미를 지닌 관념이며, 관념은 내 머리에 떠오른 어떤 생각, 즉 표상(idea)된 것을 말한다. 칸트에게 있어서 표상은 직관(intuition)이거나 지각이거나 개념일 수 있다. 이것들은 오성(understanding)에 의해 결합되어 인식(cognition)을 형성하며, 범주(category)는 이러한 결합의 작용들에서 근본적인 역할을 수행한다. 직관이란 감관을 통해 우리에게 직접적으로 주어진 것이며, 직관은 개념을 통해 우리에게 어떤 것을 의미하게 된다. 오성이란 그림속에 그려진 것이 무엇이고 이렇게 모인 표상들이 무엇을 뜻하는지를 파악하고 확정지으려 하는 것이다. 인식이란 우리가 대상에 대해 지식을 얻는 과정을 통한 결과 또는 과정 그 자체이다. 우리는 대개 경험을 통해 인식을 얻지만 항상 선험적인 요소들이 거기에 결부되어 있다. 아리스토텔레스에 이어 칸트는 범주란 단어를 사용하는데 이는 오성의 근본적 개념들로서 이것에 의해 경험과 인식이 가능해진다. 이는 경험에 앞서기 때문에 선험적이며, 그 원천이 우리 안에 있으므로 주관적이며, 우리 모두에게 공존하며, 이것들을 통해서만 경험이 가능하므로 객관적이다. 선험적(a Priori)이란 경험에 앞선, 경험으로부터 독립적인, 그리고 논의되고 있는 어떤 대상의 가능성의 조건을 의미한다. 선험적인 것의 특징들은 보편성과 필연성이다.

2) 그리스의 테크네(techne)란 말은 규칙에 입각한 이성적 제작 능력을 뜻한다.

3) 박기순. (2012). 근대와 미학, 서양근대미학, 창비.

확립된 것은 자유라는 개념에 대한 변화에서 비롯됩니다. 자유가 인간의 활동을 나타내는 하나의 특징으로 이해되고 이성적 규범의 속박에서 벗어나게 되면서 미학은 예술에 대한 사유이자 감성적 인식에 대한 이론으로서 나타나게 됩니다.

　　미학의 중심 개념에는 미(美)와 예술이 있습니다. 미(美)는 인간이 추구하는 어떤 가치를 의미하는 개념이며, 예술은 인간의 활동 중 특수한 가치 활동을 가리키는 개념입니다.[4] 고대라고 할 수 있는 기원전 5세기경 소피스트들은 미(美)를 시각과 청각에 즐거움을 주는 것이라고 정의하였습니다. 플라톤(428~348 B.C)은 '국가'라는 저술을 통해 인간의 본질은 물론 사회를 어떻게 끌어나가야 하는가에 대해 논의했는데, 그에 따르면, 사람은 각자의 능력이 있으며 그 능력에 따라 계급이 나누어지는 계급사회를 바람직한 것으로 보았습니다. 플라톤은 인간의 영혼에 이성과 기개, 그리고 욕망이 있듯이 국가에도 세 가지 계급이 있어야 한다고 주장하였습니다. 여기서 플라톤이 말한 세 가지 계급은 인간 영혼의 세 부분에 대응하는 것입니다.[5] 플라톤이 영혼을 이렇게 세 부분으로 나누었던 것을 바탕으로 근대에서는 인간의 정신활동을 세 영역으로 나누고 이를 진(眞), 선(善) 미(美)라고 하게 됩니다. 그러나 플라톤에게 있어서 진선미는 본질적으로 동일한 것으로서 근대적 의미에서 진선미의 가치를 형성하고 확립하게 된 것은 칸트에 이르러서입니다. 이러한 진선미의 의미를 근대 이후의 개념으로 설명하면 다음과 같습니다. 먼저 진(眞)은 지성을 의미하며, 앎의 문제(학문)를 추구하는 정신활동입니다. 선(善)은 의지를 의미하며 행위의 문제(종교, 윤리)를 추구하는 정신활동입니다. 미(美)는 감성(욕망)을 의미하며, 예술을 추구하는 정신활동입니다. 따라서 인간은 이러한 세 가지 정신활동을 동시에 또는 복합적으로 발휘하며 살아가는 존재라는 것입니다.

---

4) 오병남. (2003). 미학 강의. 서울대학교출판부.
5) 플라톤. (2023). 국가. 현대지성.
　　플라톤은 국가에 세 계급이 있어야 한다고 주장하는데 그것은 이성적인 측면을 가진 심의계급과 기개적인 측면을 가진 전사계급, 그리고 욕망을 가진 상인계급이다. 심의계급의 사람들은 이성을 잘 계발해야 하며, 전사계급은 명예를 추구해야 하며, 상인은 절제로서의 삶을 살아야 한다는 것이다.

예술(fine arts)이란 단어는 각각 fine과 arts라는 두 말의 개념에서 찾을 수 있습니다. fine은 아름답다는 말로서 인간이 추구하는 여러 가치[6]들 중 어떤 특수한 가치를 지시하는 가치 용어입니다. arts는 인간이 수행하는 활동들 가운데 무엇을 만들어내는 제작 활동을 인도하는 기술 능력을 지시하는 말입니다. 따라서 예술(fine arts)은 시, 음악, 회화, 조각, 건축 등 인간의 특수한 제작 활동들이 미(美)라는 가치를 추구하고 있다는 의미에서 만들어진 합성어[7]라 할 수 있습니다.

고대 예술의 대표적인 활동이라고 할 수 있는 시, 음악, 춤은 발생 초기에는 미분화된 활동이었습니다. 그러나 고대 그리스에서 점차 시는 영감의 개념과 관련되어 이해되었으며, 회화, 조각, 건축은 기예(techne)라는 개념으로 이해되었습니다. 시간이 지나면서 시는 규칙에 입각한 인간의 활동이라는 기예의 개념에서 제외됩니다. 그것은 그림이나 조각은 기예의 한 형태인 모방 활동으로 설명되었지만, 시는 영감의 소산, 즉 비이성적 활동으로 이해되었기 때문입니다. 여기서 우리는 서양 예술의 이원적 예술관, 즉 예술이란 인간의 제작 또는 신적인 영감의 소산이라고 하는 이원적 사고가 비롯되었음을 파악할 수 있습니다.[8] 이와 함께 고대 그리스인들은 미(美)의 본질은 숫자에 입각한 조화나 비례와 같은 객관적인 형식적 성질에 있다고 보았습니다. 그러므로 그리스인들에게 아름답다는 말은 결국 조화나 비례와 같은 형식적 성질을 의미하는 말이 되었습니다. 아리스토텔레스가 '미의 본질은 크기와 질서에 있다'고 한 것도 미(美)의 형식적 성질을 강조한 말입니다.[9]

중세에는 미(美)의 개념에 대한 이원적 사고가 형성되었습니다. 디오니시우스가 미(美)의 본질을 '비례와 밝음의 원인'이라고 주장한 것이 그 예입니다. 형식과 내용이라는 중세의 미(美)의 이원성에 대한 주장은 이후 미학 이론에 있어

---

6) 가치란 인간의 심리와 대상의 세계와의 교섭을 통하여 경험의 세계 안에서 생기는 관계이다(오병남. (2003). 미학강의. 서울대학교출판부).
7) 오병남. (2003). 미학강의. 서울대학교출판부.
8) 오병남. (2003). 위의 책.
9) 오병남. (2003). 위의 책.

서 미란 형식과 내용의 조화에 그 본질이 있다는 전통을 낳게 되었습니다.[10] 르네상스 시대에 이르러 미(beauty)와 기술(arts)을 결합한 예술(fine arts)이라는 말이 처음으로 등장합니다. 이 시기에 나타난 고전주의 미술론은 미술이 추구해야 할 규범적인 미(美)의 이념을 구체화한 최초의 이론입니다. 고전주의 이론가들은 보편적 자연을 모방하는 예술 활동이란 보편적 법칙을 발견하는 과학과 다름없이 보편적 자연을 모방하는 이성적 작업이며, 진(眞)과 미(美)는 동일한 사실에 대한 서로 다른 표현이라고 주장하였습니다. 즉 고전주의에서 예술은 이성과 규칙에 의해 진행되는 과학과는 달리 상상의 능력으로 수행하는 창조적 활동이요, 예술작품의 미(美)는 규칙 준수의 성공 여부가 아니라 그것이 우리 마음속에 불러일으키는 즐거움의 감정에 의해서 판단되어야 한다는 것입니다. 따라서 상상과 예술을 통한 미적 경험은 고유한 철학적 영역을 이루게 된다는 주장입니다.[11]

1750년 독일의 철학자인 바움가르텐이 감성적 인식에 관한 학문으로 미학, 즉 에스테티카(Aesthetica)를 제안한 것도 이러한 고전주의 미술론의 영향이라 볼 수 있습니다. 바움가르텐은 예술을 일종의 인식[12] 활동으로 간주하였습니다. 그는 감성적 인식이 더 이상 논리학의 도움을 받아 모호함과 혼연함을 벗어나야 하는 단순한 지각이 아니며, 이성적인 사유로 환원되지 않는 감성 그 자체의 법칙과 원리를 지닌 인식능력임을 강조하였습니다.[13] 따라서 바움가르텐은 감성적 인식에 그 자체의 규칙과 형식, 그리고 규준이 있다고 보았으며, 이러한 감성의 법칙을 연구하는 학문이 마련되어야 한다고 보았습니다. 그래서 그는 인식된 대상들을 고급(인식)능력이라고 하고 이에 비해 미학은 지각의 학, 곧 감성적 인식의 대상으로 인식된 것이라고 하면서, 이 새로운 학문에 대해 로지카(logica, 논리)와 구분되는 에스테티카란 명칭을 붙였습니다. 그리고 예술과 미(美)에 관한 연구를 이 새로운 교과에 포함시켰습니다. 이것이 미(美)와 예술에 관한 연구에

---

10) 오병남. (2003). 미학강의. 서울대학교출판부.

11) 오병남. (2003). 위의 책.

12) 인식은 존재하고 있는 세계에 대해 의미를 부여하는 의식활동이다. 즉 세계의 잡다한 재료에 의미를 부여하는 것이다(백종현. (2018). 인간이란 무엇인가, 아카넷, 107쪽).

13) 백성혜 외. (2016). 융합교육의 이해. 이모션북스.

바움가르텐이 에스테티카란 명칭을 붙이게 된 배경이라 할 수 있습니다. 그러나 바움가르텐은 명석하고 판명하게 표상되는 합리적 인식능력인 논리학 아래에 감성적 인식을 에스테티카라고 하여 미학을 하위의 인식능력을 다루는 학문으로 위치시켰습니다. 결국 감성에 대해 이성이 우위에 있다는 것을 인정하는 선에서 타협하였던 것입니다. 바움가르텐에 따르면 미학은 유사 이성, 즉 이성적인 것의 감성적 상응이자 보충입니다. 바움가르텐이 추구하였던 것은 인간의 세계 이해에 있어 감성이라는 새로운 가치를 제시하기 위한 것이었습니다. 그 결과 감성은 오성 및 이성으로부터 조금씩 벗어나게 되고 자율적으로 작용하고 평가하고 전달되는 내적 주관성의 원천적 근거로 간주 되었습니다.

근대에 들어서면서 대두되었던 미학이라는 새로운 학문은 서구에서 예술이라는 개념이 정의되고 예술이 미(美)를 추구하는 가치 활동이라는 점이 부각되면서 고유한 영역이 확보됩니다. 이와 함께 미학에 대한 연구가 있어야 한다는 의식이 나타나면서 성립된 학문입니다. 따라서 미학은 서구인들에 의해 나타난 근대적 사고의 소산이라 할 수 있습니다. 즉 진(眞)이나 선(善)이 아니라 미(美)라는 가치를 추구하는 예술이 철학이나 과학 또는 도덕적인 활동과는 구별되는 특수한 활동으로 하나의 자율적 경험영역을 이루고 있다는 것입니다. 이러한 미(美)와 예술의 개념 형성을 통해서 새로이 대두된 것이 감성과 상상입니다. 감성이 미(美)의 개념을 변천시켰다면, 상상은 예술의 개념을 변화시킨 요인이라 할 수 있습니다.

근대에 이르러 미학의 등장은 예술을 독립된 탐구 대상으로서 자리매김함과 동시에 근대적 사유를 특징지었던 철학적인 문제를 전면에 내세우게 됩니다. 근대 형이상학의 가장 중요한 특징 중 하나는 무한이라는 개념과 무한과 유한의 관계에 대한 사유입니다. 고대에서 무한은 정의될 수 없는 것으로 사유에서 배제되었습니다. 그것은 고대인들이 존재의 모델이나 완전성을 유한한 것에서 찾았기 때문입니다. 그 전형적인 예는 플라톤의 형상 혹은 이데아의 개념에서 찾아볼 수 있습니다. 이때 유한성은 다른 것과 섞이지 않고 명료하게 구별되는 어떤 것을 의미합니다. 이러한 의미에서 유한성은 사물들을 정의(defintion)할 때 절대적 조건이 됩니다. 따라서 참된 앎은 무한한 것이 아닌 유한한 것에 대한 인식을 의미하게 되었습니다.[14]

그러나 무한성이란 개념은 중세 신학에서 신의 본질적 속성으로서 긍정적이고 현실적인 것으로 간주되면서 새로운 방식으로 이해되기 시작합니다. 이와 관련해 근대는 두 가지 점에서 무한성에 대해 새로운 시각으로 접근하게 됩니다. 첫째, 중세 신학에서 부정되었던 자연의 무한성이 긍정되기 시작합니다. 이 무한성은 한편으로는 무한히 큰 것으로서의 자연 개념, 즉 우주의 무한성에 대한 고려 속에서, 다른 한편으로는 무한히 작은 것의 존재와 무한 분할 가능성에 대한 긍정에서 나타납니다. 둘째, 근대철학에서는 신학적 전통에서 신에게 부여된 무한 개념을 자연과의 관계에서 새롭게 정립하고 그 의미를 밝혀야 했습니다. 신의 무한성 및 자의성을 과학적 인식 가능성과 어떻게 조화시킬 것인가 하는 문제는 근대철학이 자연과학과의 관계를 새롭게 정립하는 계기가 되었습니다. 근대의 이러한 새로운 시각적 접근으로 인해 무한과 유한에 대한 이해가 고대와는 다르게 나타나게 됩니다. 이제 무한은 미완성으로서가 아니라 절대적 완전성으로, 무제약적인 힘과 자유로서 제시됩니다. 이와 반대로 유한은 불완전성과 제약성을 의미하게 되었습니다.

근대철학의 시작을 알렸던 데카르트는 무한이란 개념은 사유가 불가능함을 주장함으로써 인간의 유한성을 적극적으로 긍정합니다. 데카르트에 따르면 인간은 자연에 대해 완전한 인식을 가질 수 없는데, 그것은 우리의 인식능력이 계산이 가능한 것만을 인식할 수 있으므로 우리는 자연을 양적으로 계산이 가능한 한에서만 인식할 수 있다는 것입니다. 따라서 사물들의 목적에 대한 인식은 인간의 앎으로부터 배제된다는 것입니다. 데카르트는 인식론의 영역에서는 인간존재의 유한성에 대한 긍정, 유한과 무한 사이의 건널 수 없는 간극에 기초하여 과학의 가능성을 새롭게 밝히고자 하였습니다. 데카르트는 이러한 유한성의 한계를 벗어날 수 있는 가능성은 윤리학의 영역에서 주어지며, 그것은 자유의지를

---

14) 박기순. (2012). 근대와 미학. 서양 근대미학, 창비.

갖는 인간 영혼의 특권적 위상을 통해서 제시될 수 있다고 주장하였습니다.15)

이러한 데카르트적 고찰은 인식론과 윤리학을 다루는 칸트의 순수이성비판(1781)과 실천이성비판(1788)에서 다시 나타나게 됩니다. 칸트는 먼저 자연에 대한 인식에 관여하는 지성과 감성적 제약을 벗어나 사유하는 이성을 구분합니다. 지성이 자연학의 성립 조건이라면 이성은 경험적으로 주어지는 것을 넘어서 사유하려는 능력입니다. 그러나 칸트는 초월적16) 이념을 탐구하는 이성의 인식론적 한계를 지적함으로써 인간에게 주어진 인식의 한계를 분명히 하고 있습니다. 칸트는 데카르트와 마찬가지로 자연의 필연성을 넘어서 있는 무제약적인 자유는 이론적 이성에서가 아니라 실천적 이성의 영역에서 사유되어야 함을 주장합니다. 따라서 칸트는 순수이성비판과 실천이성비판에서 지성과 이성의 분리, 자연과 자유의 분리, 따라서 유한과 무한 사이에는 건널 수 없는 심연이 있음을 주장합니다. 그러나 칸트는 여기에서 멈추지 않고 그의 미학을 서술하는 판단력비판(1790)에서 유한과 무한의 간극, 자연과 자유의 분리를 극복하기 위해 판단력을 제시하고 이를 매개로 분리되어 있는 두 세계를 연결하였습니다. 즉 칸트는 그의 판단력 비판에서 무한과 유한, 자연과 자유의 관계를 매개할 수 있는 가능성을 제시하였으며, 그 가능성을 미적 판단에서 발견하였던 것입니다.

---

15) 박기순. (2012). 근대와 미학. 서양 근대미학, 창비.

16) 칸트는 대상들이 아니라 대상들에 대한 우리의 인식방식을 이것이 선험적으로 가능하다고 하는 한에서 일반적으로 다루는 모든 인식을 초월적이라 부른다. 이때 초월적이라는 말은 우리 인식과 사물들과의 관계가 아니라 단지 인식능력과의 관계를 의지한다. 따라서 초월적 인식은 그 자체가 하나의 대상 인식이 아니라 대상 인식을 가능하게 하는 정초적 인식, 곧 표상이나 개념 또는 원리를 말한다. 즉 초월적이란 모든 경험을 넘어가는 어떤 것을 의미하는 것이 아니라 모든 경험에 선행(선험적)하면서도 오직 경험 인식을 가능하게 하는 데에만 쓰이도록 정해져 있는 어떤 것을 의미한다. 선험적이라는 의미가 인식 주관의 성질, 역량을 뜻한다면 초월적이라는 의미는 인식능력의 작용과 능동성을 말한다. 칸트에 따르면, 선험적 역량을 갖춘 인식 주관이 초월 작용함으로써 사물 인식이 이루어지고, 그렇게 인식된 사물들이 자연 세계를 형성한다는 것이다. 종래 실재론의 관점에서 존재자는 우리 인간 의식과 무관하게 인간 의식 너머에 초월적으로 존재하는 것으로 여겨졌다. 그래서 칸트는 이런 관점을 초월적 실재론이라고 일컫는다. 나라는 인식 주관을 전제하지 않고서는 어떠한 앎도 말할 수 없고 그러므로 세계는 오로지 이러한 나의 앎의 대상으로써 있는 것이다. 존재자란 인간 의식에 초월해 있는 것이 아니다. 인간 의식이 대상으로 넘어 들어가 그것을 파악하는 것이니까 인간 의식이 초월하는 활동을 하는 것이다. 칸트에게 지식은 대상 인식뿐이다(백종현. (2018). 인간이란 무엇인가. 아카넷 118−124쪽, 259−261쪽).

2 미학의 정의: 바움가르텐과 칸트를 중심으로

앞서 미학의 개념을 통해서 우리는 미학이 학문적으로 어떻게 형성되고 발전해 왔는지를 살펴보았습니다. 즉 서구에서는 예술이라는 용어가 고대의 기예나 기술을 의미하는 것에서 근대에 오면 자유와 같은 가치를 덧붙이는 활동으로 변화되었고, 여기에 과학과 같은 지적 활동이 아니고 미(美)를 추구하는 활동이라는 의식이 생겨나면서 성립된 학문이라는 것입니다. 그러므로 미학의 성립은 서구인들에게는 근대적 사고의 소산이라 할 수 있습니다. 고대에서는 미(美)를 형식적이고 객관적으로 바라보았던 것과는 달리 근대에서는 인간의 가치를 새로이 발견하게 되면서 미(美)에 대해서도 감성적이고 주관적인 것으로 바라보게 되었습니다. 이 말의 의미는 인간의 감정을 동물적인 것이거나 무익한 것이라는 사고에서 인간의 마음(mind)에는 이성적인 지적 능력과 욕구나 욕망에 관련된 의지가 포함되어 있다는 것입니다. 이와 함께 근대에는 무엇을 아름답다고 판단하는 인간의 능력은 이성도 의지도 아니라는 자각이 싹트기 시작하였습니다. 따라서 인간의 감정이 마음을 구성하는 하나의 능력이며, 미(美)와 관련된 가치라는 의미가 철학적으로 부여되기 시작하였습니다. 이러한 분위기 속에서 칸트는 인간이 가진 마음의 능력을 이성, 의지, 감정으로 나누는 철학적 토대를 마련합니다. 결국 칸트에 의해서 이성, 의지, 감정이라는 마음의 능력이 인식론, 윤리학, 미학이라는 각각의 학문적 토대를 마련하게 되었습니다.

미학(Esthetica)이란 용어를 처음으로 제시한 바움가르텐은 취미판단[17]을 일종의 인식을 표현하는 것으로 보았습니다. 즉 취미판단은 아직 충분히 발전되지 못한 일종의 인식 판단이라는 것입니다. 이러한 바움가르텐과는 대조적으로 칸트는 취미판단을 인식 판단과는 근본적으로 구별되는 유형의 판단으로 간주하였습니다. 칸트에게 있어 취미판단은 그 나름의 체계를 가지고 있는 독자적인 판단이었습니다. 그러므로 취미판단이 인식 과정에서 예비적 단계로 간주되어서는 안

---

17) 취미는 심미의 능력, 다시 말해 미적인 것을 판정하는 능력이다(백종현. (2018). 인간이란 무엇인가. 아카넷).

되며, 인식 판단보다 열등한 것으로 이해되어서도 안 된다는 것입니다. 칸트는 오히려 취미판단은 인식 판단과 동등한 지위를 가져야만 한다고 주장합니다.[18]

바움가르텐은 미(美)와 인식 또는 취미판단과 인식 판단을 구분하지 않았습니다. 바움가르텐의 미학은 미(美)와 인식 모두를 미학과 관련시켰지만, 칸트는 그의 저술인 "판단력비판"에서 미(美)와 숭고, 예술, 그리고 미적 이념만을 미학의 대상으로 삼았습니다. 바움가르텐은 또한 취미의 규칙들, 즉 무엇이 아름다운가에 대한 규칙들이 존재할 수 있으며, 또한 미학이 일종의 학문일 수 있다고 믿었습니다. 그러나 칸트는 이러한 바움가르텐의 주장이 불가능하다고 생각하였습니다.

칸트는 자신과 바움가르텐의 미학이 다르다는 것을 나타내기 위해 감각이라는 용어의 두 가지 의미를 구분하고 있습니다. 그 하나는 감정이고 다른 하나는 지각입니다. 칸트는 미학이 쾌와 불쾌의 감정과 관련된 것이며, 인식의 한 형태로서의 감각이나 지각과는 관계가 없다고 보았습니다. 즉 칸트는 지각이 인식으로 나아가는 최초의 단계라는 것은 인정하지만 감정은 인식과 관련이 없다는 것입니다. 칸트는 미학이 특별한 종류의 감정, 즉 미(美)에서의 만족이라는 감정에 대한 탐구이며, 그러한 감정은 결코 인식이 될 수 없음을 주장합니다.[19]

칸트의 미학은 예술의 본성에 관한 문제들에 관심을 기울이기보다는 미적 판단의 문제들, 즉 어떤 자연 대상이나 예술이 아름답다는 주장에 대한 근거와 정당화를 주된 관심사로 삼고 있으며, "판단력 비판"에서도 그의 일차적인 관심은 취미판단이었습니다.[20] 그래서 칸트는 아름다움이란 미적 판단을 특징짓는 상상력의 자유로운 유희와 지성의 조화에서 생겨난다고 설명합니다. 여기서 자유롭다는 단어에서 볼 수 있듯이 아름다움(美)은 아무런 의도나 목적 없이 상상력과 지성의 조화로운 결합에서 생기는 쾌의 감정이며, 이러한 미적 경험은 인간의 마음에서 발생하는 하나의 미학적 상황이라는 것입니다. 칸트는 우리가 어

---

18) 크리스티안 헬무트 벤첼. (2012). 칸트 미학, 그린비.
19) 크리스티안 헬무트 벤첼. (2012). 위의 책.
20) 크리스티안 헬무트 벤첼. (2012). 위의 책.

떤 그림을 볼 때 우리가 본 것을 직관적으로 수용하고, 다시 모으고 떠올리는 역할을 하는 것은 우리의 상상력이라고 설명합니다. 그리고 이렇게 그려진 것이 무엇이고, 이렇게 모인 표상들이 무엇을 뜻하는지를 파악하여 확정하는 것은 우리의 오성이라는 것입니다. 그런데 미적인 관조의 상태에서 관조는 그 자체가 기본적으로 즐거운 것이지 지식을 얻는 수단은 아닙니다. 이러한 상태에서의 상호작용이 바로 자유로운 유희라는 것입니다.

칸트는 하나의 사실로서의 미(美), 그것을 객관적인 대상 세계에서가 아니라 바로 우리의 마음에서 생겨나고 느껴지는 사실 자체를 해명하려고 합니다. 칸트는 경험적 직관에서 주어진 객관에 대해 어떤 규정된 개념이 요구되지도 않고 그 판단이 인식이 아닌 경우를 미적 판단이라고 보았습니다. 그리고 이러한 미적 판단은 판단력의 두 가지 능력, 즉 상상력과 지성의 조화로운 유희를 주관 안에 일으키는 감각입니다. 그래서 칸트는 미적 판단을 아래와 같이 설명하고 있습니다.

> "미(감)적 판단은 일반적으로, 그 술어가 결코 인식일 수 없는 그러한 판단이라고 설명할 수 있다. 그러한 판단에서 규정 근거는 감각이다. 그런데 결코 객관에 대한 개념이 될 수가 없는 감각이라고 부르는 것은 단 하나뿐으로, 이 감각은 쾌·불쾌의 감정이다. 이 감각은 한낱 주관적이다. 그러므로 미(감)적 판단은 그 규정 근거가 쾌·불쾌의 감정과 직접 결합되어 있는 감각 중에 놓여있는 그러한 판단이다... 쾌란 그 안에서 어떤 표상이 자기 자신과 부합하는 마음의 상태로서, 이 상태를 순전히 스스로 유지하는 근거이거나 그 표상의 객관을 만들어내는 근거이다."[21]

즉 미적인 것이 우리의 감성과 관계하듯이 미적 판단은 객관적 대상이 아니라 대상에 대한 표상이 쾌·불쾌의 감정에 관계하는 판단이라는 것입니다. 그

---

21) 임마누엘 칸트. (2009). 판단력 비판. '덧붙임 판단력비판 제1서론' 대우고전총서 024, 아카넷, 613−622쪽.

리고 표상 자체가 미적인 것이 아니라 표상에는 없는 미적인 것이 표상에 부가되는 판단이므로 종합적입니다. 또한 그것이 객관적 인식이 아니면서도 보편적이고 필연적이므로 선험적입니다. 그러므로 미적 판단은 선험적인 종합판단이라는 것입니다.[22] 결국 미적 판단은 아무런 객관에 대한 개념을 필요로 하지 않으며 그런 것을 만들어내지도 않는다는 것입니다.

칸트는 미(美)를 판정하는 능력, 즉 어느 대상을 지각하고 그것을 아름답다고 평가하는 능력을 취미로 정의합니다. 즉 취미는 미(美)를 판단하는 특수한 능력이며, 취미판단의 문제는 곧 미(美)에 관한 문제라고 할 수 있습니다. 그리고 이러한 취미판단의 특징을 무관심적 만족으로 규정합니다. 즉 어떤 대상이 아름다운지의 여부가 문제가 될 때 취미판단과 관계하는 미적 만족은 그것이 우리에게나 또는 다른 사람에게 중요한가 하는 것은 문제 되지 않으며, 오히려 그 대상을 직관이나 반성을 통해 어떻게 판정하는지가 문제가 된다는 것입니다. 이때 직관은 관심과 결합 되어 있는 만족이라 할 수 있으며, 반성은 취미판단에서 성립하는 순수한 무관심적 만족입니다. 따라서 취미판단은 관조적이어서 대상의 실재에 대해서는 무관심하고 오직 대상의 성질을 쾌·불쾌의 감정과 결부시키는 판단이라 할 수 있습니다.

이러한 취미판단은 상상력과 지성이 조화롭게 유희하는 마음의 상태에서 성립합니다. 미적 만족은 무관심적인 자유로운 만족으로서 일체의 관심이나 선행하는 어떤 욕구로부터 독립적인 것이어서 단순한 감성적 만족이나 실천적·도덕적 만족과는 달리 자유로운 만족이며 유희라 할 수 있습니다. 상상력은 표상들에 직관적 통일을 주며, 지성은 개념에 의거해 합법칙적 통일을 부여합니다. 직관의 제약에 얽매이지 않는 상상력과 지성의 자유로운 유희, 상상력과 지성의 무의도적인 조화와 자유로운 유희에 의해서 느껴지는 것이 칸트가 말하는 보편적인 만족의 대상으로서의 미(美)인 것입니다. 따라서 칸트에게 미(美)는 마음의 조화로운 상태에서 일어나는 무관심한 만족으로서, 개념의 매개 없이 그리고 일

---

22) 맹주만. (2012). 칸트의 미학. 서양 근대미학. 창비.

체의 관심으로부터 벗어난 보편적 만족을 부여합니다.

칸트 미학의 목표는 어떤 대상을 아름답다고 판정하는 취미판단을 가능하게 하는 선험적 조건 및 그 원리의 발견에 있습니다. 칸트는 "판단력 비판"을 통해 미학을 선험적 종합판단으로서의 취미판단으로 규정합니다. 즉 어떤 대상에 대해서 내가 아름답다고 느끼는 것은 다른 모든 사람들도 그렇게 느끼는 것이 보편적이고 필연적으로 타당하다는 것입니다. 칸트로 인해 미학은 서구 사상사를 통해 처음으로 철학적 운동의 한 축으로서 그 역할을 담당하게 됩니다. 칸트의 판단력 비판에서 제기된 미학 사상은 주관적인 측면은 미(美)의 이론으로, 미학 이론의 객관적 측면은 실재론적 미(美)의 이론으로, 그리고 그의 감성적 이념의 실체[23]로서 천재론은 관념론적 예술철학으로 나아가게 됩니다.[24] 지금까지 논의되었던 바움가르텐과 칸트의 미학에 대한 정의를 살펴보면 미(美)는 인간이 추구하는 어떤 가치를 지시하는 개념으로서 인간이 세계를 이해하기 위해 취하는 감성적 인식이나 태도의 특성을 지시하는 것입니다. 그리고 예술이란 미(美)라는 가치를 구현하기 위한 특수한 제작 활동이며, 미학(美學)은 주관적인 감성을 기반으로 세계를 이해하려는 학문 활동이라 할 수 있습니다.

---

23) 칸트는 실체를 인간의 의식, 감각 작용에 두었다. 실체는 자연 안에 있는 것이 아니라 인식 주관인 인간의 의식이 자연을 인식하기 위해 자연안에 집어넣는 순수한 지성 개념이다(백종현. (2018). 인간이란 무엇인가, 아카넷, 111쪽).

24) 오병남. (2003). 미학 강의, 서울대학교 출판부.

칸트의 미학

1 칸트의 판단력비판

바움가르텐에 의해 에스테틱(Aestetic)이란 용어로 창시된 미학은 칸트의 "판단력 비판"에 의해 감성적 인식 능력이 지성과 이성을 매개하는 능력이자 고유한 내적 법칙을 가진 자율적 능력임을 철학적으로 확고히 다지게 되었습니다. 미학이 철학의 한 분야로서 독립되었다는 것은 그 대상 영역이 자율적 법칙[1])에 입각한 것이라는 사고의 소산입니다. 칸트는 플라톤에 의해 제시되었던 세 가지 계급을 정신활동의 세 가지 영역, 즉 진(眞), 선(善), 미(美)라는 것을 최종적으로 정립하였습니다. 칸트에 의해서 이성, 의지, 감정이라는 삼분법이 확립되고 그 결과로 인식론, 윤리학, 미학이라는 분야가 성립하게 됩니다.

칸트는 "판단력비판"에서 마음의 능력들을 다음의 세 가지로 나누고 있는데, 그것은 인식능력, 쾌·불쾌의 감정, 욕구 능력입니다. 칸트는 이를 1790년 "판단력비판" 제1판을 위한 머리말에서 다음과 같이 설명합니다.

---

1) 자율이란 스스로 법률을 만들거나 법칙을 세운다는 뜻이다. 그래서 초기에 자율의 주체는 스스로 법률을 제정하고 그 법률에 따라 작동하고, 그 힘으로 자신을 지킬 수 있는 국가였다. 그러다가 서양이 기독교사회로 변하면서 자율의 의미에 변화가 생기게 된다. 인간의 자유의지가 대두되면서 인간은 자기결정의 능력이 있는 것으로 이해되었고, 인간의 자유의지는 자율의 귀속처가 되었다. 따라서 국가만이 아니라 인간도 자율적 주체가 되었다(백종현. (2018). 인간이란 무엇인가, 아카넷, 152-157쪽).

"나는 지금 종전의 것들과는 다른 새로운 종류의 선험적 원리들이 발견된 것을 계기로 취미 비판에 몰두하고 있다. 무릇 마음의 능력은 셋이 있으니, 인식능력, 쾌·불쾌의 감정, 그리고 욕구 능력이 그것이다. 나는 첫째 것을 위해서는 순수이성비판에서, 셋째 것을 위해서는 실천이성비판에서 선험적 원리들을 찾아냈다. 나는 둘째 것을 위해서는 그것들을 찾았으며... 그래서 지금 나는 철학의 세 부문을 인식하고 있는바 그것들은 각기 선험적 원리들을 가지고 있으며, 우리는 그 원리들을 헤아릴 수 있고, 그러한 방식으로 가능한 인식의 범위를 확실하게 규정할 수 있다. 이론철학, 목적론, 그리고 실천철학, 이 가운데서 물론 중간의 것이 선험적 규정에 있어서 가장 빈약한 것으로 보인다(C. L. Reinhold에게 보낸 1787. 12. 28.자 편지: X, 514)[2]

칸트는 궁극적으로 '인간은 무엇인가?'라는 물음에 대한 답변을 모색하였으며, 그 해답을 인간의 이성에서 찾으려 하였습니다. 칸트에게는 그 질문이 바로 이성의 순수한 원리에 대한 세 가지 물음으로 귀결됩니다. 즉 '나는 무엇을 알 수 있는가?'는 형이상학, 인식론으로 수렴되는 순수이성비판(자연, 지성)이고, '나는 무엇을 행해야만 하는가?'는 도덕, 윤리학에 관한 것으로 실천이성비판(자유, 이성)이며, 그리고 '나는 무엇을 희망해도 좋은가?'는 종교에 관한 것으로 곧 판단력비판입니다. 칸트는 이를 다음과 같이 설명합니다.

"모든 선험적인 이론 인식을 위한 근거를 함유하고 있는 자연 개념들은 지성의 법칙 수립에 의거해 있다. 감성적으로 조건 지어지지 않은 선험적인 실천 규정들을 함유하고 있는 자유 개념은 이성의 법칙 수립에 의거해 있다. 그러나 상위 인식능력들의 가족 안에는 지성과 이성 사이에 중간 성원이 하나 더 있다. 이것이 판단력이다. 모든 마음의 능력들 내지 기능들

---

2) 임마누엘 칸트. (2009). 판단력 비판, '판단력비판 해제' 대우고전총서 024, 아카넷, V169. 147쪽.

은 더 이상 공통의 근거에서 파생될 수 없는 세 가지 능력, 즉 인식능력, 쾌·불쾌의 감정, 욕구 능력으로 환원될 수 있다."[3]

지성과 이성을 매개하는 중간 성원이라 할 수 있는 판단력비판 서론의 첫 번째 과제는 판단력이 어떻게 기능하며, 그 역량이 어디까지 미치는가를 서술하는 것이었습니다. 칸트에 따르면 지성, 곧 이론이성은 자연을 선험적[4]으로 인식하는 데 관계하고, 이성, 곧 실천이성은 자유에 의해 인간의 욕구 능력을 선험적으로 규정하는 데 관계합니다. 그렇다면 그 중간에서 판단력이 하는 역할은 무엇일까요? 그것을 칸트는 다음과 같이 말하고 있습니다.

"판단력의 고유한 원리를 찾아내는 일은 큰 어려움을 수반할 수밖에 없다... 그럼에도 불구하고 이 원리는 선험적 개념들로부터 도출된 것이어서는 안 된다. 왜냐하면 선험적 개념들이란 지성에 귀속하는 것이고 판단력은 단지 이것들의 적용에만 관여하는 것이기 때문이다."[5]

이렇게 마음의 기능을 인식능력, 쾌·불쾌의 감정, 욕구 능력으로 구분한 칸트는 다시 인식능력을 지성, 판단력, 이성으로 구분하고 인식능력의 한 가지인 지성은 인식능력에게, 판단력은 취미능력에게, 이성은 욕구능력에게 선험적 법칙을 지시 규정한다는 것을 다음과 같이 말하고 있습니다.

"개념에 의한 우리의 선험적인 인식능력의 구분은... 세 부분으로 나뉘어 나타난다. 즉 첫째로 보편(규칙)[6]을 인식하는 능력인 지성, 둘째로 특

---

3) 임마누엘 칸트. (2009). 판단력 비판. '1790년도 제1판을 위한 머리말' 대우고전총서 024, 아카넷. V177, 159−160쪽.
4) 선험적이란 경험에 앞서 있고 경험으로부터 독립적인 것을 의미하며, 보편성과 필연성을 그 특징으로 한다.
5) 임마누엘 칸트. (2009). 판단력 비판. '1790년도 제1판을 위한 머리말' 대우고전총서 024, 아카넷. 16−17쪽.
6) 칸트는 규칙을 준칙과 법칙으로 나눈다. 준칙은 내가 어떤 행동을 할 때 내 행동의 기준으

수를 보편 아래 포섭하는 능력인 판단력, 그리고 셋째로 특수를 보편에 의해 규정하는 능력, 다시 말해 이성이 그것이다. 모든 선험적 인식의 원천들에 전념했던 순수이론 이성 비판은 자연의 법칙을 제공했고, 실천이성 비판은 자유의 법칙을 제공하였다."7)

여기서 칸트는 자연과 자유, 즉 지성과 이성만이 우리의 인식능력을 구성적으로 사용할 수 있는 영역이며, 판단력의 선험적 원리는 단지 규제적으로만 사용할 수 있을 뿐이라고 말합니다. 그런데도 판단력이 지성과 이성 사이에 위치한다는 것은 판단력이 지성(자연)과 이성(자유)을 연결하는 교량의 역할을 맡을 것을 기대하게 합니다. 그 내용을 칸트는 '판단력비판 제1서론'에서 다음과 같이 말하고 있습니다.

"이 모든 능력들의 행사의 기초에는, 언제나 인식이 놓여있는 것은 아니지만, 그럼에도 언제나 인식능력이 놓여있다(왜냐하면 인식능력에 속하는 표상은 개념들 외에도, 순수하든, 경험적이든, 직관도 있으니 말이다). 그러므로 원리들의 면에서 인식능력이 문제가 되는 한에서는, 다음과 같은 상위의 인식능력들이 마음의 능력 일반에 병립한다.

인식능력 — — — — — 지성
쾌·불쾌의 감정 — — — 판단력
욕구능력 — — — — — 이성

지성은 인식능력에 대해서, 판단력은 단지 쾌·불쾌의 감정에 대해서, 그러나 이성은 한낱 욕구 능력에 대해서 각각 특유한 선험적 원리들을 함유하고 있

로 삼는 규칙을 말한다. 그러니까 주관적인 규칙이라 할 수 있다. 반면에 법칙은 객관적이다(백종현. (2018). 인간이란 무엇인가. 아카넷, 168-169쪽).

7) 임마누엘 칸트. (2009). 판단력 비판. '덧붙임 판단력비판 제1서론' 대우고전총서 024, 아카넷, H7, 589-590쪽.

다는 것은 분명하다. 이 형식적 원리들은 객관적으로 또는 주관적으로, 그러나 또는 주관적임으로 해서 동시에 객관적으로 타당한 필연성을 정초[8]하며, 이에 따라 이 원리들은 그 원리들에 병립하는 능력들에 의해 그 원리들에 대응하는 마음의 능력들을 규정한다.

인식 능력 −−−−−− 지성 −−− 합법칙성
쾌·불쾌의 감정 −−− 판단력 −−− 합목적성[9]
욕구 능력 −−−−−− 이성 −−− 합목적성(책무성)

끝으로 이 형식들을 가능하게 하는 앞서 언급한 선험적 근거들에는 이런 것들이 그 산물로 짝을 이룬다.

마음의 능력	상위 인식 능력	선험적 원리	산물
인식 능력 −−−− 지성 −−−−−−	합법칙성 −−−−−−	자연
쾌·불쾌의 감정 − 판단력 −−−−−	합목적성 −−−−−−	기예
욕구 능력 −−−− 이성 −−−−−−	합목적성(책무성) −−−	윤리

그러므로 자연은 그 합법칙성의 근거를 인식능력인 지성의 선험적 원리
들에 두고, 기예는 그 선험적 합목적성에서 쾌·불쾌의 감정과 관련해서
판단력에 따르며, 끝으로 윤리는 욕구 능력에 관한 이성의 규정 근거로서
의 보편적 법칙의 자격을 갖추고 있는 합목적성이라는 형식의 이념 아래

---

8) 정초란 기초를 놓는다는 의미이다.

9) 합목적성이란 어떤 사물을 볼 때 그 사물이 어떤 목적을 위해 있다고 내가 생각하는 성격
이다. 즉 어떤 사물을 볼 때 이 사물이 어떤 목적에 부합하는 상태이면 합목적적이라고 한
다. 이러한 합목적성을 칸트는 '한 사물이 오로지 목적들에 따라서만 가능한 사물들의 그런
성질과 합치함'이라고 정의한다. 그리고 이런 의미의 합목적성을 '반성적 판단력의 선험적
원리'라고 생각하였다. 이때 합목적성은 감각경험의 누적으로는 얻을 수 없고, 오히려 자연
세계를 이치에 맞게 완성하기 위해 반성적 판단력이 경험에 선행해서(선험적) 가지고 들어
가는 개념이다(백종현. (2018). 인간이란 무엇인가. 아카넷, 207−211쪽).

서 있다. 이런 식으로 선험적 원리들로부터 생겨나는 판단들이 이론적, 미(감)적, 실천적 판단들이다.

이리하여 그것의 자연과 자유와의 관계에서 각기 특유한 규정적인 선험적인 원리들을 가지면서, 그로 말미암아 교설적 체계로서의 철학의 두 부문(이론철학과 실천철학)을 이루고 있는 마음의 능력들의 한 체계가 발견되고, 그와 동시에 하나의 특유한 원리에 의해 양 부문을 연결하는 판단력을 매개로 한 이행, 곧 전자의 철학의 감성적 기체[10]로부터 후자의 철학의 예지적 기체로의 이행이 또 하나의 능력(판단력)의 비판을 통해 발견된다. 이 또 하나의 능력은 연결하는 데 쓰일 뿐이고, 그래서 물론 독자적으로는 어떤 인식을 마련한다거나 교설을 위해 어떤 기여를 할 수는 없는 것이다.

그러나 그것의 판단들은 미감적 판단들이라는 이름 아래서, 그 원칙들이 객관적이어야만 하는, 논리적 판단들이라는 이름 밑의 모든 판단들과는 구별되는, 아주 특수한 종류의 것으로, 이 판단들은 감성적 직관들을, 그것의 합법칙성이 어떤 초감성적 기체와의 관계를 떠나서는 이해될 수 없는, 자연의 이념과 관계시키는 것이다.

우리는 전자의 종류의 판단들에 대한 이들의 비판을 미학/감성학이라 부르지 않고, 미감적/감성적 판단력의 비판이라고 부를 것이다. 왜냐하면 앞의 표현은 이론적 인식에 속하고, 그래서 논리적 판단들에 재료를 공급하는 직관의 감성을 의미할 수도 있어서, 너무 넓은 의미를 갖기 때문이다."[11]

칸트의 판단력 비판을 간략하게 정리하기 위해서 장황하기는 하지만 "덧붙임 판단력비판 제1서론"에 나오는 본문을 원문 그대로 인용하였습니다. 여기에

---

10) 밑바탕에 놓여 있는 것을 기체라고 한다. 주관은 인식의 밑바탕에 있다. 밑바탕에 놓여 있는 주관 위에서 세계가 펼쳐진다(백종현(2018) 인간이란 무엇인가. 아카넷. 261쪽).

11) 임마누엘 칸트. (2009). 판단력 비판. '덧붙임 판단력비판 제1서론' 대우고전총서 024, 아카넷, V180, 162−163쪽.

서는 칸트는 판단력 비판을 어떤 방식으로 구상했는가에 대한 전체적인 이론적인 틀을 도표에 가까운 형태로 구체적으로 제시하고 있습니다. 즉 칸트는 순수이성비판에서 세계를 서로 구별되는 두 영역으로 양분하고 있는데, 하나는 물리적인 세계, 즉 시공의 현상계를 제시하며, 다른 하나는 형이상학적인 세계, 즉물자체의 거처인 초감성적인 본체계를 제시합니다. 이를 통해 플라톤이 이데아론에서 세계를 현상과 이데아로 나눈 것처럼 칸트도 이원론에 바탕을 두고 있음을 알 수 있습니다. 칸트에 따르면, 참된 도덕적 행위는 행복과 같은 목적을 갈망하는 성향에 의해서가 아니라 도덕적 법칙에 대한 경외심에 바탕을 둔 의지를 따를 때만 가치가 있습니다. 이 도덕법칙을 따르는 의지가 그가 말하는 순수의지, 이성적 의지로서의 실천이성이며, 이러한 순수의지는 자율적이며 자유에 기초하고 있다는 것입니다. 칸트는 인식론은 자연만이 인식의 대상이며, 도덕론은 자유만이 도덕을 가능케 할 수 있다고 주장합니다. 따라서 플라톤에서의 현상과 이데아라는 이원론은 칸트에게는 자연과 자유가 됩니다. 그러나 칸트는 이렇게 서로 분리되는 자연과 자유를 연결하기 위해 판단력을 가져옵니다. 칸트는 판단력을 아래와 같이 설명하고 있습니다.

> "판단력은 특수하기는 하지만 전혀 자립적이지 않은 인식능력이어서 그것은 어떤 대상에 대해 지성처럼 개념을 주지도 않고, 이성처럼 이념을 주지도 않는다. 판단력은 한낱 다른 곳에서 주어진 개념들 아래에 포섭하는 능력이기 때문이다. 그러므로 근원적으로 판단력에서 생겨난 개념이나 규칙이 있다고 한다면, 그것은 자연이 우리의 판단력을 따르는 한에서의 자연의 사물들에 대한 개념일 수밖에 없을 것이다. 바꿔 말하면 그것은 자연을 인식하는 우리의 능력을 위한 자연의 합목적성에 대한 개념일 수밖에 없을 것이다. 그런 한에서 그것은 우리가 특수를 보편 아래 함유되어 있는 것으로 판정하고 그것을 자연의 개념 아래 포섭할 수 있기 위해서 필요로 하는 것이다."[12]

---

12) 임마누엘 칸트. (2009). 판단력 비판. '덧붙임 판단력비판 제1서론' 대우고전총서 024, 아카

칸트는 판단력이 매우 특수한 종류의 것이어서, 그것은 독자적으로는 전혀 아무런 인식도 만들어내지 못하고, 자신의 선험적인 원리가 있음에도 불구하고 객관적인 학설로서 초월 철학의 한 부분을 제공하지도 못하며, 단지 다른 두 상위 인식 능력들과 연대를 이룰 뿐이다[13]라고 합니다. 그는 판단력을 개념을 주어진 경험적 표상에 의해 규정하는 규정적 판단력과 주어진 표상에 관한 개념을 위해 모종의 원리에 따라 반성[14]하는 능력인 반성적 판단력으로 구분하고 있습니다. 칸트는 그러한 구분에 대하여 아래와 같이 설명하고 있습니다.

> "판단력 일반은 특수한 것을 보편적인 것 아래에 함유되어 있는 것으로 사고하는 능력이다. 보편적인 것이 주어져 있다면 특수한 것을 그 아래에 포섭하는 판단력은 규정적이다. 그러나 특수한 것만이 주어져 있고 판단력이 그를 위한 보편적인 것을 발견해야만 한다면 그 판단력은 순전히 반성적이다. 지성이 세운 보편적인 초월적 법칙들 아래에 있는 규정적 판단력은 단지 포섭 작용만을 한다. 법칙은 규정적 판단력에 선험적으로 지시되어 있으므로 규정적 판단력은 자연 안의 특수한 것을 보편적인 것 아래 종속시킬 수 있기 위한 법칙을 독자적으로 고안해 낼 필요가 없다. 자연 안에 있는 특수한 것으로부터 보편적인 것으로 올라가야 하는 임무를 갖는 반성적 판단력은 하나의 원리를 필요로 하는바, 반성적 판단력은 이 원리를 경험에서 빌려올 수는 없다."[15]

칸트는 판단력이 인식능력과 욕망 능력의 중간에 위치한다고 보았습니다. 즉 판단력은 지성(자연)과 이성(자유)의 중간에 자리 잡고 있다는 것입니다. 그렇

넷, H8, 590쪽.

13) 임마누엘 칸트. (2009). 판단력 비판. '덧붙임 판단력비판 제1서론' 대우고전총서 024, 아카넷 H, 54, 636쪽,

14) 반성이란 서로 다른 것들이 있을 때 그것을 어떤 공통점에서 볼까를 생각하는 것이다(백종현. (2018). 인간이란 무엇인가. 아카넷, 209쪽).

15) 임마누엘 칸트. (2009). 판단력 비판. '덧붙임 판단력비판 제1서론' 대우고전총서 024, 아카넷, H59-H62, 639-641쪽.

다면 칸트에게 있어서 판단력의 원리는 무엇일까요? 칸트에 따르면 판단력은 일차적으로 규칙들 아래에 포섭하는 능력, 즉 무엇인가가 주어진 규칙 아래에 있는 것인지 아닌지를 판별하는 능력입니다. 그러나 판단력은 특수를 보편 아래 포섭하는 능력뿐만 아니라 반대로 특수에 대한 보편을 찾아내는 능력이기도 합니다. 즉 판단력이 규정적으로뿐만 아니라 때로는 반성적으로도 작용한다는 것입니다. 그래서 칸트는 판단력을 규정적 판단력16)과 반성적 판단력17)으로 나누고 있습니다. 규정적 판단력은 특수한 것을 보편적인 것 아래 수렴함으로써 규정하고, 반성적 판단력은 주어진 특수한 것에 대한 보편적인 것을 찾으려고 애씁니다.

판단력이 규정한다는 것은 인식에서 주어지는 잡다한 표상들을 보편적 지성의 법칙 아래 귀속시킴으로써 하나의 대상을 만들어 내거나 실천에서 여러 가지 행위 동기들을 보편적 이성의 법칙, 곧 도덕법 아래에 종속시킴으로써 하나의 윤리적 행위를 낳는 것을 말합니다. 그리고 이 경우 보편적인 것으로서 지성과 이성의 법칙은 지성에서는 선험적 원리로, 이성에서는 초월적 이념18)으로 판단력 앞에 주어져 있게 됩니다.

반성한다는 것은 주어진 표상들을 다른 표상들 또는 자기의 인식능력과, 그에 의해 가능한 개념과 관련해서 비교하고 대조하는 것입니다. 이러한 반성 또는 성찰은 우리가 대상들에 대한 개념들에 이를 수 있는 주관적 조건들을 발견하기 위해서 준비하는 마음의 상태라 할 수 있습니다. 이중 대상에 관련된 반성은 주어진 표상들이 우리의 인식 원천들과 어떤 관계에 있는가? 다시 말해 그것들이 우리의 어떤 마음 능력에 귀속하는가를 깊이 생각하기 위한 것입니다. 그 이유는 대상과 관련된 반성에는 대상에 대한 주관적 태도가 반영되기 때문입니

---

16) 규정적 판단력은 자연의 합법칙성에 대한 판단을 의미하며, 이론 인식의 차원에서 활동하는 판단력이다.
17) 반성적 판단력은 자연의 합목적성에 대한 판단을 의미하며, 특수에서 보편을 찾아야 하는 경우의 판단력이다.
18) 초월적 이념이란 그에 의해 그 아래서만 사물들이 우리 인식 일반의 객관들이 될 수 있는 선험적인 보편적 조건이 표상되는 그런 이념이다.

다. 반성적 판단력은 규제적이기는 하나 자신의 고유한 영역을 갖고 있는 능력이 아닙니다. 그것은 다만 대상을 바라보는 데 필요한 반성적인 조건만을 제시해주는 능력입니다. 이러한 반성적 판단력에 의해 자연의 합목적성을 발견할 수 있다는 것입니다. 그것을 칸트는 다음과 같이 설명합니다.

> "하나의 객관에 대한 개념은, 그것이 동시에 이 객관의 현실성의 근거를 함유하는 한에서, 목적이라 일컬으며, 한 사물이 오로지 목적들에 따라서만 가능한 사물들의 그런 성질과 합치함을 사물들의 형식의 합목적성이라 일컫는다. 그래서 경험적 법칙들 일반 아래에 있는 자연의 사물들의 형식과 관련하여 판단력의 원리는 자연의 잡다함 속의 자연의 합목적성이다... 그러므로 자연의 합목적성은 오로지 반성적 판단력에만 그 근원을 가지고 있는 하나의 특수한 선험적 개념이다."[19]

상상력[20]이 주어진 표상을 통해 무의도적으로 지성과 일치하게 되면 우리 안에 쾌감이 불러일으켜지고 이때 판단력은 이 대상을 합목적적인 것으로 여기게 됩니다.[21] 그러나 이 합목적성은 자유로운 상상력과 합법칙적인 지성의 합치에서만 있는 것인 만큼 주관적인 것에 불과합니다. 반성적 판단력은 쾌·불쾌의 감정 영역에서는 목적개념이 없어도 합목적성이라는 법칙 수립의 역량을 나타냅니다. 그것을 칸트는 다음과 같이 설명하고 있습니다.

---

[19] 임마누엘 칸트. (2009). 판단력 비판. '1790년도 제1판을 위한 머리말' 대우고전총서 아카넷, V181, 164-165쪽.

[20] 미적 판단의 한 요인인 상상력은 감성의 한 능력이다. 칸트는 상상력을 여러 가지 뜻으로 사용하는데 그것은 상상력이라는 이름을 가진 마음의 작용방식이 여러 가지이기 때문이다. 칸트에서 감성의 기관으로는 감각기관과 상상력이 있다. 감각기관은 눈앞에 있는 대상을 직관하는 능력이고, 상상력은 대상이 눈앞에 없음에도 그려내는 능력이다(백종현. (2018). 인간이란 무엇인가. 아카넷, 223-224쪽).

[21] 칸트는 인간에게만 있는 미적 감정이 바로 목적없는 합목적성이라는 감정원리의 표출이라고 한다. 이러한 미적 감정은 일종의 쾌감이다. 이러한 미적 쾌감은 상상력과 지성의 합치에서 생긴다. 여기에는 어떤 욕구가 있었던 것이 아니다. 욕구가 없었으니 무엇인가를 이루려는 목적이 있었던 것도 아니다. 그런데 마치 무슨 목적이 달성된 것처럼 흡족한 느낌, 그것이 미적 쾌감이라는 것이다(백종현. (2018). 인간이란 무엇인가. 아카넷, 219-220쪽).

"자연의 합목적성이라는 이 초월적 개념은 자연 개념도 아니고 자유 개념도 아니다. 그것은 객관(자연)에게 전혀 아무런 것도 부가하지 않고 단지 우리가 자연의 대상들에 대한 반성에서 일관적으로 연관된 경험을 의도하여 처신할 수밖에 없는 유일한 방식을 표상할 따름이다. 그렇기에 그것은 판단력의 주관적 원리이다."[22]

판단력은 자연의 가능성을 위한 선험적 원리를 자기 안에 가지되 그 원리를 자율로서 객관적으로 자연에게 지정하는 것이 아니라 단지 주관적인 관점에서 자기 자율로 자연을 반성하기 위해 하나의 법칙으로 지정한다는 것입니다. 이 합목적성 개념[23]을 매개로 판단력에 의한 지성의 법칙 수립과 이성의 법칙 수립의 연결이 이루어집니다. 그렇다면 이 개념이 어떻게 자유에서 자연으로, 초감성적인 것에서 감성적인 것으로의 이행을 가능하게 할까요? 칸트는 그것을 다음과 같이 설명합니다.

"판단력은 자연의 가능한 특수한 법칙들에 따라 자연을 판정하는 그의 선험적 원리에 의해 자연의 초감성적 기체가 지성적 능력에 의해 규정될 수 있도록 만든다. 그러나 이성은 똑같은 기체를 그의 선험적 실천 법칙에 의해 규정한다. 그리고 그렇게 해서 판단력은 자연 개념의 관할구역에서 자유 개념의 관할구역으로의 이행을 가능하게 만든다."[24]

---

22) 임마누엘 칸트. (2009). 판단력 비판. '1790년도 제1판을 위한 머리말' 대우고전총서 아카넷, V184, 169쪽.
23) 반성적 판단력을 하나의 독자적인 마음의 능력이도록 하는 것은 이 판단력의 자기자율인데, 이 자기자율의 원리가 합목적성이다. 자기자율이란 내가 스스로 내 주관을 만족시키기 위한 것이다. 객관적인 것은 대상에 속하는 것이다. 그러나 아름다움이라는 것은 대상에 속하는 것이 아니다. 그래서 취미판단은 주관적이다. 그러므로 합목적성이라는 것은 대상이 이러저러할 때 나로 하여금 아름다움을 느끼지 않을 수 없게 나를 규제하는 원리이다. 그래서 나의 자기자율이다. 나 자신을 규제하는 원리라는 것이다(백종현. (2018). 인간이란 무엇인가. 아카넷, 249-250쪽).
24) 임마누엘 칸트. (2009). 판단력 비판. '1790년도 제1판을 위한 머리말' 대우고전총서 아카넷, V196, 186쪽.

칸트에 따르면 실천이성은 우리에게 자유에 의한 궁극목적을 산출할 것을 요구하며, 반성적 판단력은 합목적성의 개념으로 이 궁극목적이 실천이성에 의해 산출될 수 있음을 지시합니다. 그러므로 자연은 판단력에 기초해서 인간에 의해 자유롭게 규정될 수 있는 것으로 인식되며, 이 규정이 이성의 선험적 실천 법칙을 통해 제시되게 됩니다. 자연에 대한 지성의 선험적 법칙 수립을 통해서는 알려지지 않은 채로 있을 수밖에 없었던 것이, 즉 자유에 대한 자연의 규정이 이제 자연의 합목적성 개념을 통해 지성에게 이해될 수 있게 된다는 것입니다. 그것을 칸트는 다음과 같이 설명합니다.

> "자율을 함유하고 있는 능력으로 고찰되는 한에서 인식능력으로는 지성이 선험적인 구성적 원리들을 함유하는 것이고, 쾌·불쾌의 감정으로는 판단력이 그런 것인데, 이 판단력은 욕구 능력의 규정과 관계하고 그럼으로써 직접적으로 실천적일 수 있는 개념들 및 감각들에 독립적이다. 욕구 능력으로는 이성이 그런 것인데, 이성은, 그것이 어디서 유래하건 어떠한 쾌의 매개 없이도, 실천적이고 상위능력인 욕구 능력에 궁극목적을 규정하는바, 이 궁극목적은 동시에 객관에서의 순수한 지성적 흡족함을 수반한다. 자연의 합목적성이라는 판단력의 개념은 자연 개념들에 속하되 단지 인식능력의 규제적 원리로서만 그러하다... 인식능력들의 부합이 이 쾌의 근거를 함유하거니와 이 인식능력들의 유희에서의 자발성이 야기한 이 개념으로 하여금 자연 개념의 관할구역들을 자유 개념의 것과 그 결과들에서 연결 매개할 수 있도록 한다. 이 자발성이 동시에 도덕 감성에 대한 마음의 감수성을 촉진함으로써 말이다."[25]

이처럼 칸트가 자연의 영역과 도덕의 영역 사이의 심연을 절대적인 것으로 양분하지 않으면서 자연과 자유와의 매개 고리를 발견했다고 믿은 것은 반성적

---

[25] 임마누엘 칸트. (2009). 판단력 비판. '제2부 판단력비판 역주' 대우고전총서 024, 아카넷, V196, 186쪽.

판단력의 원리인 합목적성의 개념[26])에 의한 것입니다. 그는 자연의 바탕이 되는 목적론은 한편으로는 그것이 자연에 있어서는 미(美)와 생명의 유기적 구조 속에서, 다른 한편으로는 인간의 미(美)의 창조와 그 경험 속에서 그 내적인 본질을 드러내고 있다고 보았습니다. 그리고 자연과 인간에 공통적으로 포함되어 있는 미(美)에 주목하면서 그의 미학 이론을 출발시키고 있습니다.[27])

2 칸트의 미(美)와 미학

칸트는 미(美)란 일체의 만족을 떠나 무관심적인 자유로운 만족의 대상이며, 어떠한 개념의 매개 없이도 보편적이고 필연적으로 만족을 주어 아무런 목적의 표상 없이 지각되는 합목적성의 형식이라고 분석합니다. 이는 첫째로 아름답다라는 말을 들을 만한 대상이라면 그것은 부분들이 미적 전체에 관련되어 있는 방식으로 유기적 특성을 가지는 대상이라는 것입니다. 둘째로 이와 같은 형식적 구성은 오직 미적으로 지각될 수 있을 뿐이지 특수한 목적에 의해 개념적으로 시험될 수 있는 것이 아니라는 것입니다.

칸트에게 있어 취미란 상상력의 자유로운 합법칙성과 관련하여 대상을 판정하는 능력으로서 어떤 대상을 자각하고 그것을 아름답다고 평가하는 능력입니다. 그에 의하면 취미란 단순한 평가능력이지 산출 능력이 아니며, 그러므로 취미에 적합한 것이 반드시 예술작품은 아니다 라고 말합니다. 칸트는 취미를 미(美)의 직관적 파악으로서, 그리고 미(美)를 그 취미의 대상이라고 규정함으로써 미(美)와 취미와 대상을 연결하고 있습니다. 칸트는 취미는 마치 미(美)가 객관적

---

26) 미적 판단에 있어서는 형식적인 주관적 합목적성과 목적론적 판단에 있어서는 질료적이고 객관적인 합목적성을 의미한다.

27) 우리는 상상력의 형상과 지성의 규칙의 조화 속에서 흡족함을 느낀다. 상상력과 지성의 조화에서 미적 쾌감이 생기지 않을 수 없다. 그런데 지성의 규칙은 인간에게는 보편적이므로 취미판단이 보편적으로 타당한 것이 된다. 바로 이 지점에 학문으로서의 미학이 존재한다 (백종현. (2018). 인간이란 무엇인가. 아카넷, 227–228쪽).

인 성질인 것처럼 그의 대상을 판단하지만, 그러나 정확하게 말할 수 있는 것은 문제의 대상이 우리의 마음속에 미적 즐거움이라는 심리적 반응을 환기시킬 수 있도록 구성된 것일 뿐이라는 점을 지적합니다. 즉 칸트에게 있어서 미(美)는 특수한 유형의 대상에 대한 특수한 유형의 주관적 반응으로서 특수한 심리적 과정의 산물입니다. 그래서 칸트는 미(美)와 취미에 관하여 다음과 같이 설명합니다.

> "대상의 형식이 그에 대한 순전한 반성에서 그러한 객관의 표상에서 생기는 쾌의 근거라고 판정되는, 그런 객관의 표상과 이 쾌는 또한 필연적으로 결합되어 있다고 판단된다. 그것은 따라서 한낱 이 형식을 포착한 주관에 대해서 뿐만 아니라 모든 판단자 일반에 대해서도 그러하다. 그때 그 대상은 아름답다고 일컬어진다. 그리고 그러한 쾌에 판단하는 능력을 취미라고 일컫는다."[28]

이때 상상력은 독자적이며 가능한 직관들의 임의적 형식들을 만들어냅니다. 그러나 상상력이 만들어내는 모든 형식들이 지성의 합법칙성과 합치하기에 적합한 것만은 아닙니다. 한 대상이 아름다운 것은 그것이 일정한 형식을 가지고 있기 때문이 아니라 상상력이 이 형식 자신을 창조해 낼 수 있기 때문입니다. 칸트는 아름다움의 구별을 다음과 같이 설명합니다.

> "어떤 것이 아름다운 것인가 아닌가를 구별하기 위해서는, 우리는 표상을 지성에 의해 인식하기 위해 객관에 관계시키는 것이 아니라, 상상력에 의해 주관 및 주관의 쾌 또는 불쾌의 감정에 관계시킨다."[29]

취미판단은 어떤 개별적인 사물을 주관의 감정에 관련시켜 아름답다거나

---

28) 임마누엘 칸트. (2009). 판단력 비판. '제2부 판단력비판 역주' 대우고전총서 024, 아카넷, V190, 178쪽.
29) 임마누엘 칸트. (2009). 판단력 비판. '판단력비판 제1편 미감적 판단력 비판' 대우고전총서 024, 아카넷, B4, 192쪽.

아름답지 않다고 평가하는 판단입니다. 취미판단은 인식 판단이 아니며, 대상을 아름답다거나 아름답지 않다고 판정하는 판단에는 질, 양, 관계, 양태라는 네 가지 계기를 가집니다. 취미판단에 대해서 칸트는 다음과 같이 설명하고 있습니다.

> "취미판단은 인식 판단이 아니며, 그러니까 논리적이 아니라, 감성적이다. 감성적이란 그 규정 근거가 주관적일 수밖에 없다는 뜻이다. 그러나 표상들의 모든 관계는, 심지어 감각들의 관계조차도, 객관적일 수 있되 오로지 쾌·불쾌의 감정과의 관계는 객관적일 수가 없으며, 이에 의해서는 전혀 아무런 것도 객관에서 표시되지 않고, 이 관계에서 주관은 자기가 표상에 의해 촉발되는 대로 스스로 느끼는 바이다."[30]

취미판단은 논리적 판단과 구분됩니다. 그것은 논리적 판단은 어떤 표상을 객관의 개념들 아래에 포섭하지만 취미판단은 그것을 어떤 개념 아래 포섭하지 않기 때문입니다. 그럼에도 불구하고 취미판단은 보편성과 필연성을 내세운다는 점에서는 논리적 판단과 비슷합니다. 다만 논리적 판단과의 차이점은 취미판단은 주관적인 보편성과 필연성을 내세운다는 것입니다. 그것을 칸트는 다음과 같이 설명합니다.

> "모든 판단들의 주관적 조건은 판단하는 능력 자신, 바꿔 말해 판단력이다. 이 판단력은, 어떤 표상에 의해 하나의 대상이 주어지는 그런 표상에 대해 사용될 때, 두 표상력의 부합을 필요로 한다. 곧 상상력과 지성의 부합을 필요로 한다. 그런데 이 경우 판단의 기초에 아무런 객관의 개념도 놓여있지 않기 때문에 이 판단은 단지 상상력 자신을, 지성이 일반적으로 직관으로부터 개념들에 이르는 조건들 아래에 포섭하는 데에서만 성립할 수 있다. 다시 말해, 상상력이 개념 없이 도식화한다는 바로 그 점에 상상력의

---

30) 임마누엘 칸트. (2009). 판단력 비판. '판단력비판 제1편 미감적 판단력 비판' 대우고전총서 024, 아카넷, B4, 192쪽.

자유가 성립하기 때문에, 취미판단은 교호적으로 생기를 넣어주는 자유 속에 있는 상상력과 합법칙성과 함께 있는 지성을 한낱 감각하는 데에 의거하며, 그러므로 대상이 자유롭게 유희하는 그 인식능력을 촉진하도록 대상을 표상의 합목적성에 따라서 판정하게 하는 감정에 의거한다."[31]

우리는 지금까지 판단력이 지성과 이성의 매개로서 작용함을 살펴보았습니다. 즉 판단력이 지성과 이성에 의해 독자적으로 그 법칙이 수립된 자연과 자유를 연결하는 교량의 역할을 한다는 것입니다.[32] 판단력에 의한 지성의 법칙 수립과 이성의 법칙 수립의 연결에 대해 칸트는 다음과 같이 구체적으로 설명하고 있습니다.

"지성은 감관의 객관인 자연에 대해서 선험적으로 법칙 수립적이며, 가능한 경험에서 자연의 이론적 인식을 위한 것이다. 이성은 주관에서의 초감성적인 것인 자유 및 자유의 고유한 원인성에 대해서 선험적으로 법칙 수립적이며, 무조건적으로 실천적인 인식을 위한 것이다. 전자의 법칙 수립 아래에 있는 자연 개념의 관할구역과 후자의 법칙 수립 아래에 있는 자유 개념의 관할구역은 그것들이 각기 서로 간에 미칠 수도 있을 모든 교호적인 영향에도 불구하고, 초감성적인 것을 현상들과 분리시키는 커다란 간극에 의해 전적으로 격리되어 있다.

자유 개념은 자연의 이론적 인식과 관련해서는 아무것도 규정하지 않으며, 자연 개념 또한 마찬가지로 자유의 실천적 법칙들과 관련해서는 아무

---

31) 임마누엘 칸트. (2009). 판단력 비판. '판단력비판 제1편 미감적 판단력 비판' 대우고전총서 024, 아카넷, B145~B146, 308−309쪽.

32) 칸트는 판단력을 이론이성과 실천이성, 지성과 이성을 잇는 다리라고 생각했다. 지성에 의해서 자연법칙이 수립되고 이성에 의해서 자유 법칙이 수립되는데 이렇게 수립된 자연 세계에 관한 것과 실천 세계에 관한 두 법칙이 판단력에 의해서 통일된다. 이로써 자연과 자유가 통일된다. 그런데 판단력은 무엇을 가지고 저 두 세계를 통일할 수 있는가? 그것은 실천이성비판의 최고선의 이념에 의거 해서다(백종현. (2018). 인간이란 무엇인가. 아카넷, 231−235쪽).

것도 규정하지 않는다. 그런 한에서 한 구역에서 다른 구역으로 건널 다리를 놓는다는 것은 가능하지 않다. 그러나 비록 자유 개념에 따르는 인과성의 규정 근거들이 자연 안에 있지 않고, 감성적인 것이 주관 안의 초감성적인 것을 규정할 수 없다고 해도, 그 역은 가능하고, 그것은 이미 자유에 의한 인과성의 개념에 함유되어 있다.

자유 개념에 따른 결과는 궁극목적으로서, 이 궁극목적은 실존해야만 하며, 이렇기 위해서는 이 궁극목적을 가능하게 하는 조건이 자연 본성안에 전제되는 것이다. 이러한 조건을 선험적으로 그리고 실천적인 것을 고려함 없이 전제하는 것, 즉 판단력이 자연 개념들과 자유 개념 사이를 매개하는 개념을 자연의 합목적성 개념 안에서 제공하는바, 이 매개 개념이 순수이론(이성)에서 순수 실천(이성)으로의 이행, 전자에 따른 합법칙성에서 후자에 따른 궁극목적으로의 이행을 가능하게 한다."[33]

칸트는 자연 개념과 자유 개념에 대해 말하면서 인간이 창조의 궁극목적으로 실존하며, 다른 모든 피조물은 인간에게 수단으로 사용됨을 아래에서 명백히 밝히고 있습니다. 칸트는 무엇을 위하여 사물들이 세계 안에 존재하는지를 사람들은 물을 수가 없다고 말합니다. 다만 이성이 선험적으로 제시하지 않을 수 없는 궁극목적이 있어야 한다면, 그것은 도덕법칙들 아래에 있는 인간 이외의 다른 것일 수 없다고 단정합니다. 그리고 이 궁극목적이 이 세계에서 자유에 의해서 가능한 최고선임을 밝히고 있습니다.

"궁극목적이란 자신의 가능성의 조건으로서 다른 어떤 것도 필요로 하지 않는 그런 목적이다... 그런데 우리는 이 세계 안에 그것의 인과성이 목적론적인, 다시 말해 목적들을 지향하는 단 한 종류의 존재자들을 가지고 있다... 이런 종류의 존재자가 인간이다. 자연 존재자 중 유일하게 이 존재

---

33) 임마누엘 칸트. (2009). 판단력 비판. '1790년 제1판을 위한 머리말' 대우고전총서 024, 아카넷, V195−V196, 185−186쪽.

자에게서 우리는 초감성적인 능력(자유)과 또한 인과성의 법칙을, 이 법칙이 최고의 목적으로 앞세울 수 있는 인과성의 객관(세계 안의 최고선)과 함께 이 존재자의 고유한 성질의 측면에서 인식할 수 있다... 그의 현존은 자신 안에 최고의 목적 자체를 가지며, 그는 그가 할 수 있는 한, 이 최고 목적에 전체 자연을 복속시킬 수 있으며, 적어도 이 최고 목적에 반하여 그가 자연의 어떤 영향에 복속되지 않도록 자신을 지켜야만 한다. 무릇 세계의 사물들이 그것들의 실존의 면에서 의존적인 존재자로서, 어떤 목적들에 따라 활동하는 최상의 원인을 필요로 한다면, 인간이야 말로 창조의 궁극목적이다."[34]

칸트는 인간의 최상의 목적은 그의 행복에 있거나 문화에 있을 수 있음을 주장합니다. 칸트는 행복이란 사람마다 누구나 찾지만 도달할 수는 없는 최종적인 자연 목적이라고 말하면서, 도덕법칙은 우리에게 있어서 어떠한 실질적인 목적과의 관계를 맺지 않고도 책무를 지울 수 있지만 그럼에도 그것은 우리를 하나의 궁극목적을 세우도록 돕는다는 것입니다. 이 궁극목적이 이 세계에서 자유에 의해서 가능한 최고선[35]이라는 것입니다. 그리고 인간이 자기의 궁극목적을 세울 수 있는 주관적 조건은 행복이라는 것입니다. 이와 함께 자연이 인간에게 스스로 선택한 목적들에 따라 행위할 능력을 부여함으로써 인간이 도달할 수 있는 최종 목적은 자신의 교화(문화) 속에 있다는 것을 다음과 같이 말합니다.

---

34) 임마누엘 칸트. (2009). 판단력 비판. '판단력비판 제2편 목적론적 판단력 비판' 대우고전총서 024, 아카넷, B396~B398, 509-511쪽.
35) 최고선이란 무엇인가? 자연세계는 자연의 법칙대로 움직이고 윤리세계는 도덕의 법칙대로 움직이는데 양자가 합치되려면 자연세계가 윤리의 세계처럼 움직여야 한다. 도덕은 당위의 법칙대로 움직이고 존재는 존재의 법칙대로 움직이는데 두 가지가 합치하려면 결국 자연의 세계가 도덕의 세계처럼 움직여야 하는 것이다. 그런 상태가 최고선이다. 지상에 세워진 천국, 이것이 칸트가 생각하는 합목적인 세계이다. 이것은 자연과 자유가 통일될 때에만 기대할 수 있는 상태이다(백종현. (2018). 인간이란 무엇인가, 아카넷, 231-235쪽).

"그런데 만약 인간의 자연과의 연결에 의해 촉진되어야 할 것이 인간 자신 안에서 마주쳐져야 한다면, 그것은 자선을 베푸는 자연에 의해 충족될 수 있는 유의 목적일 수밖에 없거나, 아니면 인간이 그것을 위해 자연을 사용할 수 있는 온갖 목적들에 대한 유능성과 숙련성이다. 전자의 자연의 목적은 인간의 행복이고, 후자의 목적은 인간의 문화일 것이다."[36]

칸트는 이렇게 세 비판서를 통해 인간은 무엇인가라는 물음에 철학적으로 답변합니다. 그에 따르면 인간은 세계 인식에서 존재자의 존재를 규정하는 초월적 주관이자, 행위에서 선의 이념을 현실화해야 하는 도덕적 주체이고, 세계의 전체적인 합리성과 합목적성을 요청하고 희망하고 믿는 반성적 존재자라는 것입니다.[37]

36) 임마누엘 칸트. (2009). 판단력 비판. '판단력비판 제2편 목적론적 판단력 비판' 대우고전총서 024, 아카넷, B388-V430, 502쪽.
37) 백종현. (2018). 인간이란 무엇인가. 아카넷, 238쪽.

Chapter

03

듀이의 미학

1 듀이의 실용주의적 관점

   존 듀이(John Dewey, 1859 – 1952)는 미국의 철학자이자 교육운동가로서 미국의 교육제도에 많은 영향을 준 인물입니다. 듀이는 생각과 행위는 일치해야 한다는 실용주의 이론[1]을 정립하였는데 그중 특히 이론적 믿음과 실제적 숙고라는 명확한 이분법에 도전했습니다. 듀이는 지식을 구체적인 탐구의 결과로 간주하면서 문제해결에 초점을 맞추었습니다. 그 이유는 듀이에게 있어서 진리란 외부 세계의 사물 또는 생각과 정확하게 일치함에 있지 않고 문제를 성공적으로 해결한 결과에 있었기 때문입니다. 실용주의자들에게는 현 상황에서 참인 지식이 다른 상황에서는 하나의 가설이 됩니다. 따라서 지식은 언제나 수정될 수 있으며 당대의 관례와 사회 상황에 실제로 적용될 수 있는 잠재적 가능성이 어느 정도 되느냐에 따라 검토, 논의, 수용 또는 폐기될 수 있다는 것입니다. 듀이에게 탐구란 재구성할 수 있는 힘 또는 변화를 조정하는 작용을 의미하였

---

1) 실용주의란 '사람들이 개념을 생각해 내고 신념을 형성하고 결정에 이르는 방식에 관한 설명이며(이은미. (2008). 듀이 미학의 교육학적 해석, 서울대학교 박사학위논문 재인용), 이러한 실용주의의 특징은 다음과 같다. (1) 실용주의는 어떤 의미와 내용을 주장하는 사상이 아니라 방법을 의미한다. (2) 실용주의의 방법은 관념을 형성하는 데 있어 행위의 중요성을 강조한다. 따라서 추론 결과로서의 지식보다는 행위 과정으로서의 사고가 핵심이 된다. (3) 듀이의 실용주의는 자연주의와 도구주의의 특성을 부각시키면서 경험의 질적 직접성이 핵심을 이루는 직접적 경험론을 완성한다(김연희. (2012). 존 듀이의 교육미학. 교육과학사 재인용).

으며, 문제해결을 위해서는 지식과 행위가 상호불가분의 관계에 있는 것으로 보았습니다.[2]

듀이에 따르면 앎의 과정은 외부와 동떨어진 채 무엇인가를 정확하게 파악하는 데 있는 것이 아니라 목적을 가지고 이성적인 방식으로 상황에 참여하는 것을 의미합니다. 그러나 그리스시대 이래 철학자들은 진리의 추구란 우리의 인식이나 믿음과 관계없이 궁극적인 현실 혹은 형이상학적 질서에 관한 지식을 추구하는 것이라고 이해하였습니다. 만약 듀이의 주장에 따른다면 철학자들은 전반적인 앎의 조건에 대한 탐구를 포기하고 일상에서 일어나는 특정한 문제들을 대상으로 다루어야 합니다. 왜냐하면 듀이는 철학은 철학자들의 문제를 다루는 도구가 되는 것을 멈추고 사람들의 문제를 다루는 방법이 되고 그것이 다시 철학자들에 의해 계발될 때 비로소 살아날 것이라고 주장하였기 때문입니다. 이는 철학을 실제적이며 경험적일 수밖에 없는 것으로 보는 시각이며, 철학자들이 시민으로서뿐만 아니라 철학자로서 그 시대의 사건에 반응해야 한다는 것을 의미합니다.[3]

듀이에게 자유란 개인들 저마다의 역량을 깨닫게 하는 공동생활에 참여하는 사상이라는 의미입니다. 즉 자유의 문제는 개인의 권리와 공동체의 요구 사이의 균형을 어떻게 찾고 유지하는가의 문제가 아니라 개인의 내적 삶은 물론 외적 삶까지 지도하는 전체적인 사회질서를 어떻게 확립하는가의 문제입니다. 듀이에게 있어 민주주의의 중요성은 그것이 모든 사람의 우선권을 동등하게 평가하는 메커니즘을 제공함에 있는 것이 아니라, 삶의 모든 영역과 방식으로 확장되는 사회적 조직의 형태를 제공해 개인의 힘이 길러지고 유지되고 관리될 수 있게 하는 데 있었습니다. 따라서 듀이가 생각하였던 자유주의의 첫 번째 목표는 정의나 권리가 아니고 교육이었습니다. 즉 교육을 통해 함께 공유하는 공공생활의 상호적 책임에 적합해지도록 생각과 성격, 습성을 바꾸고 도덕적 모범을 생산하는 것이었습니다. 학교는 민주적인 공공 생활에 참여하도록 어린이들을

---

2) 마이클 크로우, 윌리엄 다바스. (2017). 새로운 미국대학 설계, 아르케.
3) 마이클 샌델. (2010). 왜 도덕인가? 한국경제신문.

준비시키는 작은 공동체가 되어야 하며, 민주적인 공공 생활은 다시 공공선을 준비시키도록 시민들을 교육해야 한다고 보았습니다.[4] 따라서 듀이는 민주주의를 단순히 합리와 불합리를 불문한 채 다수결을 따르는 것의 문제가 아니라 시민들이 지적인 행동을 할 수 있도록 교육하는 하나의 방식이라고 보았습니다. 즉 민주주의는 다수결의 방식을 넘어서는 삶의 방식, 즉 시민들 사이에 커뮤니케이션과 토의를 촉진시켜 이성적인 집단행동을 위한 협의를 끌어내는 삶의 방식이라는 것입니다.

듀이에 따르면 민주주의의 가장 핵심적인 요소는 모든 성숙한 사람들이 공동체의 삶을 이끌어 갈 가치의 체계 형성에 참여할 수 있도록 하는 일입니다. 듀이는 학교가 사회와 통합되고 학습 과정을 실제의 생활문제와 통합하는 것이 무엇보다도 중요하다고 보았습니다. 그리고 그것은 민주주의의 원리를 이해하고 실천하는 일을 철저히 함으로써 가능하다고 생각하였습니다. 그 이유는 학교가 사회적 지력의 성장을 위한 힘의 원천이기 때문이라는 것입니다. 듀이는 교육의 목적은 성장의 계속성을 유지하는 것일 뿐이며, 교육은 미래를 위한 준비가 아니라 삶의 과정 그 자체라고 보았습니다. 그것은 듀이가 교육을 경제적 해악이나 정치적 악덕을 치유할 수 있는 힘을 지닌 것이라고 간주하였기 때문입니다.[5] 이러한 듀이의 주장에 따르면 교육은 자신의 삶과 더불어 사회의 변화를 끌어낼 수 있는 강력한 수단입니다. 그러한 변화가 자신의 성장과 자신이 추구하는 삶의 방향으로 나아가는 것입니다. 교육이 삶의 과정 그 자체라면, 그리고 교육으로 자신이 가진 힘과 잠재력을 개발하게 된다면 사회의 구조적 병리를 개선하는 데에도 이바지할 수 있지 않을까요? 나아가 듀이의 주장과 같이 교육을 기반으로 한 이차적 경험이 축적된다면 칼 마르크스의 주장처럼 어느 결정적인 순간이 되면 물(액체)이 끓으면 기체가 되듯이 양적인 것에서 질적인 것으로 전환되는 패러다임의 변화가 발생할 수도 있지 않을까요?

---

4) 마이클 샌델. (2010). 왜 도덕인가? 한국경제신문.
5) 이돈희. (1999). 교육정의론. 교육과학사.

2 경험과 예술

듀이가 "민주주의와 교육"에서 교육을 경험의 재구성으로 규정한 이후 경험은 현대 교육을 설명하는 하나의 중요한 키워드가 되었습니다. 여기서 듀이는 경험을 인간의 삶과 행위를 의도적으로 추상하거나 가공하지 않은 전체로써 파악하는 의미로 사용하였습니다.[6] 여기에서는 미학과 관련된 듀이의 저술인 "경험으로서의 예술"을 중심으로 논의를 진행하고자 합니다. 이 책은 1931년 칠순의 듀이가 하버드대학에서 강의했던 내용을 수정하여 편찬한 것입니다. 이 책에 따르면 예술은 인간에게 의식적이고 의미있는 방식으로 생명체의 특징을 이루는 감각, 욕구, 충동, 그리고 행위들이 조화와 통합을 이룰 수 있음을 보여주는 구체적 증거입니다.[7] 또한 예술은 살아있는 생명체가 환경 속에서 행하는 활동과 긴밀한 관계가 있으며, 정신적인 것과 물질적인 것이 서로 연속적이며 실제로 결합되어 있음을 보여주는 가장 좋은 증거라고 말합니다. 듀이에 따르면 예술은 있는 상태 그대로를 기술하는 것이 아니라 주어진 상황에 대해 어떤 측면을 강조하는 선택적 성격을 가지게 되는데, 예술이 이러한 성격을 지니게 된 것은 표현행위에서 정서가 차지하는 역할 때문이라는 것입니다. 그래서 듀이는 정서를 아래와 같이 설명하고 있습니다.

"정서는 경험을 변화시키고 강화하는 힘을 가지고 있다. 정서는 경험 속에서 유사한 것들을 찾아내고 이것들을 정서 자신의 색으로 물들인다. 이런 과정을 통해서 처음에는 전혀 별개이며 이질적이었던 사물들에 일정한 질적 통일성을 부여한다. 그리하여 정서는 다양한 부분들로 이루어진 경험에 통일성을 갖게 한다. 이 통일성이 앞에서 언급한 그런 종류의 것일 때, 심미적 질성을 띠게 된다."[8]

---

6) 이홍우. (2006). 존 듀이 민주주의와 교육. 교육과학사, 140–141쪽.
7) 존 듀이. (2016). 경험으로서 예술(1부). 나남, 65–66쪽.
8) 존 듀이. (2016). 위의 책. 102쪽.

"정서는 개인을 둘러싸고 있는 수많은 대상과 사건들 속에서 자신에게 적합한 대상과 사건을 포착하고 다른 것들에서 분리시킨다. 그리고 정서는 당시 상황 전체에 내포된 가치와 의미의 결정체가 되는 대상이나 사건을 선정하고 그 대상 속에 가치와 의미를 응축시킨다. 이러한 정서의 작용이 바로 예술작품의 보편성을 가능하게 한다."[9]

듀이에 따르면 정서는 자아가 표출하는 정서에 의해 변형 과정을 겪는 대상과 하나가 될 때 심미적인 것이 되며, 이때 나타나는 행동이 표현행위가 된다는 것입니다. 즉 예술은 자연적인 것이 새로운 정서적 반응을 일으킬 수 있도록 주변에 있는 재료와 새로운 관계를 형성하는 것이며, 그런 관계를 통해서 변형의 과정을 거친 결과로 만들어진다는 것이죠. 이때 예술가는 자신의 작품을 통해서 과거를 회상하거나 현재 자신이 가지는 생각을 주장 또는 설득하거나, 미래를 제시 또는 지향하거나 등의 역할을 한다는 것입니다. 이는 다르게 표현하면 예술작품은 예술가의 경험과 더불어 그리고 경험 속에서 만들어진다는 의미입니다. 따라서 듀이는 예술을 다음과 같이 설명하고 있습니다.

"예술은 인간의 정신적 측면에서는 경험과 마음의 통합을 통해서 나타나며, 자연이라는 물질적 측면에서는 인간과 자연의 결합을 통해 나타난다. 여기서 자연이란 인간이나 인간의 경험과 독립된 것이 아니라 인간과 상호작용하는 복합체이며, 인간과 상호작용한 결과로 이루어진 것 전부를 합친 것이다. 따라서 예술은 예술가의 자유로운 사고와 그것을 실현하는 구체적인 수단이라 할 수 있는 물질적인 것이 서로 결합되어 있음을 보여준다... 예술은 진정한 의미에서 이상적인 것이다. 예술은 선택과 조직을 통하여 그냥 스쳐 지나가는 경험을 가치 있는 하나의 경험으로 만드는 것이며, 따라서 우리들에게 균형 잡힌 지각을 할 수 있는 능력을 향상시켜주는 것이다. 예술은 원래 실용적 목적을 획득하는 힘이 아니라 그 자체로

---

9) 존 듀이. (2016). 경험으로서 예술(1부). 나남, 152쪽.

향유할 수 있는 경험의 과정을 이끌어 나가게 하는 힘이다."[10)]

듀이는 미적인 것을 올바로 이해하기 위해서는 예술작품을 낳게 한 일상적 경험사태에서 시작해야 한다고 하면서 여기서 일상적 경험사태라는 것은 사람들의 이목을 집중하게 하는 일이 실제로 일어나는 곳이며, 사람들의 관심을 불러일으키고 즐거움을 주는 그런 사건 현장이라고 말합니다. 그러면서 듀이는 경험을 다음과 같이 포괄적으로 설명하고 있습니다.

> "경험은 인간과 환경과의 상호작용이다. 이때 환경은 물리적인 것뿐만 아니라 인간적인 것을 포함하며 동시에 지역의 자연환경뿐만 아니라 전통과 제도까지 포함한다... 경험하는 개인은 환경에서 오는 요인이나 힘들에 의해 무엇인가를 겪을 뿐만 아니라 환경에 대해 반응하고 행동한다... 경험은 주체와 객체, 자아와 세계의 상호작용에 의해 이루어진다."[11)]

듀이는 모든 경험은 생명체와 그 생명체가 살아가는 환경 사이에서 일어나는 상호작용의 결과라고 설명합니다. 이때 어떤 생명체가 가지는 경험의 성격은 삶을 영위하기 위한 필수적 조건들에 의해 결정됩니다. 즉 생명을 갖는 존재가 얼마나 오랫동안 그리고 어떻게 사느냐 하는 것은 바로 환경과의 상호작용에 따라 좌우된다는 것입니다. 듀이에 따르면 교육은 경험의 계속적 재구성을 의미하는데, 이때의 경험이란 인간이 자연적, 사회적 환경과 상호작용하는 과정, 그리고 그 결과로 형성된 행동이나 습관, 사고방식을 의미합니다. 듀이는 경험의 단위에 대해서는 경험되는 대상이 진행상태에 있다가 외부로부터 어떤 작용이 가해지거나 내부의 활력이 약화되면서 그 진행이 끝나버릴 때 하나의 경험을 생각할 수 있다고 하였습니다. 듀이는 하나의 거대한 덩어리째로 있는 경험을 일차적 경험이라고 하고, 그것을 소재로 하여 반성적 과정을 거친 것을 이차적 경험

---

10) 존 듀이. (2016). 경험으로서 예술(1부). 나남, 365－366쪽.
11) 존 듀이. (2016). 경험으로서 예술(2부). 나남, 50쪽, 111－112쪽.

이라고 하였습니다. 이러한 이차적 경험을 듀이는 다음과 같이 설명합니다.

> "예술작품에 들어있는 인지적 내용은 관계를 인지하는 반성적 경험의
> 과정과 밀접한 관련이 있다... 심미적 이해의 첫 단계는 의도하고 계획된
> 행동을 통해서 오는 것이 아니라 자기 자신의 개성적인 경험과 그것을 통
> 해 개발된 마음의 힘에 의해 자연스럽게 주어지는 것이며 포착되는 것이
> 다. 그리고 개성적 경험과 개발된 마음의 힘을 통해 포착된 전체적인 감동
> 은 자연스럽게 분석적 이해로 나아가게 된다."[12]

여기서 듀이가 말하는 예술가의 반성적 경험은 칸트가 "판단력비판"에서 사용하는 반성적 판단력과 같은 의미로 여겨집니다.[13] 이때 예술가의 반성적 경험이 주관적인지 아니면 객관적인지를 나누는 기준은 예술작품에 포함된 다양한 구성 요소들 속에 내재하는 통일성을 찾아내느냐 그렇지 않느냐에 달려 있다고 설명합니다. 듀이에 따르면 예술가는 환경과의 조화를 이루기 위하여 사고한 내용이 원래 주어진 대상들 속으로 통합되는 경험의 순간을 잘 포착하는 사람입니다. 듀이는 미적인 것과 지적인 것 사이의 차이는 강조의 차이, 즉 생명체와 환경의 상호작용의 특징을 나타내는 계속적, 주기적 변화에서 어떤 점을 강조하느냐 하는 강조점의 차이가 있을 뿐이라고 말합니다.[14] 듀이는 예술과 예술을 낳는 것을 가능하게 하는 미적 인식은 과거가 현재를 강화하고 미래가 현재를 이끌어주는 충만하며 고양된 삶의 순간을 즐거워하는 것에서 발생한다고 설명합니다. 여기에는 과거, 현재, 미래가 뗄 수 없이 연결되어 있으며 나아가 감각, 정

---

12) 존 듀이. (2016). 경험으로서 예술(1부). 나남, 300쪽.
13) 칸트는 판단력을 규정적 판단력과 반성적 판단력으로 나누었는데 전자는 자연의 합법칙성에 대한 판단이며, 후자는 자연의 합목적성에 대한 판단이다. 좀 더 쉽게 말하자면 규정적 판단력은 이론 인식의 차원에서 활동하는 판단력이고, 반성적 판단력은 보편이 주어져 있지 않은 경우 보편을 찾아가는 능력이다. 듀이의 반성적 경험이 자신의 경험에 의거한 분석적 이해라고 보았을 때 칸트와 듀이는 사용하는 단어는 다르지만 서로 같은 의미를 부여하는 것으로 볼 수 있다.
14) 존 듀이. (2016). 경험으로서 예술(1부). 나남, 41쪽.

서, 판단, 행위가 긴밀하게 통합되어 있으므로 예술이나 미적 인식은 바로 이러한 경험에서 잘 나타난다는 것입니다.

　　듀이에 따르면 경험은 개인적 감정이나 감각 안에 갇혀있는 것을 뜻하지 않으며 환경과의 상호작용, 즉 세계와의 능동적이고 활발한 교섭을 의미합니다. 경험이 최상의 상태가 되면 자아와 사물과 사건으로 구성된 세계가 완전히 상호침투되어 하나가 된 경지에 다다르게 됩니다. 그런 경우 경험은 살아있는 생명체가 사물의 세계에 대해 노력하고 성취한 결과로 이룩한 상태를 의미하게 되며, 이런 상황에서 경험을 예술의 근원이요, 예술의 싹이라고 말할 수 있다는 것입니다. 듀이는 이를 미적 경험이라고 정의했습니다. 이러한 미적 경험은 다른 종류의 경험과는 구분되는 심미적 경험 일반을 가리키는 것이며, 그러한 경험을 객관적인 관점에서 논의한다는 것을 의미한다고 말합니다.[15] 이때 심미적이라는 말은 미적 경험을 통하여 개인이 갖는 감상이나 향유와 같은 주관적, 심리적, 정서적 상태를 강조한다는 의미입니다. 그리고 이러한 심미적 경험은 질서가 깨어지고 갈등이 생긴 상태에서 갈등을 해결하고 균형상태에 이르는 일련의 완결과정에서 생겨난다고 설명합니다. 듀이는 예술을 인간의 사회적 삶의 일부이자 거기에서 야기된 결과를 포괄하는 것으로 규정하였으며 예술작품이나 예술을 삶의 분리된 그 자체의 의미와 가치를 지니는 것으로 보는 관점에는 반대하였습니다. 따라서 듀이에게 있어서 예술은 질성으로 가득 찬 생활의 맥락에서 출발하여 독특한 의미의 완성체를 형성하면서 종결되는 경험의 전체과정이라 할 수 있습니다.

3 질성적 사고와 하나의 경험

　　듀이에 따르면 자연은 수학적으로 재단되고 색이나 형체와 같은 제2성질들의 집합체이기 훨씬 이전에 질적 특성을 가진 것, 즉 질성으로 존재해 왔습니다.

---

15) 존 듀이. (2016). 경험으로서 예술(1부). 나남, 50쪽.

이때 질성이라는 말을 듀이는 두 가지의 의미로 사용합니다. 하나는 질성적 사고[16]라는 말에서 볼 수 있는 것처럼 질성을 포착할 수 있는 인간의 사고능력을 가리킵니다. 예를 들면 인간이 감각기관을 통해 어떤 대상과 접촉하면서 가지는 의식적인 생각이라 할 수 있습니다. 다른 하나는 질성적 사고의 능력을 사용하여 포착한 대상의 특성을 가리키는 것입니다. 후자의 경우 질성은 경험 대상에서 받아들이는 감각 내용이나 느낌으로 포착한 대상의 특성을 의미합니다. 즉 감각기관을 통한 경험이 삶에 의미를 가지려면 마음의 작용이 필요합니다. 또한 감각기관을 통한 경험과 마음이 함께 작용할 때 의미와 가치가 발생합니다. 따라서 질성은 다른 경험 대상에서 주어지는 질적 특성과는 다른 그 자체의 고유한 성질을 지니게 된다는 것입니다. 따라서 대상의 특성으로서 질성은 경험 상황에서 경험 당사자가 직접 포착하는 것으로 그 경험 상황만이 가진 고유하며 독특한 성질을 의미하게 됩니다. 듀이는 예술작품이 구성요소를 구조화하고 통합된 무엇인가를 표현할 수 있게 하는 것, 그래서 예술작품을 어떤 고유한 특성을 가지게끔 만드는 것은 전체적인 질성이라고 설명합니다.[17] 이때 질성은 공간적인 것이 아니라 배경과 같은 것인데 그 이유는 질성이 특정 공간을 차지하고 있지 않지만 모든 부분에 스며들어가 있기 때문이라는 것입니다. 따라서 듀이에게 예술작품은 전체적이며 총제적[18]인 질성을 강조하는 표현입니다.

듀이에 따르면 산다는 것은 경험의 연속이며 생명체와 환경 또는 자아와 세계 사이의 상호작용에는 항상 문제와 갈등이 발생합니다. 그래서 적지 않은

---

16) 질성적 사고는 탐구의 시작에서부터 종결에 이르기까지의 전 과정에 걸쳐 그 바탕에서 작용하는 암시적 사고로서 명시적으로 드러나는 사고의 단계들을 통제하고 이끄는 일종의 규제원리이다(Dewey. (1929). Qualitative Thought, p.116). 여기서 탐구란 어떤 미결정적 상황을 그 구성요소들의 구분과 관계에서 결정적 상황이 되도록 통제하거나 방향을 지시함으로써 최초 상황 속의 요소들을 통일된 전체로 전환시키는 것이다(Dewey. (1910). Democracy and Education, pp.104－105).

17) 존 듀이. (2016). 경험으로서 예술(2부). 나남, 21쪽

18) 듀이는 총체성의 의미를 다음과 같이 말하고 있다. 총체성이라는 것은 계속성, 즉 종래의 행동습관을 따르되 그 습관이 언제나 생생한 의미를 가지고 성장을 이루어나갈 수 있도록 새로운 환경에 재적응해 나가는 것을 말한다. 총체성이라는 것은 수없이 다양한 행동들 사이에 균형을 유지하면서 그 행동들이 서로 서로의 의미를 보충해주는 것을 뜻한다(Dewey. (1910). Democracy and Education, p.325).

경험들이 제대로 시작도 해보지 못한 채 끝나기도 하며, 도중에 중단된다는 것입니다. 그래서 듀이는 이상적 경험으로서 '하나의 경험'을 제시하는데, 이것을 그는 경험에 작용하는 모든 부분과 구성요소가 조화를 잘 이루어 하나의 통합된 완결상태에 이르게 된 경험을 뜻한다고 설명합니다.[19] 즉 경험은 일정한 시간과 간격을 두고 일어나는 사건이며 경험 특유의 줄거리를 가지는데, 하나의 경험은 경험 전체가 하나의 독특한 질성으로 묶여 지고, 그래서 그 질성이 경험 전체의 특성이 된다는 것입니다. 듀이는 경험이 하나의 의도만을 드러내는 것은 아니라고 보았습니다. 그래서 듀이에게 하나의 경험이란 하나의 완결된 상황이 미처 분산되기 전에 하나의 전체로 단일하게 조직됨으로써 다른 경험과 구분되는 경험입니다. 듀이는 하나의 경험을 아래와 같이 설명하고 있습니다.

> "일정한 기간 동안 이루어진 삶의 경험이 하나의 단위로 묶일 수 있을 정도로 일정한 형식을 갖추고 있고, 형식을 알아볼 수 있을 정도로 계속성을 유지할 때 우리의 경험은 'ㅇㅇ경험'이라고 명명할 수 있는 '하나의 경험'이 된다."[20]

즉 하나의 경험은 일상적 경험으로부터 출발하여 계속 발전하고 다듬어지면서 완성된 상태에 이르게 된 경험이라는 것입니다. 듀이는 하나의 경험과 일상적 경험의 구별을 위해 '하나의(An)'라는 수식어를 붙이고 있습니다. 여기에는 경험의 완결이란 의미와 질적 통일성을 가진다는 의미가 내포되어 있습니다.[21] 하나의 경험은 그 이전의 경험 또는 그 이후의 경험과 구별되는 그 자체로서 독특함을 갖는 특별한 경험을 소유하게 된다는 것입니다. 듀이는 하나의 경험이 이렇게 일상적 경험과 구별될 수 있는 것은 경험 전체를 하나의 색조로 물들이는 단일한 질성이 존재하기 때문이라고 하면서 질성과 하나의 경험과의 관계를

---

19) 존 듀이. (2016). 경험으로서 예술(1부). 나남, 88−89쪽.
20) 존 듀이. (2016). 위의 책. 62−63쪽.
21) 이은미. (2008). 듀이 미학의 교육학적 해석, 서울대학교 박사학위논문.

다음과 같이 설명하고 있습니다.

> "모든 하나의 경험에는 하나의 경험에 편재해 있는 그리고 하나의 경험의 바탕이 되는 질성적 전체가 있다. 질성적 전체라는 것은 그냥 나타나고 포착되는 것이 아니라 인간이 활동하는 방식 나아가 인간이 활동하는 전체 구조와 깊은 관련이 있다."[22]

듀이에 따르면, 단순히 지적인 경험일지라도 그것이 내적인 합일과 충만함을 드러내는 질서정연하고 체계적인 운동이라고 한다면 그것은 감성적 만족을 유발합니다. 그것은 직접적으로 감지될 수 있는 예민한 예술가적 구조로 되어 있으며, 그런 점에서 미적이라 할 수 있다는 것입니다. 하나의 행위를 정서적으로 완결한다는 것은 행위 자체의 도덕적인 측면도 무시할 수 없지만 동시에 미적 특성도 가지기 때문입니다.[23] 듀이는 '경험으로서 예술'을 통해서 완결된 경험이란 경험의 발전을 통해 계속적으로 작용하며 새로운 완결이 되풀이되는 것이라고 말합니다. 이와 같은 듀이의 주장은 인간의 뇌 발달이 지식과 경험의 축적을 통한 연속적인 과정에서 이루어졌음을 언급한 저자의 '시냅스러닝'[24]의 내용과 일맥상통한다고 볼 수 있습니다. 이는 또한 인격의 발달이란 한 인간이 전 생애를 통해 만들어가는 과정이라는 것을 살펴본 '교사의 인격과 교원임용제도'[25]의 내용과도 깊은 관련이 있다고 할 수 있습니다.

듀이에게 있어서 하나의 경험은 경험되는 내용이 세계의 탐구와 자신의 발견을 연결하면서 순조롭게 완성에 이르는 경험으로서 그 경험이 내면적으로 완성되고 경험 전체의 흐름 속에서 다른 경험과 구별되는 상태를 의미합니다. 즉 하나의 경험은 그 자체로 완전한 경험으로 그 경험의 전과 후가 확연히 구별되

---

22) 존 듀이. (2016). 경험으로서 예술(2부). 나남, 28쪽.
23) 한스 페커 발머. (2014). 철학적 미학. 미진사.
24) 손종호. (2020). 시냅스러닝. 박영스토리.
25) 손종호. (2023). 교사의 인격과 교원임용제도. 박영스토리.

어 그 경험 이후 자신의 삶과 세계에 대한 전망이 질적으로 변화하게 되는 변별점이 된다는 것입니다. 그러므로 하나의 경험은 자체적으로 정체성과 명확성 및 개별성을 지니며, 그 내부에서 일어나는 연속적인 융합으로 인해 통일성을 지니게 됩니다. 그러나 듀이는 경험에 지배적인 심미적 질성이 없다면 어떤 종류의 경험도 통일성을 지닐 수가 없으며, 하나의 경험은 이론적 경험이나 실제적 경험이기 이전에 심미적 경험이라고 규정합니다. 그리고 이러한 심미적 경험이 갖는 공통점은 근본적으로 심미적 질성에 있다고 보았습니다.[26] 그래서 듀이는 심미적인 경험을 하나의 경험이라고 말하면서 심미적인 경험을 예술영역뿐만 아니라 과학적 탐구영역이나 일상생활의 경험영역에까지 확장하고 있습니다. 듀이에 따르면, 최고의 미적 경험은 세계와 자아의 완전한 상호침투이며, 진정한 경험은 경험자가 혼자만의 감정이나 감각 속에 갇혀 있지 않고 세계와 능동적으로 주고받는 완전한 교류를 의미한다는 것입니다.[27] 듀이는 모든 성질들은 감각적 지각에 상응하는 것으로 간주하면서 그중에서도 예술적 경험이 상상력의 모험을 다스릴 수 있는 유일한 것이라고 확신하였습니다. 그래서 그는 예술이 실제 생활의 과정 속에서 그려진다고 보았습니다. 예술적 대상들은 단지 기교적으로 재현된 것이 아니라 그 자체로 현실을 충실하게 드러내고 있으며, 형태를 지니는 것은 관념과 감정의 반영이라는 것입니다. 그래서 듀이는 예술작품을 신성한 조형물로 미화되거나 숭배되는 것이 아닌 표현되고 심화된 경험으로 보았던 것입니다. 듀이에게 미(美)란 일상적인 과정을 거쳐 완결된 경험에 들어 있는 질적 특성이 명료하고 강렬하게 드러난 것입니다.

듀이는 하나의 경험이란 관점에서 보았을 때 지적 경험과 심미적 경험은 다만 경험의 재료에 차이가 있는 것으로 간주합니다. 즉 순수예술의 재료는 주로 질성인 데 반해 지적 경험의 재료는 기호와 상징이라는 것입니다. 그렇다면 하나의 경험으로서 지적 경험은 심미적 성질도 가지게 된다는 것입니다. 듀이의 시각에서 보면, 지적 측면에서 하나의 경험은 경험 전체가 하나의 독특한 질성으로

---

26) 존 듀이. (2016). 경험으로서 예술(1부). 나남, 125–126쪽
27) 백성혜 외 (2016). 융합교육의 이해. 이모션북스.

묶여져 있다는 점에서 예술작품과 같습니다. 우리는 앞서 예술과 경험을 이야기 하면서 정서와 예술과의 관계를 다루었는데, 듀이는 여기서 하나의 경험이 독특한 질성을 갖게 하는 것은 정서라는 것을 아래와 같이 설명하고 있습니다.

> "하나의 경험에는 어떤 정서의 요소가 있다… 나는 심미적 질성이 경험을 정서적인 통일체로 특징짓는다고 말했다… 사실상 정서는 움직이고 변화하는 복잡한 경험의 질성이다. 정서는 마치 소설을 읽거나 연극을 관람할 때처럼 줄거리의 전개나 공연 속에 함께 참여하는 가운데 존재하며, 그 경험 전체의 진행과 더불어 동일한 여정을 겪는다… 경험은 정서를 지닌다. 그러나 경험 안에는 특별히 정서라고 불리는 것이 따로 분리되어 존재하지는 않는다… 정서는 자아의 소유물이다."[28]

듀이는 정서가 다양한 부분들로 이루어진 경험에 통일성을 갖게 하며, 이러한 통일성이 심미적 성질을 띠는 경험이 되게 한다고 설명하고 있습니다. 따라서 정서는 주관적인 성격이 매우 강한 것으로 볼 수 있습니다. 그러나 듀이의 말대로 정서가 자아의 소유물이라 할 경우 학교에서의 교육활동 속에서 교사와 학생이 느끼는 정서가 서로 다를 수 있습니다. 즉 교사가 수업을 진행할 때 그는 '하나의 경험'이 될 수 있는 교육활동이라고 생각할 수 있지만 학생은 그렇지 않을 수 있다는 것입니다. 이는 정서의 주체와 참여 정도에 따라 하나의 경험이 될 수 있느냐 없느냐가 결정된다는 의미입니다. 이렇듯 주관적 성격이 강한 질성을 어떻게 객관화하여 상대방에게 전달할 수 있느냐 하는 것이 듀이가 '하나의 경험'에서 풀어나가야 할 과제라 할 수 있습니다.

이와 함께 듀이는 과학적인 탐구나 철학적인 사유가 궁극적인 의미에서 지적인 경험이지만 문제의 발견에서 출발하여 탐구와 해결에 이르는 과정이 하나의 통일된 체험에 이르는 경우 그것은 미적인 체험과 마찬가지로 하나의 경험이

---

28) 존 듀이. (2016). 경험으로서 예술(1부). 나남, 101－102쪽.

라고 주장합니다. 즉 과학적 탐구와 철학적 사유는 미적인 체험과 같이 지적임과 동시에 정서적이고 의지적인 융합체험이며, 모든 사고와 탐구라는 경험이 하나의 통합된 사건으로 완결성 있게 경험된다면 그 자체가 미적인 성질을 지닌다는 것입니다. 이를 공간과 시간을 예로 들면서 아래와 같이 말합니다.

> "공간과 시간은 실제로 존재하는 것이다. 공간과 시간은 심미적 인식에서 사용되는 모든 재료에 들어있는 특성이다. 과학이 공간과 시간을 질적으로 다루고 이러한 질성을 방정식으로 표현되는 관계로 환원시키는 것이라면, 예술은 모든 사물에 있는 공간과 시간이 있는 질성 자체를 의미와 가치를 가진 것으로 다루며 그 자체가 가지고 있는 중요한 의미를 충만하게 만든다."[29]

다만 과학자는 예술가에 비해서 대상과는 동떨어져 있으므로 상징과 언어, 수학적 기호 등을 주로 사용하여 사고하는 데 반하여, 예술가는 바로 그가 다루는 질적 특성을 가진 대상들을 가지고 사고하며 창작한다는 것에서 차이가 있다는 것입니다.[30] 이것을 듀이의 언어로 표현하면 학자는 의미를 진술하고 예술가는 의미를 표현한다는 것이죠. 듀이는 과학과 예술의 공통점을 질성에서 찾았으며, 그 공통적 요소는 공간과 시간이 있다는 점입니다. 예술과 과학의 차이점은 과학은 공간과 시간을 질적으로 다루면서 그 질성을 수치로 환원시키고 있음에 반해 예술은 대상이 되는 사물의 공간과 시간에 있는 질성을 의미와 가치로 표현하는 데 있다는 것입니다.

듀이의 미학은 하나의 경험이란 개념에 집중되어 있습니다. 이때 하나의 경험에는 이성적 사고와 질성적 사고가 통합적으로 작용하는데, 이는 일관성이 있으며, 완결된 하나의 단위로 마음속에 있는 경험입니다. 여기서 듀이가 말하는 질성적 사고의 의미는 질성을 파악할 수 있는 인간 사고의 능력이며, 직관에 해

---

29) 존 듀이. (2016). 경험으로서 예술(2부). 나남, 45-46쪽.
30) 존 듀이. (2016). 경험으로서 예술(1부). 나남, 41-42쪽.

당합니다. 왜냐하면 질성적 사고는 행위자의 구체적인 삶의 상황들과 직접적인 문제의식에서 비롯되는 것이기 때문입니다. 질성적 사고는 행위자 각자가 자신의 삶을 돌아보고 계획하면서 살아가는 매우 독특하고 유일한 상황에서 진행됩니다. 그러므로 질성적 사고는 일반화시키기 어려우며 그것을 전달하거나 전달받는 규정된 방법을 마련하기가 힘듭니다. 이러한 예는 독일에서 견습공들이 오랜 기간의 도제생활을 통해 장인의 기술을 습득하였던 것이나, 성현이 오랜 기간의 숙고를 통해 깨달음을 얻는 것을 생각해보면 쉽게 이해할 수 있습니다. 우리가 성현의 깨달음을 성현이 남긴 글을 통해 짐작할 수는 있지만 글을 통해 단시간에 그 깨달음의 경지에 도달하기는 극히 어렵습니다. 그 이유는 성현의 깨달음이나 수공업자의 기술은 경험의 총체성에서 비롯된 것으로 그 깨달음이나 기술을 단순히 부분들로 조각조각 나누어서 합치면 이루어지는 것이 아니라, 그 존재의 일관된 성향 혹은 태도를 의미하는 것으로서 분리가 불가능한 질적인 전체를 의미하기 때문입니다. 그러한 과정을 한마디로 말하자면 공자의 온고이지신(溫故而知新)[31]과 같다고 할 수 있습니다. 듀이는 예술을 하나의 경험과 동일한 것으로 간주합니다. 예술가들은 이러한 경험을 형상화하고 소통할 수 있는 사람들입니다. 듀이는 예술작품의 핵심적인 역할은 인간의 경험을 만들어내고 그것을 다시 분명하게 표현하는 것이라고 강조합니다. 듀이에게 경험은 이중적인 용어로 사용됩니다. 듀이가 의미하는 경험은 인간 내부의 감각기관(직관)에서 일어나는 것과 바깥 세계에서 발생하는 것 모두를 가리킵니다. 즉 듀이에게 경험은 바깥 세계와 인간의 질성적 사고 간의 상호교환이라 할 수 있습니다.

4 심미적 경험과 상상력

듀이는 예술의 특성에 대한 자기의 생각을 설명하기 위해서 플라톤의 예술

---

31) 논어(論語) 위정편(爲政篇) 제11장.

에 관한 주장을 다음과 같이 예로 들고 있습니다.

"플라톤은 예술이 모방이라는 생각에서 출발한다. 그에 의하면 예술의 목적은 우리로 하여금 예술에서 벗어나도록 하는 것이며 그렇게 함으로써 순수한 이성적 본질을 지각하도록 교육시키는 데 있다. 감각에서 위로 올라가는 일종의 교육 사다리, 보다 참된 진리에 이르는 교육의 사다리가 있는 셈이다. 가장 낮은 단계에 있는 것이 대상에 대한 감각이 주는 아름다움이다. 그다음 단계가 정신의 아름다움이며, 그다음 단계가 법과 제도의 아름다움이다. 그다음에 학문의 아름다움이라는 단계가 있는데, 이 단계에서 계속하여 노력하면 최상의 아름다움, 즉 절대적 아름다움에 대한 직관적 앎(진리)에 이르게 된다. 그런데 플라톤의 사다리는 올라가는 길만 있고 내려오는 길은 없는 일방통행만이 있는 사다리이다. 거기에는 최상의 아름다움에서 지각적 경험이라는 가장 낮은 단계로 되돌아오는 길이 없다."[32]

듀이는 이러한 플라톤의 주장에 대해 그가 사용하는 본질이라는 단어가 지극히 애매모호하다고 비판을 시작합니다. 듀이는 일상적 의미에서 본질이라는 말은 어떤 사물이나 사태의 핵심을 뜻한다고 하면서, 모든 의미 있는 경험은 본질을 향하여 나아간다고 주장합니다. 듀이에 따르면 본질은 다양한 경험들이 개입된 우연적인 사건 속에 여기저기 흩어져 있는 불확실하고 애매한 의미의 조각들을 하나로 모아 만든 의미의 조직체를 가리킵니다. 따라서 삶을 구성하는 것들의 본질적인 것을 찾으려면 하나의 경험을 구성하는 일상적 경험에서 빠져나와 형이상학의 세계로 도피해서는 안 된다고 말합니다. 오히려 하나의 새로운 경험을 구성하는 소중한 재료, 이른바 본질이 무엇인지 파악하기 위해서는 일상적 경험의 재료들을 주의 깊게 검토하고 진지하게 고려해야 한다고 말하고 있습

---

32) 존 듀이. (2016). 경험으로서 예술(2부). 나남, 187－188쪽.

니다.33)

이와 더불어 듀이는 인간의 정신을 이성, 기개, 욕망이라는 세 등급으로 구분하였던 플라톤의 주장에 대해서도 반박합니다. 즉 인간의 심리에서 지적인 것과 감각적인 것, 관념적인 것과 정서적인 것, 상상적인 것과 실제적인 것 사이에 내적 구분 같은 것은 존재하지 않는다고 못 박고 있습니다. 그러면서 예술은 구분이 아니라 경험 세계를 구성하는 모든 것들을 포괄하는 기본적이며 공통적인 요소들을 찾아내어 표현하는 것에 있음을 주장합니다. 그렇게 함으로써 예술이 개개의 요소들의 특징을 고려하면서 동시에 개별적 요소들을 하나로 통합시켜주는 공통된 요소가 잘 드러날 수 있도록 한다는 것이죠. 그러면서 듀이는 경험 세계에 대한 이러한 예술의 사명은 개인의 삶에도 동일하게 적용된다고 말합니다. 즉 예술의 임무는 개인이나 인간에게 보다 풍요로운 삶을 건설하기 위하여 우리의 존재를 구성하는 다양한 요소들 사이에 있을 수 있는 고립과 갈등을 극복하고 대립되는 요소들을 하나로 통합시킨다는 것입니다. 이러한 예술의 통합과정을 듀이는 아래와 같이 말하고 있습니다.

"미적 경험의 고유한 그리고 가장 중요한 특징은 자아와 세계 사이의 구분이 더 이상 존재하지 않는다는 것이다. 인간과 환경이 서로 별개의 것이라는 구분이 사라질 정도로 통합되어 하나의 경험을 만들 때 경험은 비로소 심미적인 것이 되며, 하나로 통합되는 정도에 비례하여 경험은 그만큼 더 심미적인 성격을 띠게 된다."34)

듀이는 이러한 자신의 심미적 경험에 대한 이해를 설명하기 위해서 칸트의 미에 관한 인식을 아래와 같이 인용하고 있습니다.

33) 존 듀이. (2016). 경험으로서 예술(2부). 나남, 191 – 192쪽.
34) 존 듀이. (2016). 경험으로서 예술(2부). 나남, 117쪽.

"칸트에 의하면 지식을 갖는 것은 감각 자료를 가지고 사물이나 사태를 이해하는 것으로 인간 본성에 근거를 두는 인간 능력의 한 영역이다. 또한 도덕적 행위는 일상적 행위와 구별된다. 일상적 행위는 아무리 분별 있고 지혜로운 경우라 하더라도 쾌락을 얻으려는 욕망 때문에 행해지는 것이다. 여기에 반하여 도덕적 행위는 순수한 의지(선의지)의 요청에 따른 순수이성의 작용으로 본다. 이처럼 진과 선을 각각 구분하고 나면 순수한 감정이라는 것이 남게 되며 칸트는 여기에 대하여 미라는 용어를 붙이게 된다. 여기서 순수하다는 것은 다른 것들과 아무런 관련을 맺지 않는 고립되고 분리된 상태에 있다는 것을 뜻한다. 그러니까 이때의 감정이란 욕망과는 아무런 관련이 없는 것이며 나아가 경험과도 무관한 것이다. 칸트는 이것을 판단의 능력이라고 생각하였다. 이때의 판단은 반성적 사고에 의한 판단이 아니라 직관적 판단을 말한다. 이러한 판단 능력이 가장 잘 드러나는 것이 바로 관조[35]다. 순수하게 심미적인 순간은 그러한 관조가 일어나는 순간이며 관조에 의한 즐거움을 향유하는 순간이다. 칸트에 의하면 이성적 사고가 주가 되며, 관조는 이성적 사고의 내용에 대한 심미적 인식작용의 결과로 생기는 것이다. 즉 사물을 인식할 때 지적 이성적 사고가 주가 되며, 관조라는 심미적 인식은 부차적인 것이거나 지적 이성적 사고에 종속되는 것일 뿐이다."[36]

그러나 듀이는 칸트와는 달리 관조를 지각, 즉 인식을 완성하기 위한 핵심적 요소로 간주합니다. 듀이는 심미적 경험이란 욕망이나 지적 사고작용이 없는 경험이 아니라 욕망이나 사고가 인식적 경험에 완전히 통합되어 실제적 경험이나 지적인 경험과는 구별되는 심미적 성격을 띠게 된 경험을 의미한다고 주장합니다. 듀이는 그 예로 지적인 탐구나 실제적 목적을 위해 탐구하는 사람들의 경

---

35) 듀이에게 관조란 인식행위에서 발견할 수 있는 충동들이 내적 평형상태에 이른 것을 의미한다.
36) 존 듀이. (2016). 경험으로서 예술(2부). 나남, 123−124쪽.

우, 탐구의 목적은 탐구 대상의 일반적 특성을 발견하는 데 있으며, 탐구 대상은 자료이며 증거라고 말합니다. 따라서 지각된 대상이 가지고 있는 고유한 특성, 즉 일반화할 수 없는 질적 특성은 탐구 대상이 아니며, 따라서 탐구의 방해물이 될 뿐이라는 것입니다. 그 이유는 어떤 욕망이나 목적을 가지고 인식 작용을 하는 사람은 인식 대상이 주는 자료나 증거 그 자체를 충분히 그리고 온전히 향유할 수 없다는 것이죠. 이와는 달리 미적 인식을 하는 사람은 지는 해를 응시하거나 고색창연한 성당을 바라보거나 신부의 꽃다발을 보면서 아무런 욕망을 갖지 않는 사람과 같다는 것입니다.

　미(美)의 인식에 대한 듀이와 칸트의 논의를 살펴보면 듀이와 칸트는 미(美)의 인식에 관한 출발은 같으나 결론에서는 서로 차이가 있음을 알 수 있습니다. 듀이는 앞서 살펴보았듯이 경험을 중심으로 한 심미적 경험이 인식의 중심에 있다고 보았으나, 칸트는 취미와 취미판단을 시작으로 하여 미(美)를 인간이 가지는 순수한 감정으로서, 판단의 능력으로 규정하였습니다. 즉 칸트는 미(美)를 진(眞)과 선(善)을 매개하는 판단력의 근거로 규정하면서[37] 취미는 미(美)를 판단하는 특수한 능력이며,[38] 취미판단이란 어떤 개별적인 사물을 주관의 감정과 관련하여 아름답다거나 그렇지 않다고 평가하는 판단이라는 것입니다.[39] 따라서 칸트에게 심미적 경험과 직관적 판단이라 할 수 있는 관조는 동일한 것으로 간주됩니다. 그러나 듀이에게 관조란 의미는 인식행위에서 발견할 수 있는 충동들이 내적 평형상태에 이른 것입니다. 즉 듀이와 칸트의 심미적 경험에 대한 시각 차이는 사물을 인식함에 있어서 관조를 칸트와 같이 이성적 사고의 부차적인 것으로 보느냐 아니면 듀이처럼 인식행위의 주체로 보느냐에 따른 것입니다.

　칸트와 듀이는 상상력에 대해서도 의견을 달리합니다. 칸트에 따르면 상상력은 인간이 오성[40]과 함께 가지는 두 가지 인식능력 중 하나입니다. 즉 상상력

---

37) 임마누엘 칸트. (2009). 판단력 비판. '판단력비판 1790년도 제1편을 위한 머리말, 대우고 전총서 024, 아카넷, BIII V197, 186쪽.
38) 임마누엘 칸트. (2009). 판단력 비판. '판단력비판 제1편 미감적 판단력 비판' 대우고전총서 024, 아카넷, B3 V203, 191쪽.
39) 임마누엘 칸트. (2009). 위의 책. 192쪽.

은 감성[41]과 오성을 매개하며, 상상력에 의해 우리는 감관을 통해서 우리에게 주어진 것을 받아들이고 창조적으로 결합한다는 것입니다. 그러나 듀이는 상상력을 사물이나 사건들이 하나의 통합된 전체를 만들 수 있도록 사물이나 사건들을 보고 느끼는 방법이라고 말합니다. 즉 상상력은 마음이 세계와 만나는 바로 그곳에서 거기에 존재하는 것들을 보다 크고 풍부하게 결합시킨다는 것입니다. 듀이에 따르면 새로운 것이 창조될 때는 언제나 낯설고 이상한 것이 자연 속에 존재하는데 마음과 자연이 만나는 곳에는 항상 모험이 존재하며 이 모험이 바로 상상력이라는 것입니다. 그러면서 상상력과 예술작품과의 관계를 다음과 같이 설명합니다.

> "진정한 상상력은 가능성을 특징으로 한다. 예술가들은 예술작품을 만드는 과정에서 내적 비전을 외적 비전으로 전환시켜야 하며, 외적 비전으로 전환시킬 수 없을 때는 내적 비전을 수정해야 한다. 내적 비전이 외적 비전으로 충분히 해석되고 흡수될 때 내적 비전은 구조를 띠게 된다. 그러므로 내적 비전과 외적 비전이 긴밀한 관련을 갖고 상호작용하게 하는 것이 바로 상상력이며, 상상력이 일정한 형태를 갖추게 될 때 예술작품이 탄생한다."[42]

5 듀이의 이원론적 전통철학 비판

그리스시대 이래의 전통적인 철학 이론에 따르면 변하지 않으며 고정되어 있는 보편적 존재로서의 대상이 있으며, 인간의 지성은 지식을 통해 그러한 보

---

40) 오성(understanding)이란 그림 속에 그려진 것이 무엇이고 이렇게 모인 표상들이 무엇을 뜻하는지를 파악하고 확정 지으려 하는 것이다.
41) 감성이란 자극이 정서나 감정에 미치는 영향을 느끼는 능력이다.
42) 존 듀이. (2016). 경험으로서 예술(2부). 나남, 149–150쪽.

편적 존재 또는 본질을 파악할 수 있습니다. 그러나 듀이는 진리를 발견하는 것을 주된 목표로 삼아온 이원론적 전통 철학에 반대하면서 진리가 아니라 의미를 탐구하는 학문으로서 예술을 핵심 주제로 다루는 철학을 구성하려고 시도합니다. 그리고 그 근거를 다음과 같이 제시합니다.

> "이원론적 전통 철학은 본질주의적 형이상학에 기초를 두고 있다. 본질주의적 형이상학에 의하면 자연에는 현상 너머에 영원불변하는 본질(실재 또는 실체)이 있으며, 본질에 대한 앎인 진리가 있다. 그런데 예술적 경험에 의하면 경험이 자연에서 일차적으로 대면하는 것은 상황이며, 상황의 특성은 변화와 질성(총체적 질성)이다. 그리고 상황에 대한 인간의 삶은 단순히 이성적이고 지적인 사고에 의해서 파악되는 것이 아니라 질성을 포착하는 심미적 사고를 필요로 하며, 이때 파악되는 지식도 본질에 대한 영원불변하는 진리가 아니라 상황의 의미이며 관계이다."43)

듀이는 영원불변하는 궁극적 본질인 진리와 자연은 서로 분리되어 있다는 이원론적 전통 철학의 주장과는 달리 인간 삶의 근본적 속성을 경험 속에서 드러나는 질성과 그 의미에서 찾으려고 합니다. 듀이에 따르면 모든 경험은 인간과 환경의 상호작용에서 발생하며, 이미 이루어진 과거의 경험에서 획득한 의미들이 현재의 경험 속으로 침투할 때만 의식적인 경험이 될 수 있습니다. 이때 상상력은 경험이 형성되는 하나의 출입구이자 통로이며 이 통로를 통해서만 과거의 의미들이 현재 이루어지는 상호작용 속으로 침투할 수 있다고 보고 있습니다.44) 즉 예술가의 상상력은 매체로 사용되는 재료 속에 침투하고 그가 만든 예

---

43) 존 듀이. (2016). 경험으로서 예술(2부). 나남, 155쪽.
44) 칸트는 판단력비판의 머리말에서 미에 대한 인식은 상상력의 자유로운 유희에 근거한다고 밝히고 있다. 이때 상상력은 감성과 오성을 매개하며 상상력에 의해 우리는 감관을 통해 우리에게 주어진 것을 받아들이고 창조적으로 결합시킨다고 말한다. 칸트는 대상을 반성함에 있어서 주관이 느끼는 감정인 쾌를 설명하면서 쾌를 지성적 쾌와 감성적 쾌로 나누는데, 지성적 쾌는 현시할 수 있는 개념들에 의한 것이고, 감성적 쾌는 감관에 의한 쾌인 쾌락과 상상력에 의한 취미이다.

술작품을 통해 구체화된다는 것입니다. 이것이 심미적 경험[45]의 중요한 특성이 되며, 이러한 심미적 경험에 상상력은 중요한 역할을 하게 된다는 것이죠. 그러면서 듀이는 이원론적 전통 철학에서 제시하는 궁극적 본질에 대한 자신의 생각을 아래와 같이 밝히고 있습니다.

"일상적 의미에서 본질이라는 말은 어떤 사물이나 사태의 핵심을 뜻한다. 본질은 다양한 경험들이 개입된 우연적인 사건 속에 여기저기 흩어져 있는 불확실하고 애매한 의미의 조각들을 하나로 모아 만든 의미의 조직체를 가리킨다. 예술의 대상이나 자연미의 대상을 인식하는 것은 지각에 의한 것이 아니라 대상 자체를 마음의 상태로 알게 되는 직관에 의한 것이다. 표현은 마음의 상태가 밖으로 드러나는 것이며, 직관은 경험하는 대상에 대해 알게 되는 마음의 상태이다... 경험으로서 예술의 관점에서 보면 자연은 주관적인 것도 객관적인 것도 아니며, 개별적인 것도 보편적인 것도 아니며, 감각적인 것도 이성적인 것도 아니다. 이 모두를 통합된 전체로 포함하는 경험으로서 예술은 철학적 사고의 탐험을 위해서 그 어떤 것과도 비교할 수 없는 풍부한 가능성을 지니고 있다."[46]

듀이는 경험 자체를 인간이 살아가는 삶의 본질로 간주하지는 않고 있습니다. 그래서 그는 진리를 추구하는 전통 철학의 주장을 인정하면서도 실제 인간이 살아가는 삶의 상황에서 필요한 지식은 경험 속에서 드러나는 질성과 그것이 가지는 의미라고 말합니다. 듀이가 위에서 표현과 직관을 설명하기 위해 사용한 마음이란 이전에 있었던 경험에서 축적된 의미의 체계를 뜻합니다. 그리고 듀이에게 마음이 의미하는 바는 칸트에게는 지식(순수이성)과 도덕(실천이성)이라 할

---

45) 듀이에 따르면 심미적 경험은 어떤 행위가 의미로 가득찬 경험으로 발전하는 것을 저해하거나 다른 것에 현재의 경험을 종속시키려는 시도로부터 자유로운 경험이다. 또한 심미적 경험은 상상력이라는 특성으로 인해 이 세상에 존재하지 않는 것을 경험하는 것이며, 이 세상에 존재하지 않는 것을 매체를 이용하여 표현하는 것이다.
46) 존 듀이. (2016). 경험으로서 예술(2부). 나남, 191-197쪽.

수 있습니다. 듀이의 시각에서 보면, 칸트가 말하는 지식과 도덕은 선험적인 것이며, 실제 삶과는 분리된 관념적인 것입니다. 듀이는 마음이 진행 중인 경험에 참여할 때 경험을 구성하는 사건이나 사물들이 의미와 가치를 가지게 된다고 말합니다. 이처럼 듀이는 경험하는 대상에 대해 알게 되는 마음의 상태인 직관을 통한 질성을 강조합니다. 그에 따르면, 직접적인 삶의 경험은 모두 질성적인 것이며, 감각을 통해 받아들이는 질성은 삶의 경험 자체를 가치있는 것으로 만들어 준다는 것입니다. 이에 반해 반성적 사고는 직접적인 질성의 배후에 있으며, 질성에서 한 걸음 물러나서 그 장면에 있는 관계를 파악하고자 하는 것으로 보았습니다.

듀이가 모든 의미있는 경험은 본질을 향해 나아간다고 말했던 것처럼 그는 경험의 성격을 새롭게 규정함으로써 전통 철학의 이원론을 극복하려고 하였습니다. 듀이의 경험이란 의미에는 지적이나 이론적 사고로는 포착될 수 없는 질성이 존재하며, 이 질성을 포함하는 질성적 사고가 작용합니다. 그리고 이때 본질의 의미는 어떤 사물이나 사태의 핵심을 뜻합니다. 이와는 달리 칸트는 의무감에 의해 이해되고 통제되는 도덕적 의지(선의지)가 궁극적 실재에 이르는 유일한 통로라고 보았습니다.[47] 따라서 칸트가 판단력비판에서 강조하는 반성적 판단력은 듀이에게는 질성을 가진 경험과 같은 의미라 할 수 있습니다.

듀이는 근대라는 시대적 특성을 구성하는 두 가지 요소는 자연과학과 기계 및 동력의 사용, 그리고 자연과학을 산업과 상업 분야에 적용한 것이라고 보았습니다. 기독교적 전통에 따르면 물질적 세계와 도덕적 세계는 서로 분리됩니다. 기독교적 전통이 확립되기 이전 시대인 고대 그리스와 중세 초기에는 비록 그 시기마다 서로 다른 근거에 의한 것이기는 하지만 양자는 긴밀한 관련을 맺고 있었다는 것이죠. 듀이는 서양 사회의 역사적 유산인 영적이고 관념적인 것과 과학에 의해 드러난 물질적 자연의 구조 사이에 존재하는 대립이 이원론의 궁극적 원천이라고 보았습니다.

---

47) 임마누엘 칸트. (2009). 판단력 비판. '판단력비판 제2편 목적론적 판단력 비판' 대우고전총서 024, 아카넷, B396−V436, 509−512쪽.

전통 철학에서 특히 칸트는 지식과 도덕이 인간의 삶에서 중심적인 것으로 보았으며, 아름다움은 이들에 비해서는 부차적인 것으로 간주하였습니다. 그러나 듀이는 지적 경험과 도덕적 경험만으로는 인간의 삶을 충분히 설명할 수 없다고 단언합니다. 그는 지적 경험과 도덕적 경험 사이의 관계를 밝히기 위해서는 하나의 경험을 통한 아름다움에 대한 이해가 필요하다고 보았던 것입니다. 따라서 그는 경험을 바탕으로 육체를 사용하는 실제적인 삶이 아름다움의 원천이라는 것을 밝히는 새로운 삶의 철학을 확립하고자 하였습니다. 또한 삶속에서 작용하는 심미적 질성은 정신 속에 존재하는 것이 아니라 정신을 포함하는 실천적 활동 속에 내재한다고 보았습니다. 결국 그의 "경험으로서 예술"은 정신과 육체, 이성과 경험, 이론과 실천을 분리하는 전통 철학의 이원론을 극복하고자 한 노력의 결과입니다. 듀이가 "경험으로서 예술"에서 강조하는 것은 경험이 삶의 기본이요, 가장 우선적인 요소임을 주장하는 것은 아니며, 지금까지 전통 철학에서 강조해온 인간의 이성, 도덕과 함께 경험이 부여하는 사고(질성적 사고)도 중시되어야 한다는 것입니다. 그리고 이 질성적 사고가 중시되어야 하는 이유는 바로 이것이 인간의 이성과 자연의 본질(실재)을 연결할 수 있는 매개체이기 때문이라는 것입니다. 그것은 인간은 어떤 형태로든 자연과 관계를 맺고 살아가는데, 이 관계는 상황 속에서 총체성과 역동성을 지니며, 그가 살아가는 환경과 분리될 수 없으며 분리되어서도 안 되기 때문이라고 설명하고 있습니다.

이원론적 전통 철학에 따르면 정신적, 이성적 활동에 종사하는 순간만이 의미있는 삶이 되며, 그렇게 된다면 인간의 삶은 정신적 만족을 느끼는 순간과 물질적 욕망을 추구하는 순간으로 이원화될 수밖에 없습니다. 그러나 듀이는 하나의 경험과 질성적 사고라는 개념을 제시함으로써 이원론을 극복하고 통합하는 철학 체계를 구축하고자 시도하였습니다. 칸트가 진(眞)과 선(善)의 이원론을 극복하기 위한 매개로 판단력(美)을 제시하였던 것처럼, 듀이는 인간과 자연이라는 이원론을 극복하기 위해 경험(예술)을 제시합니다. 칸트와 듀이의 공통점은 그리스시대에서부터 내려온 이원론을 극복하기 위해 고심하였다는 점이며, 그것을 미학에서 찾고 있다는 점입니다. 즉 진(眞), 선(善), 미(美)로 나누어진 인간의 정신세계를 극복하고 통합하려는 과정에서 칸트와 듀이가 서로 다른 철학 체계를 제시하고 있지만 궁극적으로는 같은 방향을 지향한다고 볼 수 있습니다. 결국 칸트와 듀이와 듀이는 이원론을 극복하려고 하였다는 점에서 공통점을 가지며, 차이점은 통합의 매개로서 인간의 사고작용을 통합하기 위해 감성을 중시하였느냐(미시적) 아니면 인간과 자연의 관계를 통합하기 위해 경험을 중시하였느냐(거시적)에 있습니다.

네이티브 아메리칸(Native American)의 미학

1 네이티브 아메리칸의 기원과 역사

지금까지 칸트와 듀이를 중심으로 미학의 개념 및 학문으로서의 성립과정, 공통점과 차이점을 살펴보았습니다. 여기서는 이러한 미학을 학문이나 예술로서 가 아니라 삶으로 체화하였던 사례를 미국 네이티브 아메리칸(Native American) 을 중심으로 살펴보고자 합니다. 네이티브 아메리칸은 기원전 18,000~10,000 년경 빙하기로 인해 해수면이 낮아지게 되자 아시아에서 아메리카로 건너왔던 것으로 추정됩니다. 초기 이주자는 주로 수렵 생활을 했으나 이들의 후손이 아 메리카대륙으로 퍼져 나가면서 수렵과 채집을 병행하게 됩니다. 기원전 1000년 경에는 중앙아메리카에서 들어온 옥수수가 로키산맥과 미시시피강 유역으로 퍼 져나갔고, 그 결과 네이티브 아메리칸 공동체가 형성되기 시작했습니다. 1492 년 콜럼버스가 신대륙을 발견한 이후 유럽인들이 아메리카대륙에 도착했을 때 는 이미 많은 네이티브 아메리칸들이 정착생활을 하고 있었습니다. 당시 아메 리카대륙에서는 옥수수와 감자가 재배되고 있었고 이러한 곡물은 그들의 정착 생활에 중요한 역할을 하였습니다. 그러나 옥수수만으로는 충분한 영양을 공급 받을 수 없었으므로 호박과 강낭콩 등으로 영양을 보충해야만 했습니다.[1] 태평 양과 대서양 연안의 네이티브 아메리칸은 어업활동을 하였으며, 로키산맥의 동

---

1) 장 셀리에. (2016). 시간 여행자의 아메리카사. 청아람미디어, 22쪽.

쪽 대평원에서는 버팔로(Buffalo)를 사냥했습니다. 유럽인이 도착하기 전 대평원 지대에는 약 15만 명의 네이티브 아메리칸과 2,500만 마리의 버팔로가 살고 있었습니다. 말(Horse)이 없던 시대에 네이티브 아메리칸들은 걸어서 들소를 사냥했는데 가장 흔한 사냥법은 들소를 높은 절벽에서 떨어뜨리는 방법이었습니다. 네이티브 아메리칸들은 대부분 농업과 수렵을 병행하면서 이동 생활을 했으며, 대평원지대에 말이 도입된 것은 16세기 이후 에스파니아인에 의해서였습니다.[2]

미국 연방정부에 의해 1861년부터 시작된 서부 개척은 19세기 말까지 이어 졌는데 이들의 네이티브 아메리칸에 대한 정책은 크게 두 가지로 나눌 수 있습니다. 하나는 네이티브 아메리칸을 미국에 동화시키기 위한 정책(assimilation policy)으로서 이들이 유럽의 풍습과 문화 그리고 경제정책을 받아들이도록 회유하는 것이었습니다. 그래서 정부는 네이티브 아메리칸을 위해 헌신하고 그들을 교육할 수 있는 선교사들을 모집하고 지원하였습니다. 이들 선교사들은 네이티브 아메리칸들과 함께 거주하면서 그들에게 기독교 정신을 알리고 서구식 교육을 행하였으며, 그들이 부족 단위의 삶에서 가족 단위의 농장을 경영하는 체제로 바꿀 수 있도록 도왔습니다. 또 다른 하나는 네이티브 아메리칸을 유럽인들과 분리하고 이주시켜야 한다는 입장이었습니다.[3] 그러한 주장의 대표적인 인물은 토마스 제퍼슨(Thomas Jefferson)으로서 그는 미시시피강 서쪽 땅으로 네이티브 아메리칸을 이주시키는 것만이 백인과의 충돌로부터 보호할 수 있는 방법이라고 생각하고 미시시피 서쪽 지역에 네이티브 아메리칸들이 거주할 수 있는 땅을 마련하고자 하였습니다. 네이티브 아메리칸들을 평화적으로 이주시켜서 백인 문명과의 충돌을 막아보고자 했던 생각은 결국 네이티브 아메리칸들의 반대에 부딪쳐 탁상공론에 불과한 것으로 판명됩니다. 네이티브 아메리칸들은 그들의 삶의 터전을 버리라는 미국 정부의 계획에 저항하다가 결국 강제로 연방군의 총

---

2) 장 셀리에. (2016). 위의 책. 26쪽.

3) 인디언 이주(Indian Removal)는 1830년 5월 26일 미국 정부가 인디언 이주법(Indian Removal Act)으로 미시시피강 동쪽에 살던 네이티브 아메리칸을 미시시피 강 서쪽으로 강제로 이주시켰던 정책이다.

칼에 떠밀려 오클라호마 지역으로 떠나게 되었고, 당시 추운 겨울에 길을 떠나야만 했던 체로키(Cherokee)부족 15,000명 중 4,000명 이상이 배고픔과 추위로 죽음을 맞이하였습니다. 이러한 네이티브 아메리칸 이주 정책으로 1838년에는 약 81,000명의 네이티브 아메리칸들이 미시시피강 서쪽으로 이주하였고 미시시피강 동쪽에는 대략 26,700명 정도만이 남게 되었습니다.[4] 당시 나바호(Navajo)족의 강제 이주 과정을 아래의 글에서 살펴볼 수 있습니다.

> "언제부터인지 알 수 없을 정도로 기나긴 세월을 그 땅에서 살아온 나바호 인디언들을 추방한 조처는 그들에게는 하늘에 고해야 할 불의처럼 생각되었다. 그들은 자신들의 거처인 페코스(Pecos)강에 있는 인디언 보호구역에서 쫓겨나와 삼천 마일이나 떨어진 보스크 리론도(Bosque Redondo)로 추방된 그 끔찍한 겨울을 잊지 못했다. 수백 명의 남자와 여자 그리고 아이들이 배고픔과 추위로 인해 도중에 사망했고, 그들의 양과 말들은 산을 넘다가 지쳐서 죽었다. 그들 중 원해서 간 사람은 아무도 없었다. 그들은 굶주림과 함께 총칼에 떠밀려갔으며, 자신들의 무리에서 분리되고 고립되어 폭력적으로 이주당했다."[5]

19세기 중반에는 약 40만 명의 네이티브 아메리칸이 미국 서부지역에 거주했습니다. 하지만 미국의 서부 개척과 정복이 시작되면서 인디언 보호구역은 점점 좁아지고 격리되었으며, 미국 정부 및 서부 개척자들과 갈등을 빚기 시작했습니다. 탁월한 전사였던 네이티브 아메리칸은 쉽게 정복할 수 있는 대상이 아니었습니다. 그러나 이들은 부족 단위별로 흩어져 있어서 비범한 지도자가 등장하여 이들을 통합하고 지휘하지 않는 이상 연합전선을 형성하기는 어려웠습니다. 또한 반유목민이었던 이들은 전장에서 멀지 않은 곳에 있는 아내와 자녀를

---

4) 한미야. (2012). 대주교에게 죽음이 오다: 생명과 다문화 존중의 공동체, 문학과 환경 11권 2호, 170−173쪽.
5) 한미야. (2012). 위의 논문. 198쪽.

지키는 일에 신경을 곤두세워야 했습니다.[6] 연방정부는 대초원지대의 네이티브 아메리칸을 굴복시키기 위해 이들의 주요 자원인 버팔로를 공격했습니다. 그 결과 1860년대 말 1,200만 마리에 달한 것으로 추정되었던 버팔로는 1880년대가 되면 겨우 수백 마리만 남게 됩니다. 이때 네이티브 아메리칸에서는 2명의 지도자가 등장하는데 바로 크레이지 호스(Crazy Horse)[7]와 시팅 불(Sitting Bull)[8]입니다. 아래는 시팅 불이 1876년 리틀 빅혼(Little Big-horn)전투 후 행한 연설 가운데 일부입니다.

"백인은 지켰는데 홍인이 깬 조약이 있는가? 없다! 백인과 우리 홍인이 체결한 조약 가운데 백인이 지킨 것이 있는가? 단 하나도 없다. 내가 아이일 때 수우(Sioux)족은 세상을 갖고 있었다. 그 땅 위로 태양이 뜨고 졌다. 우리는 말을 탄 전사 만 명을 전장으로 보냈다. 오늘 그 전사들은 어디에 있는가? 누가 그들을 죽였는가? 우리의 땅은 어디에 있는가? 누가 그 땅을 가졌는가?... 내가 나의 것을 사랑하는 게 잘못인가? 내 피부가 붉은 것이 악인가? 내가 수우족이기 때문에? 내 선조들이 살던 땅에서 태어났기 때문에? 내 종족과 나라를 위해 죽을 것이기 때문에?[9]

라코타(Lakota)족이 포함되었던 수우(Sioux)족과 샤이엔(Cheyenne)족 등 수천 명의 네이티브 아메리칸을 거느렸던 두 사람은 오늘날 몬태나주 남동부지역에 정착했습니다. 그리고 벌어진 미국 연방 군대와의 리틀 빅혼(Little Big-horn)전투에서 조지 커스터장군과 전투에 참가한 272명을 모두 전사시키는 승리를 거두게 됩니다. 이때부터 미국 연방 군대는 네이티브 아메리칸을 쉬지 않고 추

---

6) 장 셸리에. (2016). 위의 책. 101쪽.
7) 크레이지 호스(1840-1877) 사우스 다코타주 출신으로 수우(Sioux)족이 미국의 대평원 북부 침략에 대항해 싸울 당시 가장 뛰어난 전략가이자 전사였다.
8) 시팅 불(1831-1890)은 온화하고 유쾌한 성품과 종교적 신실함, 예언가적 자질과 정의감, 용맹성과 지도력과 같은 자질을 갖추었으며, 대평원의 네이티브 아메리칸들로부터 지도자로 존경받았던 인물이다.
9) 레너드 펠티어. (2005). 나의 삶, 끝나지 않은 선댄스. 돌베개, 191-192쪽.

격하여 1877년에는 크레이지 호스를, 1890년에는 시팅 불을 살해했습니다. 나머지 수우(Souix)족은 도망치다가 모두 학살되고 맙니다. 1900년이 되면 네이티브 아메리칸의 인구는 23만 7,000명에 불과할 정도로 감소합니다.

19세기 미국 사회가 네이티브 아메리칸들에게 가진 지배적 이미지는 '사라져가는 사람들'이었습니다. 네이티브 아메리칸들을 멸종된 맘모스에 비유하기도 하고, 어떤 이는 '유일하게 선한 인디언은 죽은 인디언이다'라고 말하면서 이들의 삶을 부정하는 태도를 취하였습니다.[10] 그러나 네이티브 아메리칸들은 1890년 미국 연방정부에 의해 법으로 인간으로서의 권리를 인정받았으며, 1924년 시민권(Right of Citizen)을 획득하였습니다. 1920년에 네이티브 아메리칸 교회가 처음으로 시작되었으며, 1979년부터 네이티브 아메리칸을 위한 인디언 교육국(Bureau of Indian Education)이 설립됩니다.

여기서 주로 논의되는 라코타(Lakota)족은 수우(Sioux)족의 지파로서 미국 사우스다코타(South Dakota)주 남부 로즈버드 인디언 보호구역(Rosebud Indian Reservation)에 거주하는 네이티브 아메리칸입니다.[11] 2020년 기준 미국 내 네이티브 아메리칸의 수는 약 250만 명이며, 이들 중 100만 명 정도가 인디언 보호구역에 거주하고 있습니다.[12] 인디언 보호구역은 미국 내무부의 인디언 정책국(BIA, Bureau of Indian Affairs)이 지정한 네이티브 아메리칸 원주민들이 사는 지역이며, 인디언 보호구역에서 각 부족은 법에 의거하여 한정된 주권을 행사할 수 있고, 관광객 유치를 목적으로 합법적 카지노를 건립할 수 있습니다. 2020년 기준 미국에는 약 567개의 네이티브 아메리칸 부족과 약 326개의 인디언 보호구역이 있는데[13] 어떤 부족에게는 두 개 이상의 보호구역이 있고, 또 다른 부족

---

10) 박윤경. (2022). 루이스 어드릭의 사랑의 묘약에 나타난 치폐와 원주민의 외상회복의 두 차원: 기억하기와 정서적 연대를 통한 치유. 영미어문학 146호, 108쪽.

11) 여기서 다루는 라코다(Lakota)부족에 관한 사례는 1996년경 저자가 미국 네브래스카주립대학교(University of Nebraska-Lincoln)에서 교육행정 박사과정 재학 중 3박 4일간의 로즈버드 인디언보호구역의 선댄스(Sun Dance) 참여와 네브래스카주립교도소 방문, 네이티브 어메리칸들과의 인터뷰 실시 후 실제로 보고 체험하였던 내용을 기반으로 작성한 것이다.

12) 앰코인스토리. (2023). 미국의 인디언 보호구역 https://amkorinstory.com/5325.

13) 앰코인스토리. (2023). 위의 자료.

에게는 자신들의 보호구역이 없는 경우도 있습니다. 그러므로 네이티브 아메리칸 부족들이 자신들만의 인디언 보호구역이 있는 것은 아님을 알 수 있습니다. 이러한 인디언 보호구역은 미국 영토의 2.3%를 차지하며, 여기에서 소개하는 로즈버드(Rosebud) 인디언 보호구역은 1889년 도즈법(Dawes General Allotment Act)[14]에 의해 건립되었으며,[15] 저자가 방문하던 당시 이곳의 총인구는 10,469명이었으며 중심 지역에는 9,050명이 거주하고 있었습니다.[16] 로즈버드는 남쪽으로는 네브래스카(Nebraska)주와 연결되어 있고, 교육기관으로는 신테 그레스카 대학교(Sinte Gleska University)와 성 프랜시스 인디언학교(St. Francis Indian School)가 있습니다.

1996년 비교문화연구를 목적으로 라코타부족에 대한 조사를 시작하였습니다. 네이티브 아메리칸 문화를 직접 체험하기 위해서 로즈버드 인디언 보호구역 및 링컨(Lincoln, NE)시에 위치한 네브래스카 주립교도소,[17] 링컨 인디언 센터(Lincoln Indian Center),[18] 네이티브 아메리칸이 복지사업을 위해 자체적으로 운영하고 있는 카지노(Casino)를 방문하였습니다. 로즈버드 인디언 보호구역을 방문하기에 앞서 링컨시에 거주하는 네이티브 아메리칸들과 면담을 실시하였으며,

---

14) 도즈법은 헨리 도즈(Henry Dawes)상원의원이 1887년 발의한 것으로 모든 네이티브 아메리칸을 사유지를 가진 생산주체로 만드는 법이었다. 내용은 보호구역 내의 땅 중에서 결혼한 가장에게는 160에이커(acre)를, 미혼 성인에게는 80에이커를 분배하는 것이다. 이 법을 실시한 목적은 토지분배를 통해 부족의 공동자산을 해체하는 것이었다. 그 이유는 인디언 보호구역 내에 토지와 같은 공동 자산이 존재하는 한 자본주의 경제가 부족사회에 침투하기 어렵기 때문이었다. 결국 이는 네이티브 아메리칸들의 공동체 의식을 약화시키는 원인이 되었으며 그들은 부족민으로서의 자신의 근원과 문화를 서서히 잊게 되었다.
15) 미국정부는 다코타지역의 인디언 보호구역을 파인리지(Pine Ridge), 로즈버드(Rosebud) 샤이엔 리버(Cheyenne River), 스탠딩 락(Standing Rock), 크로우 크릭(Crow Creek), 브률(Brule) 등의 6개로 나누었다. 이것은 네이티브 아메리칸의 전통적인 부족공동체 의식을 약화시키기 위한 미국 정부의 선제작업이었으며 이로 인해 사유재산이라는 새로운 개념을 받아들여야 했고 공동의 삶을 영위해 갈 수 있는 터전을 상실했다.
16) United States Census Bureau. (2000).
17) 네브래스카 주립교도소는 링컨시 외곽에 위치하고 있으며, 내부는 백인구역, 흑인구역, 그리고 네이티브 아메리칸구역 등 세 구역으로 나누어져 있었다.
18) 인디언센터는 링컨시에 위치하고 있었는데 이곳은 네이티브 아메리칸 문화를 소개하고 홍보하기 위한 곳이다. 네이티브 아메리칸의 유물과 생활 도구들을 전시하고 있었으며 안내 책자도 마련되어 있었다.

로즈버드 인디언 보호구역에서는 토드 중고등학교(Todd County Middle & High School)에 재학 중인 3명(10학년, 8학년)의 학생 및 교사, 지역주민들과 면담하였습니다. 네브래스카주립대학교 사범대학 교육행정 전공의 마일즈 브라이언 교수(Dr. Miles Bryant)와 나를 비롯한 다섯 명의 박사과정 학생들은 라코타족이 매년 개최하는 전통적인 행사인 선댄스(Sun Dance)가 개최되는 기간에 맞춰 로즈버드 인디언 보호구역을 방문하였습니다. 이 기간에 우리 일행은 라코타족 추장의 자택 뒷마당에서 우리가 직접 설치한 천막에서 생활하였으며, 음식은 직접 조리하거나 간편식으로 해결하였습니다. 이곳을 방문하였던 시기는 7월 중순 무더운 한여름이었고 우리가 임시거주하였던 곳에서 가장 가까운 작은 마트도 승용차로는 20분이나 소요되었으므로 방문하였던 기간 내내 식수 해결과 무더위로 인해 큰 고통을 겪었습니다. 우리는 이곳에서 선댄스(Sun Dance)[19]가 개최되는 동안 라코타부족의 댄서(Dancer)들이 먹을 식량인 버팔로(Buffalo)를 네이티브 아메리칸들과 함께 도살하고, 그들의 전통 천막인 티피(Teepee)[20]를 라코타족 추장의 지도와 감독에 따라 직접 설치해 보기도 하였습니다. 이와 함께 선댄스에 참여하는 댄서들의 영적 충만을 위해 만들어 놓았던 기도소(Sweat Lodge)[21]에 들어

---

19) 북아메리카 네이티브 아메리칸의 종교의식, 한 해에 한 번, 초여름에 기둥을 세운 회장에서 4~8일간 거행된다. 선댄스 준비를 마친 날 해가 진 뒤부터 시작하여 마지막 날 해가 질 때 끝나는데 이는 삶과 죽음의 연속성, 세대의 끝없는 전승, 죽음과 탄생의 끝없는 순환을 상징한다. 선댄서는 자신의 육체를 제물로 바침으로써 가장 고귀한 희생을 표현한다. 선댄스의 목적은 속박을 깨뜨리기 위하여 고통을 참으며 선댄스 기간 동안 아무 것도 먹지 않은 채 고통을 감내해야 하며, 이를 통해 육체적 정신적으로 영적으로 새로 태어나게 된다. (레너드 펠티어. (2005). 나의 삶, 끝나지 않은 선댄스. 돌베개, 41-42쪽).

20) 티피는 '그들이 거기 살고 있다'는 것을 뜻하는 말이다. 티피의 폭은 4.8~5.4미터가량이며, 대체로 원뿔모양으로 생겼고 바닥은 둥그렇다기 보다는 달걀모양에 더 가까웠다. 그리고 그 안에는 방이 딱 하나였다. 티피의 기본적인 재료는 부드러운 들소 가죽 20~22장을 꿰매어 만들었다. 그것을 16~20개에 이르는 길고 가능 장대로 원뿔모양으로 엮었으며 티피 꼭대기에는 연기 구멍이 나있고 아래에 하나의 문이 나있었는데 대체로 동쪽 방향을 향해 있었다(조셉 M. 마셜 3세. (2009). 바람이 너를 지나가게 하라. 문학의 숲, 86쪽).

21) 에스키모인들의 이글루(igloo) 같은 모양으로 지은 네이티브 아메리칸의 영적 충만을 위한 장소이다. 바깥에 불을 피워서 돌을 달군 후 그 달군 돌을 기도소에 넣고 물을 뿌리면서 잎 담배를 피우면서 기도하는 곳이다. 라코타(Lakota)를 포함한 네이티브 아메리칸에게는 전통적으로 춤추는 것(dancing)과 기도하는 것(praying), 그리고 노래하는 것(singing)은 같은 의미를 가진다.

가 함께 기도행사를 진행하기도 하였습니다.[22] 아래는 기도소(Sweat Lodge)가 네이티브 아메리칸에게 어떤 의미인지에 대한 설명입니다.

> "그처럼 더운 날에도 불을 지펴 놓았다. 가는 깃발 같은 연기가 솟아 오른다... 아마 아주머니는 여기 지펴놓은 불에서 나오는 엷은 연기 뒤쪽에 있을 것이다... 제니 소토가 불을 휘젓는다. 딱하는 소리가 난다. 나는 나무 연기와 송진 냄새를 맡는다. 기도소는 반구형으로 그 안에 새빨갛게 타오르는 돌을 옮긴다. 탄생의 어머니인 지구의 자궁을 상징하는 기도소 안은 이생과 전생, 내생이 뒤섞여 있는 시간이 없는 세계이다. 기도소의 문이 열리고 현실로 돌아올 때 사람은 다시 태어나 있게 된다."[23]

로즈버드 카지노(Casino)는 로즈버드 인디언 보호구역에서 네이티브 아메리칸을 위한 복지사업과 2세들을 위한 교육재정을 충당하기 위해 연방정부의 허가로 만든 자체 운영사업으로 진행되고 있었습니다. 그러나 초기의 사업 취지와는 달리 카지노에서의 수익은 네이티브 아메리칸들을 더욱 나태하게 만드는 요인이 되었습니다. 네이티브 아메리칸들은 미국과 캐나다에 걸쳐 폭넓게 분포하고 있으며, 미국 내의 인디언 보호구역은 하나의 작은 자치단체로서 미국의 문화를 받아들이지도 않고 동화되지도 않은 채 그들만의 전통문화나 생활방식을 고수하고 있었습니다.

---

22) 네이티브 아메리칸들에게는 부족장 못지않게 중요한 인물로 마을사람들의 정신적 지도자인 '담뱃대의 계승자'라 불리는 사람이 있다. 신화에 따르면 인류 최초의 인간들은 병이 들었을 때 영혼들을 위로하고 달래기 위해 기도를 드리며 담뱃대 의식을 행했다고 한다. 이 의식은 감사의 표시이면서 동시에 위험한 상황에 몸을 던져야만 하는 전사가 충성과 신뢰를 다짐하는 표현이기도 했다(김옥례. (2009). 멜빌과 아메리칸 인디언. 근대영미소설 제16집 제1호, 48쪽). 이와 함께 네이티브 아메리칸 전설에서는 담배통은 지구와 어머니 대지를 상징하고, 담배통에 보통 새겨지는 버팔로는 네발달린 짐승을, 나무로 된 담뱃대는 땅에서 자라는 생명체인 식물을, 장식 깃털은 날개 달린 새를 상징하여 모든 생명체가 서로 연결되어 있음을 뜻한다(레너드 펠티어. (2005). 나의 삶, 끝나지 않은 선댄스. 돌베개, 11쪽).
23) 김옥례. (2008). 벽과 울타리를 넘어서: 아메리칸 인디언 여성 자서전 문학으로서의 파워. 미국소설 15권 2호, 62쪽.

2 라코타(Lakota)의 문화

라코타의 기록[24]에 따르면, 라코타는 오래전 산림이 우거진 지역에 정착하였던 농경사회였으나 버팔로를 사냥하기 위해 평원(Prairies)으로 진출하였다고 합니다.[25] 그러한 주장의 근거는 아래와 같습니다.

"라코타부족에서 일부 임신한 여성들은 선댄스기간에 댄서들과 함께 주위를 돌면서 춤추기도 한다. 왜냐하면 태양의 정기가 모든 열매를 사랑하기 때문이다."[26]

다산과 태양숭배는 농경사회가 가진 특징 중의 하나로 알려지는데[27] 라코타는 그러한 농경사회의 특징을 나타내고 있습니다. 라코타는 농경사회에서 대평원에서 버팔로를 사냥하는 수렵사회로 변해갔는데 사냥 기술은 개인의 능력에 의존하였으므로 수렵 중심의 개인주의적 사회의 성격을 띠게 되었습니다. 그것을 가장 잘 나타나는 것이 개인의 초자연적 능력[28]을 추구하고 기원하기 위해서 매년 개최되는 선댄스라는 전통적 부족 행사입니다.[29] 라코타의 기본적 사회구성 단위는 가족이지만 가족은 항상 10~20개에 이르는 작은 소부족 내의 친척들과 함께 생활하였습니다.[30] 라코타의 아이들은 그가 속한 소부족의 이름으로 불렸으며, 처음에는 가족공동체 집단이 허용하는 행동에 대해 배우고 익힌 후, 독립

---

24) 네이티브 아메리칸에게는 문자가 없었으므로 그들의 전설과 일화는 예로부터 구술로 전해 내려왔으며, 이를 나중에 영어로 기록하였다.
25) Eagel, B. M. (1991). Buffalo Woman Comes Singing. New York: Mcgraw-Hill.
26) Neihardt, J. G. (1988). Black Elk Speaks. University of Nebraska Press. Biston Book.
27) Mead, M. (1961). Cooperation and Competition among Primitive Peoples. Beacon: Boston.
28) 라코타부족은 이를 비전(vision) 또는 영적 충만으로 표현하였다.
29) Mead, M. (1961). Cooperation and Competition among Primitive Peoples. Beacon: Boston.
30) MacGregor, G. (1945). Warriors Without Weapons. The University of Chicago Press: Chicago.

적으로 행동하는 법을 배웠고, 부모나 친족간의 잦은 접촉을 통해 사회적 관계를 형성하였습니다. 라코타는 경쟁보다는 협동이라는 가치를 우선적으로 존중하였는데 그 예로 그들이 사냥을 갈 때면 지도자는 이렇게 말하였습니다.

"우리에게는 자식이 없으면서 나이가 많거나, 약한 사람이나, 어린아이나 아들이 없는 부족원들이 있다. 여러분들은 그들을 도와야 할 것이다."[31]

라코다에게 가장 중요한 가치는 부족원 상호 간의 복지와 집단에 대한 봉사였으므로 라코타 문화에서 사회적 관계는 매우 중요하였습니다. 그래서 그들은 타인의 이목에 주의하였으며, 타인으로부터 받게 되는 나쁜 평판을 두려워하였습니다. 가십(gossip)은 라코타 부족원들끼리 일상적으로 서로 교환되는 정보였으므로, 그들은 재산의 많고 적음보다는 사회적 관계를 더 중요시 여기고 어려운 상황이 닥쳤을 때 이를 해결하기 위해 어떻게 처신해야 하는가에 대한 조언을 서로 주고받았습니다.[32]

"라코다의 전통은 전사들이 자기가 세운 전공을 공개적인 자리에서 자세히 밝힐 것을 권하고 장려했다. 그 유서 깊은 관습은 '와크토글라카'라 부르며 이는 곧 '승리에 관해 이야기하기'를 뜻한다. 그런데 이 관례에는 꼭 따라야 할 것이 하나 있었다. 즉 전사들이 전공을 밝힐 때는 적어도 한 사람 이상의 증인이 반드시 있어야 한다는 것, 그 증언은 그 이야기가 진실임을 보증해 주었다."[33]

라코타 구성원들은 재산권에 대한 특별한 관념을 가지고 있었는데 그들은

31) Neihardt, J. G. (1988). Black Elk Speaks. University of Nebraska Press. Biston Book.
32) Wax, M. & Wax, R. & Dumont, R. Jr. (1989). Formal Education in an American Indian Community. Prospect Heights, IL: Waveland Press.
33) 조셉 M. 마셜 3세. (2009). 바람이 너를 지나가게 하라. 문학의 숲, 27쪽.

부모로부터 유산을 물려받기를 기대하지 않았습니다. 그것은 사망한 가족의 재산이 가족을 제외한 이들에게 분배되었기 때문입니다. 재산권에 부여된 유일한 특권은 그것을 멀리 내던져 버리는 것이었습니다. 라코타의 경우 재산은 인간관계에 비해 중요하지 않다고 보았던 것입니다.[34] 라코타에서는 명예, 정직, 협동, 불굴의 정신, 용감함,[35] 관대함, 지혜, 도덕성 등을 오래된 미덕으로 간주하였습니다.[36]

> "이 책에 나오는 이야기들이 제시하는 미덕들은 라코타 문화의 토대이자 도덕적 자양분이었으며, 지금도 역시 그렇다. 그보다 더 중요한 것은 다시없다. 우리가 육체의 안락함이나 물질적인 소유물들에 무관심해서가 아니라 우리가 물질적인 것들로 우리 자신이나 다른 이들을 평가하지 않기 때문에 그렇다. 우리는 자신이 삶의 여정에서 미덕을 얼마나 구현했는가에 따라서 평가받는다고 믿는다."[37]

그러나 적으로부터의 강탈은 전사로서 특권을 얻기 위한 미덕으로 칭송되었으며, 그들이 곤란한 상황에 직면했을 때 도주하는 것은 개인적 곤경을 피하기 위한 것으로 인정되었으므로, 이를 불명예스러운 것으로 간주하지는 않았습니다.[38]

---

34) Mead, M. (1961). Cooperation and Competition among Primitive Peoples. Beacon: Boston.
35) 용감함은 우리 삶이 꼭 필요로 하는 것이다. 모든 도전은 일종의 초대 같은 것이기도 하다. 지속적인 초대(조셉 M, 마셜 3세. (2009). 바람이 너를 지나가게 하라. 문학의 숲. 243쪽.)
36) Mead, M. (1961). 위의 책.
37) 조셉 M. 마셜 3세. (2009). 바람이 너를 지나가게 하라. 문학의 숲, 9−10쪽.
38) MacGregor, G. (1945). Warriors Whithout Weapons. The University of Chicago Press: Chicago.

라코타 네이티브 아메리칸(Lakota Native American)	
사회구성	· 농경사회 → 수렵사회 · 사회구성단위: 자신이 속한 부족
중요한 가치	· 봉사, 평판, 사회적 관계 · 재산권이 중시되지 않음 · 명예, 정직, 협동, 지혜, 도덕성
생활 및 태도	· 자신의 재산을 사회에 환원 · 동료의 이목 중시

3 라코타의 시간개념

시간은 문화적 구조를 가지며, 문화와 구분될 수 없습니다. 그것은 시간이 문화적 배경에 따라 다른 의미로 인식되었기 때문입니다.[39] 또한 시간에 대한 관념은 공간 개념과 분리될 수 없습니다. 그것은 시간과 공간이 기능적으로 상호연관되어 있기 때문입니다. 일반적으로 전통 사회는 과거지향적이며, 현대사회는 미래지향적으로 알려져 있습니다. 그것은 시간개념을 문화적 관점에서 보면 시간은 구조이며, 시간은 다리[40]로 비유될 수 있기 때문입니다. 집단보다는 개인을 중시하는 현대사회에서 시간은 과거에서 미래를 연결하는 일직선의 방향을 의미합니다. 이러한 사회에서는 처리해야 할 과업에 집중해야 하므로 일정 (Time Schedule)이 다른 어떤 것들보다 우선적입니다. 그러나 개인보다 집단을 중시하는 전통 사회에서는 사회적 관계에 중점을 두며, 사람들의 참여와 일들이 동시다발적으로 발생하게 됩니다. 이 경우 시간은 과거와 현재, 미래가 동시에 나선형처럼 중복되거나 복합적인 형태를 의미하게 됩니다.[41] 이러한 예를 라코

---

39) Hall, E. T. (1987). Hidden Differences: Doing Business with Japanese. Garden City, NY: Anchor Press.

40) Cottle, T. (1976). Perceiving Time. New York: John Wiley & Sons.

41) Hall, E. T. (1987). Hidden Differences: Doing Business with Japanese. Garden City, NY: Anchor Press.

타의 시간개념에서 찾아볼 수 있습니다.

> "이것은 우리가 나누어야 할 거룩하거나 좋은 삶에 대한 이야기이다.
> 왜냐하면 이들은 한 어머니의 자녀들이고, 그들의 아버지가 하나의 정신
> (One spirit)이기 때문이다."[42]

라코타 구성원들은 자신으로부터 4세대에 걸친 친족의 이름을 알고 있어야 하며, 자식이 없는 친족에게 자식을 입양하는 것은 예로부터 전해온 하나의 관습이었습니다.[43] 여성은 친족들을 연결하는 매개체이며, 부족의 영적인 지도자는 항상 남성이 지명되었습니다. 이러한 예는 '시간은 인간을 연결하는 다리'라는 사회적 관계를 중시하는 개념에 기초를 두는 것입니다. 현대사회에서 아이들의 교육은 학년과 나이에 따라 집단화됩니다.[44] 그러므로 사람들은 특징적인 사건이나 특별한 이벤트들과 관련된 과거의 사실들을 연대순으로 기억하게 됩니다. 그러나 라코타에서는 특정한 사람이나 특별한 장소를 나선형으로 이해합니다. 예를 들면, 4월은 '빨간 풀이 나타나는 달'이고, 6월은 '살찌는 달', 7월은 '빨간 앵두의 달'과 같이 표현합니다.[45] 그래서 라코타에서는 남자아이를 한 단계에서 다음 단계로 급하게 보내지 않습니다. 그들은 아이가 원하면 가능한 한 그 상태로 내버려 두며, 그가 원할 때만 전사로서의 역할을 기대합니다. 또한 그들은 계획된 시간에 따라 아이들을 먹이고 목욕시키고 재우지 않으며, 정해진 시간에 따라 그들의 일상을 규제하지도 않았습니다.[46] 라코타의 댄스는 둥근 원을 그리며, 일직선의 형태를 취하지 않습니다. 이들의 춤추는 의식은 그들이 인간과 동물이 행

---

42) Neihardt, J. G. (1988). Black Elk Speaks. University of Nebraska Press. Biston Book.
43) 네이티브 아메리칸에게 '지구와 일곱 세대'라는 단어는 어떠한 결정도 다음 일곱 세대에 미칠 영향을 고려해야 한다는 믿음에서 나온 단어이다.
44) Wax, R. H. (1971). Doing Fieldwork: Warning and Advice. The University of Chicago Press: Chicago and London.
45) Neihardt, J. G. (1988). Same Book.
46) MacGregor, G. (1945). Warriors Whithout Weapons. The University of Chicago Press: Chicago.

복하게 공존했던 원래의 균형이 잡힌 세계로 돌아가는 것을 상징합니다.

"우리가 행하는 모든 것은 원이다... 인간의 삶도 원이다."[47]

라코타에게 삶은 원(circle)과 같으며 선댄스와 같은 종교행사를 통해서 현재와 미래를 파악할 수 있다고 보았습니다.[48] 이처럼 그들의 시간개념은 시간은 나선형으로 둥근 원을 그린다고 생각하는 문화에서도 잘 나타납니다. 이와 같은 사실들은 라코타의 시간개념이 현대사회와는 다르며, 그 차이는 과업을 우선시하느냐 아니면 관계를 중요시하느냐와 같이 서로 다른 목표를 추구하는 것과도 연관이 있습니다.

⬤ 라코타의 시간개념

라코타 네이티브 아메리칸(Lakota Native American)	
시간개념	• 복합적 • 사회적 관계를 반영
시간의 의미	• 나선형적 이해 • 사회적 관계 중심
학교 생활	• 한 단계에서 다음 단계로 급하게 보내지 않음 • 일상을 정해진 시간에 따라 규제하지 않음

4 라코타의 교육과 리더십

라코타는 전통적으로 지혜와 모든 지식은 연장자로부터 비롯된다고 생각하였으므로 연장자들(elders)에 의한 전설, 신화, 그리고 일화의 구술(story-telling)과 함께 비공식적 기술 전수에 의한 교육이 이루어졌습니다.[49] 그러한 예를 아

---

47) Neihardt, J. G. (1988). Same Book.

48) Gerold Springer. (1996). Interview in Lincoln Indian Center at June. 6. 1996.

49) Dona Sharon. (1996). Interview in Lincoln Indian Center at May. 29. 1996.

래의 글에서 살펴볼 수 있습니다.

> "준 캐시포(June Kashpaws)는 전통적 원주민의 삶을 기억하는 일라이 (Eli)와 함께 살면서 자연과 더불어 사는 법을 배웠다. 일라이는 보호구역에서 인디언식의 사냥방식을 알고 있는 마지막 사람으로서 '진정한 옛 인디언(real old-timer)'이다. 어린 시절 준은 일라이와 함께 소나무 진액을 빨아 먹고 사슴처럼 풀과 꽃잎을 뜯어 먹으며 자랐다. 그렇게 하여 조각하는 법, 고기를 베어 나누는 법, 새소리를 바르게 듣는 법 등 자연과 더불어 사는 법을 일라이에게 배웠다."[50]

현재 라코타 자녀들은 인디언 보호구역에서 미국 교육과정에 기반한 K-12 학교에 다닙니다. 이들은 초등학교 시절에는 자신감을 가지고 학교생활을 하며, 특징적인 것은 어느 한 학생이 학습을 쉽게 익히면 그렇지 못한 학생을 돕는 문화가 있습니다.[51] 그러나 10세 이후부터는 점차 자신감이 저하되는 경향이 있는데, 왁스(Wax)의 기록에 의하면 초등학교 4학년과 5학년 교실의 학생들은 소란하고 무질서하지만, 7학년과 8학년의 교실은 기괴한 정적으로 뒤덮여 있음을 지적합니다.[52] 그래서 왁스(Wax)는 '한 단어마다 교사에게 의미를 묻는 열성적이고 성실한 아이들이 왜 7~8학년이 되면 교사들이 하고자 하는 어떠한 시도에 대해서도 좌절해 버리는 것일까?'라고 자문하고 있습니다.

로즈버드를 방문했을 당시 네이티브 아메리칸 학생들과의 면담을 위해 인디언 보호구역 내의 토드중학교(Todd County Middle School)를 방문하였습니다. 당시 토드중학교에는 700여 명의 학생들과 50여 명의 교사들이 있었으며, 교사 중에서 네이티브 아메리칸 교사는 5명으로서 전체 교사의 10% 정도였습니다.

---

50) 박윤경. (2022). 루이스 어드릭의 사랑의 묘약에 나타난 치폐와 원주민의 외상회복의 두 차원: 기억하기와 정서적 연대를 통한 치유. 영미어문학 146호, 90쪽.
51) Wax, M. & Wax, R. & Dumont, R. Jr. (1989). Formal Education in an American Indian Community. Prospect Heights, IL: Waveland Press.
52) Wax, M. & Wax, R. & Dumont, R. Jr. (1989). 위의 책.

이 학교의 교육과정(Curriculum)은 영어, 작문, 수학, 과학, 라코타어를 중심으로 운영되고 있었습니다. 토드중학교와 비교적 멀리 떨어져 있지 않았던 토드고등학교(Todd County High School)에는 375명의 학생과 30명의 교사가 있었으며, 그중에서 네이티브 아메리칸 교사는 6명이었습니다. 면담을 승낙한 네이티브 아메리칸 고등학생들은 학교가 자기들에게 가지는 너무 높은 기대에 부담을 느낀다고 토로하면서 대부분의 교과에서 학습 진도가 너무 빨라서 이해하기 어려움을 호소했습니다. 그리고 학교에서 라코타 문화와 역사, 라코타어를 배우고 있지만 라코타어로 의사소통이 가능하지는 않다고 말했습니다.[53] 이들은 공통적으로 로즈버드에서의 생활은 너무 지루해서 성인이 되면 이 지역을 벗어나기를 원하지만 취업 및 결혼과 같은 장애가 그들을 가로막고 있음을 토로했습니다. 그런 까닭으로 학교를 졸업하거나 중퇴한 후 졸업생들이 현실 부적응과 미래의 불확실성으로 인해 알코올 중독에 빠지고 또한 고통받고 있음을 이곳의 문제점으로 지적했습니다.

네이티브 아메리칸이자 토드고등학교의 교사였던 지오(Geo)는 면담에서 1980년 이래 교사로서 운동부 코치로서 자원봉사를 하고 있으며, 학교 버스를 운행하는 운전사의 역할도 병행하고 있다고 밝혔습니다. 당시 14세인 그의 아들이 학교에서 간혹 다른 친구들에게 놀림을 받거나 폭력을 당한다고 말하면서 자신이 처음 교사로 부임했던 1980년대와 현재(1996년)는 학교의 분위기가 많이 달라졌음을 강조했습니다. 즉 네이티브 아메리칸 청소년들이 자신의 삶과 처지에 대한 실망과 좌절로 인해 알코올 중독, 10대 미혼모 등의 문제가 많이 발생하고 있다는 것입니다. 또한 일부 인디언 보호구역 내 토지는 이미 백인들에게 소유권이 넘어갔으며, 네이티브 아메리칸의 경우 80% 이상이 직업이 없는 실직자 상태임을 문제점으로 지적했습니다. 이들 실직자 중 60%는 알콜 중독자이고 전체적으로 복지혜택이 붕괴해 버린 상황임을 강조하였습니다.[54] 네이티브 아메

---

53) Guy(10th grade), Mato(10th grade), Bear(8th grade). Interview in Todd School at July. 17. 1996.
54) Geo. (1996). Interview in Todd School at July. 15. 1996.

리칸에게 알콜중독이 어떤 의미인지는 아래의 내용을 통해 짐작할 수 있습니다.

> "부모 세대는 백인사회에 의해 모든 것을 빼앗긴 상실감을 견뎌내기 위한 현실적인 수단으로 술을 택한 세대이다. 그들에게 희망이란 항상 과거 속에서만 머무는 공허한 메아리에 불과하며, 어떠한 꿈도 현실 속에서 구현해 낼 수 없는 무력감에 빠진 그들의 현재를 지탱해 주는 것은 오직 술 뿐이다."[55]

이를 통해 알콜 중독은 세대를 관통하여 네이티브 아메리칸 전체에게 파급되어 있는 문제임을 짐작할 수 있으며, 그것이 네이티브 아메리칸을 상징하는 또 하나의 단어가 되었음을 알 수 있습니다. 네이티브 아메리칸들은 백인들에 대한 뿌리 깊은 적대감을 가지고 있으므로 미국의 교육방식에 대해 강한 반감을 가지고 있습니다. 그래서 이들은 고등교육을 받거나 미국 내 유명 대학에 입학하거나 장학금을 받는 네이티브 아메리칸들을 배신자 또는 변절자로 취급하고 수치스럽게 생각하는 경향이 있었습니다. 그래서 인디언 보호구역을 벗어나 고등교육을 받으려는 시도를 하지 않으며, 그들 중 대학에 진학한 일부 네이티브 아메리칸들은 고향이나 친족과 단절되는 경우가 많았습니다. 백인이라는 적들에게 영합함으로써 네이티브 아메리칸의 전통을 깨뜨리고 연대감을 훼손하였다는 것이죠. 네이티브 아메리칸들의 미국 문화에 대한 거부적 태도와 배타적 풍조는 서구의 문물을 배우고 이를 통해 이들이 나아갈 방향을 모색하고 새로운 출구를 탐색하려는 시도가 극히 드물었던 원인이 됩니다.

전통적으로 라코타에서는 공동체에서 중요한 문제가 발생하였을 경우 종교지도자의 의견과 권위가 존중되었으며 이에 대한 부족공동체의 동의와 의견일치가 요구되었습니다.

---

55) 최영진. (2015). 폭력, 용서, 그리고 아메리칸 인디언의 문화적 유산에 대한 현재적 의미. 다문화콘텐츠연구 제18집, 147쪽.

"인디언 사회에서는 중대사가 있을 때 추장이 독단적으로 결정하지 않고 카운슬 파이어(Council Fire)라고 하여 마을 대표가 모인 야외회의에서 토론해서 결정했다. 아울러 인디언 사회에서는 남녀와 신분의 평등, 재산의 공동소유제도가 실시되었다."56)

그러나 19세기 네이티브 아메리칸이 미국 연방정부와 영토 문제를 두고 갈등이 발생하였을 때 이들은 어떤 태도를 취했을까요? 당시 라코타를 포함한 네이티브 아메리칸들은 미국 연방정부와의 영토분쟁에서 총과 같은 현대적 무기와 무력에 밀리면서 자신감이 사라지는 상황이었습니다. 라코타의 경우 지도자는 일반적으로 버팔로 사냥을 잘하거나 타인을 설득 또는 말을 잘하는 등과 같은 역량을 발휘할 수 있어야 한다고 믿었습니다. 또한 권위와 의사결정은 그들에게 주어진 상황들을 잘 인식하는 능력에서 발생하는 것이라고 생각했습니다. 그리고 지도자는 기도소의 기도와 선댄스를 통해 영적 힘(vision)을 얻을 수 있는 것으로 보았습니다.

"주술사 캐치스(Pete Catches)의 경험담에 의하면 그는 꿈을 꾸고 난 뒤 모든 이를 치유할 수 있는 영적인 비전을 지니게 되었다... 인디언 사회에서는 꿈을 꿀 수 있는 능력, 예지능력을 지녔던 위대한 지도자가 늘 있었다. 주술사는 어떤 사회조직에도 가담하지 않아야 하는 고독한 삶을 살아야 했다."57)

네이티브 아메리칸들이 미국 연방정부와 전쟁을 벌였을 당시의 상황을 살펴보면, 그 시기 라코타의 지도자였던 크레이지 호스(Crazy Horse)58)는 그가 소

---

56) 김옥례. (2009). 멜빌과 아메리칸 인디언. 근대영미소설 제16집 제1호, 38쪽.
57) 김옥례. (2008). 벽과 울타리를 넘어서: 아메리칸 인디언 여성 자서전 문학으로서의 파워, 미국소설 15권 2호, 56쪽.
58) 크레이지 호스(1840~1877)는 라코타의 지도자로 라코타 네이티브 아메리칸들의 삶의 방식과 영토 침해에 대항하여 미국 연방정부와 싸웠다. 1876년 6월 리틀 빅혼 전쟁을 이끌었으

년이었을 적부터 가졌던 비전을 추구하였음을 말하고 있습니다.

"19세기 후반 네이티브 아메리칸들과 백인들의 전쟁이 벌어지는 동안 인디언 예언자들은 수호신(Sprit)으로부터 정보를 제공받았다. 그들 예언 자들은 결국 인디언들이 원하는 평화를 가지게 될 것이며, 다음 세대 자녀 들의 보다 나은 삶을 위해 백인들과 영적 결합을 가지게 될 것이다."[59]

크레이지 호스와 같은 지도자에 의해 긍정적 환상이나 왜곡이 제시되었을 때 라코타 부족은 그의 비전을 도구 삼아 방어적 왜곡을 통해 그들이 가졌던 자 신감을 유지하려고 노력하였습니다. 그러나 미국 연방정부와의 전쟁에 패한 후 크레이지 호스가 보았던 '모든 것은 실제 세계의 그림자에 불과했다'[60]고 말하 고 있습니다.

"수호신(Great Sprit)으로부터 네이티브 아메리칸들을 구하라는 명령을 받아 전쟁을 벌였으나, 그 전쟁으로 인해 전멸했을 때 어떻게 새로운 세상 을 만들 수 있을 것인가?"[61]

그러한 경우 블랙 엘크(Black Elk)[62]가 고백한 것처럼 "사람들의 꿈이 거기 서 죽어버렸다. 그것은 아름다운 꿈이었다"[63]라는 씁쓰레한 회상으로 끝날 수밖 에 없었습니다. 그러나 네이티브 아메리칸들은 1970년대 아메리칸 인디언 운동 (American Indian Movement: AIM)을 통해서 미국 내 네이티브 아메리칸 대중운동 을 다시 이끌어 내게 됩니다.[64] 예를 들면, 1969년의 샌프란시스코 앨커트래즈

며, 네이티브 아메리칸의 지도자 중 가장 대표적인 인물로 손꼽힌다.
59) Neihardt, J. G. (1988). Black Elk Speaks. University of Nebraska Press. Biston Book.
60) Neihardt, J. G. (1988). 위의 책.
61) Neihardt, J. G. (1988). 위의 책.
62) 블랙 엘크(Black Elk, 1863~1950)는 라코타부족의 영적 지도자였다.
63) Neihardt, J. G. (1988). 위의 책.

섬 점거사건은 이러한 네이티브 아메리칸 대중운동의 일환이라고 할 수 있습니다. 11월 20일 학생, 부부, 어린이들로 구성된 89명의 네이티브 아메리칸 시위대가 스스로 인디언 부족연대(Indian of All Tribes, IAT)라고 밝히면서 앨커트래즈 섬에 상륙한 후 섬을 점거하고 네이티브 아메리칸의 자치권과 법적 권리를 주장하면서 농성에 돌입했습니다. 샌프란시스코 지역의 네이티브 아메리칸에 의해 시작된 이 캠페인은 아메리칸 인디언운동(AIM)을 비롯한 전국의 네이티브 아메리칸 운동가들을 끌어들였고 참여 인원은 400명까지 늘어났습니다. 정부의 해산명령에 대해 리더였던 모호크족(Mohawks)의 리차드 오크스(Richard Oakes)는 샌프란시스코 정부에 아래와 같은 메시지를 전했습니다.

> "우리는 미국이 우리 요구의 정당함을 인정하기를 촉구한다. 예전처럼 폭력을 사용하여 우리를 위대한 선조들의 땅에서 퇴거시킬 것인가, 아니면 아메리칸 인디언을 상대함에 있어 진정한 변화를 모색할 것인가. 이제 선택은 미국 정부 지도자들에 달려 있다. 우리 땅에서 범죄를 저지르며 우리를 위협하는 당신들을 우리는 두려워하지 않는다. 우리와 모든 핍박받는 자들은 이 땅에 대한 당신의 소유권이 대량 학살에 의한 것이었음이 만천하에 드러나는 장관이 연출되기를 환영해 마지않는다. 그럼에도 불구하고 우리는 평화를 추구한다."[65]

그러나 결국 19개월에 걸쳤던 이들의 점거는 1971년 공권력에 의해 해산됩니다. 그 후 같은 해 11월 3일부터 9일까지는 네이티브 아메리칸들이 연방정부 기관인 인디언 사무국(BIA)을 점거하는 사건이 발생합니다. 인디언 사무국을 점

---

64) 아메리칸 인디언운동(AIM)은 1968년 7월 미네소타주 미니애폴리스에서 네이티브 아메리칸의 빈곤과 차별, 경찰의 잔혹성 등의 제도적 문제를 해결하기 위해 감옥에서 함께 복역한 네이티브 아메리칸 남성들이 조직한 단체이다. 이 운동은 미국 내 네이티브 아메리칸이 직면했던 도시에서의 높은 실업률, 교육에서의 인디언 관련 교과 부족 및 원주민 문화의 보존 등을 포함하고 있다.

65) 박정만. (2020). 미국 원주민 주체의식의 탈주와 백인 패권주의에 대한 유쾌한 도발: 아메리칸 인디언 드라마 포그혼. 미국학논집 52−1. 69−70쪽.

거한 시위대는 인디언 보호구역의 주거환경 개선과 기타 현안들에 대해 정부와 협상을 요구하면서 사무국 건물을 봉쇄하고 농성에 돌입하였습니다. 이러한 아메리칸 인디언운동(AIM)은 연방정부와의 대치를 통해 미국 사회가 오랫동안 외면해 왔던 네이티브 아메리칸 문제에 대한 관심을 불러일으키는 데 목적이 있었습니다. 즉 아메리칸 인디언운동(AIM)은 네이티브 아메리칸이 아메리카의 '원래 주인'으로서 이곳이 '그들의 땅'임을 밝힘과 동시에 그들의 주체성과 자결권을 되찾기 위한 투쟁이었습니다.

●● 라코타의 교육과 리더십

라코타 네이티브 아메리칸(Lakota Native American)	
사회구성	· 관계지향적(Relation-oriented)
중요한 가치	· 장기지향적 · 비전 중시 · 현실과의 타협을 중요시하지 않음
생활 및 태도	· 학교 규칙에 대한 순응 · 동료들과의 조화

5 라코타의 삶과 미학

라코타는 그들이 자연과 연결되어 있고, 주변의 동물들이나 우주와 일체감을 가졌다고 생각했습니다. 이들은 인간을 비롯한 모든 생명이 서로 연결되어 있으므로 생명에 대한 경외와 함께 생명이 있는 모든 존재를 사랑해야 한다는 세계관을 가지고 있었습니다. 그러한 생각을 수우(Sioux)족[66]의 전설에서 살펴볼 수 있습니다.

---

66) 라코타는 수우(Sioux)족의 지파이다.

"수우(Sioux)족은 버팔로가 자신들의 세계를 보호해준다고 믿는다. 그들의 부족 설화에 의하면, 버팔로는 우주의 서쪽 문을 지키며 주기적으로 세상을 범람시키는 홍수를 막는 역할을 한다. 그러나 버팔로가 매년 조금씩 손상되어 자신의 다리를 모두 잃게 되고 더 이상 물의 범람을 억제하지 못하게 되면 홍수가 일어나 세계가 멸망하게 되며 그 뒤 새로운 세계가 창조된다고 그들은 믿는다. 수우족은 그동안 세 번의 멸망과 창조의 과정을 거쳐 현 세계는 네 번째 창조된 것이라고 간주한다.[67]

이는 자신들의 삶과 밀접한 관계에 있는 버팔로와 수우족이 상호 연결되어 있음을 나타내는 상징적인 내용입니다. 이 전설이 의미하는 바는 네이티브 아메리칸과 자연이 결코 분리되어 있지 않다는 것입니다. 네이티브 아메리칸들은 자연을 존중하고 인간을 자연이라는 거대한 생태계 중의 일부로 보았으므로 자연을 인간의 이익을 위한 수탈 대상으로 여기지 않았습니다. 네이티브 아메리칸의 종교관에 따르면 세계는 파괴와 창조의 과정이 반복되는 순환적인 특성을 지니고 있습니다. 이들의 순환적 세계관은 아래의 예에서도 살펴볼 수 있습니다.

"인디언들의 창조 설화에 의하면 인디언들은 성스러운 장소에서 다시 태어나게 되며 이로써 영적인 파워를 지니게 된다."[68]

네이티브 아메리칸들은 특정 장소에 중요한 의미를 부여하기도 하는데 그들의 이러한 사고방식은 현실 세계와 이상 세계가 분리된 것이 아니라 밀착되어 있다는 사고를 가졌음을 보여줍니다. 네이티브 아메리칸들이 인간과 자연이 상호의존관계에 있으며 자연과 조화로운 삶을 추구하였다는 사실은 다음과 같은 예에서도 살펴볼 수 있습니다.

---

67) 김옥례. (2008). 벽과 울타리를 넘어서: 아메리칸 인디언 여성 자서전 문학으로서의 파워, 미국소설 15권 2호. 65쪽.
68) 김옥례. (2008). 위의 논문. 58쪽.

"나바호(Navajo) 인디언들이 바위나 나무 혹은 모래언덕에서 밤을 보내고 난 뒤 떠날 때면 그들은 머문 흔적을 조심스레 없앴다. 그들은 불쏘시개용 나무와 음식 찌꺼기들을 묻고 쌓아놓은 돌들이 있으면 제자리에 가져다 놓고 모래에 파놓은 구멍들을 막았다... 인디언들은 물속의 물고기나 공중의 새처럼 그곳을 지날 뿐 아무런 흔적도 남기지 않았다."[69]

평화를 추구하고 사랑했던 네이티브 아메리칸의 가치관은 그들이 살았던 주거지의 모습에서도 그대로 드러납니다. 그들은 건축의 재료를 주변 자연환경에서 구했습니다. 건축 재료를 자신들의 자연환경에서 찾음으로써 그들의 거주지는 자신들을 둘러싼 풍경의 일부가 되도록 하였습니다. 호피(Hopee)족은 돌로 집을 짓고 나바호(Navajo)족은 주변의 모래와 버드나무로 집을 짓기 때문에 멀리서 보면 마을이 풍경과 하나가 되었다고 말합니다.[70]

"그들은 자신의 재능을 자신이 속한 환경에 맞추는데 사용했다... 그들은 잠들어 있는 위대한 대지를 깨우지 않고 살아가고 싶은 듯 했다. 그들은 사냥할 때도 신중하게 하였다. 인디언들의 사냥은 도륙이 아니었다... 그들은 땅과 땅 위에 있는 모든 것들을 개선시키려고 망가뜨리려고도 하지 않았다."[71]

네이티브 아메리칸들의 삶은 자연의 생태계를 교란할 정도로 심각하게 자연을 훼손시키지 않으면서 자연의 순환에 맞추어 자신들의 생존방식을 맞추는 방식이었습니다. 이는 대기에 존재하는 생명체의 보존을 위해 공동의 책임을 지는 자세를 보여주는 것이며 생존을 위해 자연으로부터 필요한 만큼 취하는 태도

---

69) 한미야. (2012). 대주교에게 죽음이 오다: 생명과 다문화 존중의 공동체, 문학과 환경 11권 2호. 193쪽.
70) 한미야. (2012). 위의 논문. 194쪽.
71) 한미야. (2012). 위의 논문. 195쪽.

를 보여줍니다. 이들은 인간의 생명이 자연에서 비롯된다는 인식 위에서 자연을 더욱 풍성하게 만들기 위해 노력하였으며 그럼으로써 인간의 삶도 고양될 수 있다는 생각을 가졌습니다. 그래서 그들은 아이가 태어나면 '성장할 준비가 되어 있는 초승달', '새 피부가 돋아나는 도마뱀' 등과 같이 자연과 동물에 비유하여 새로운 생명의 탄생을 표현하였습니다.[72]

네이티브 아메리칸들은 자연을 그들의 이익을 위해 파괴하고 착취하는 대상으로서가 아니라 자연의 한 부분으로서 함께 조화롭게 살아야 한다는 공존의식을 가지고 있었습니다. 이러한 시각은 북미대륙을 식민지화하던 초기 영국 식민지 건설자인 존 스미스(John Smith)에게 인디언 추장 포우하칸이 아래와 같이 한 말에서도 잘 드러납니다.

"사랑으로 조용히 가질 수도 있는 것을 왜 힘으로 얻으려 하는가? 전쟁으로 무엇을 얻을 수 있다는 말인가?... 총과 칼을 거두지 않으면 당신들도 모두 똑같은 방법으로 죽게 될 것이다."[73]

그는 인간이 가진 본질적인 힘이란 바로 생명을 창조하는 사랑의 힘이며, 사랑으로 인간과 인간, 인간과 자연 사이에 참된 공존을 이룩할 수 있음을 역설하고 있습니다. 이들이 공존을 위한 방법으로 사랑을 강조하는 것은 칸트와 듀이가 공통적으로 진과 선, 인간과 자연으로 분리하였던 이원론적 전통 철학의 한계를 지적하고 이를 아름다움(美)을 매개로 극복하려는 노력과 일치함을 알 수

---

72) 김옥례. (2008). 벽과 울타리를 넘어서: 아메리칸 인디언 여성 자서전 문학으로서의 파워, 미국소설 15권 2호. 60쪽.
   나바호족의 경우 아기가 등에 업을 때 사용하는 요람판에 있을 때에는 이름이 아예 없었다. 나바호는 초기 유아기를 임신의 연장으로 보고 개인적 특징이 나타나기 전에는 아이에게 이름을 붙이지 않는다. 구체적 특징이 나타나면 그제야 털투성이 얼굴, 날씬한 여자아이, 하라는 대로 하지 않는 꼬마 등의 이름을 붙인다. 아이 이름은 아이가 처음으로 자발적으로 웃었을 때를 기준으로 해서 유아기와 인간에 가까워진 시기를 가른다. 첫 번째 웃음을 크게 축하하고 아기 이름 짓는 의식도 이때 많이 이루어진다(햄튼 사이즈. (2009). 피와 천둥의 시대. 갈라파고스, 69쪽).

73) 김옥례. (2008). 위의 논문. 53쪽.

있습니다.

라코타는 그들의 주식인 버팔로(Buffalo)가 이동하는 곳을 따라 옮겨 다니는 수렵 경제생활을 하였습니다. 그리고 그들이 버팔로를 쫓아 이동 시에는 주변의 모든 자원들을 재활용했으므로 쓰레기가 발생하지 않았습니다.

"라코타 사람들은 들소에게 많은 걸 의지했고 들소가 안겨주는 부에 감사했다... 라코타 사람들은 사냥을 나가기 전 들소에게 그 고기를 얻고 활용하는 은혜를 베풀어 달라고 요청하는 의식을 치렀다. 사냥이 끝난 뒤 사냥꾼들은 들소들에게 자기네가 생존하는 데 꼭 필요한 선물을 베풀어 준 것에 정중한 사의를 표했고 또 용서를 빌었다. 하지만 그게 다가 아니었다. 라코타 사람들은 사냥한 들소의 모든 부위를 적절하게 사용했으며... 언제 어디서든 들소 두개골을 만나면 그 짐승의 혼이 삶의 리듬과 하나가 될 수 있도록 반드시 해가 떠오르는 동쪽으로 돌려놓아 주었다."[74]

이들은 삶의 상태는 일시적이고 유동적이라고 생각하였으므로 죽음을 하나의 긴 여행으로 간주하였습니다. 그래서 가족의 죽음을 맞이하면 죽은 이에게 좋은 옷을 입힌 후 동쪽 방향으로 머리를 누였습니다. 그런 후 젊은 부족원들이 돌아가면서 죽은 이를 위해서 기도하고 그를 위해 노래를 불렀으며, 그가 살면서 행했던 일들을 이야기(story-telling)로 말하면서, 죽은 이의 소유물이나 물품들을 부족원들에게 모두 나누어 주었습니다.

"죽음은 우리의 적이 아니다. 죽음은 결국 우리의 가장 진실한 친구다. 삶은 탄생으로 시작해서 죽음으로 끝난다. 우리는 다른 여행을 할 때와는 달리 그 여행이 결국 어떻게 끝날지 안다. 잘 산다는 것은 잘 죽는다는 것을 뜻한다. 죽음이야 말로 모든 삶의 가장 참된 측정 수단이다. 모든 생명체는 탄생과 함께 시작해서 죽음과 함께 끝나는 모든 여정을 우리와 더불

---

74) 조셉 M. 마셜 3세. (2009). 바람이 너를 지나가게 하라. 문학의 숲, 92-93쪽.

어 밟는다. 이 세상의 어떤 존재도, 어떤 종도, 가장 막강하고 가장 오만하

고 가장 지혜로운 이도 그런 진실을 끝내 바꾸지 못할 것이다."[75]

이처럼 그들은 죽음뿐만 아니라 공동체에서 소외된 자나 노약자들도 관용

하고 포용하는 문화를 가졌습니다. 네이티브 아메리칸들은 자신이 소속한 부족

에 따라 고유한 문화와 언어를 사용하였으나 서로 다른 부족에 속해 있더라도

사용하는 신호(signal)는 거의 동일하였습니다. 그러나 거주지역에 따른 문화 차

이는 존재하였습니다. 라코타와 같이 평야에 사는 네이티브 아메리칸들은 공통

적으로 선댄스(Sun Dance)문화를 가지고 있지만, 동서쪽 해안가에 거주하는 네

이티브 아메리칸들에게는 이러한 선댄스 문화가 존재하지 않았습니다.

1996년 저자가 라코타족을 방문했을 당시 로즈버드 인디언 보호구역은 경

제적 측면과 복지 관련, 특히 건강관리를 위한 문제 등이 심각했던 것으로 보입

니다. 즉 인디언 보호구역 자체가 외부와 고립되어 있어서 자기 계발을 위한 다

양한 경험과 일자리가 부족하고, 인디언 보호구역 주변에는 병원이 없어서 건강

에 이상이 생겼을 경우 즉각적인 지원을 받을 수가 없었습니다. 또한 젊은이들

은 정체성 혼란과 함께 부족공동체에 대한 소속감을 느끼지 못하고 그들의 존재

감을 동년배 간의 갱(gang) 활동으로 찾는 경향이 있었습니다. 그러나 아직 네이

티브 아메리칸의 전통적인 요소도 잔존하고 있었는데 로즈버드에서 운영하는 카

지노(Casino)는 매년 선출되는 아홉 명의 부족원들에 의해서 운영되고 있었으며,

아직 전통적인 리더십과 부족공동체의 구조가 그대로 유지되고 있었습니다.[76]

아래는 그들이 처한 경제적 고립과 낙후된 생활환경에 관한 설명입니다.

"몇 사람이 차를 타고 인디언 보호구역을 지나치면서 인디언의 집 앞마

당에 있는 예닐곱대의 폐차를 본다. 고개를 저으며 그들이 말한다. 더러운

인디언 같으니라고. 어쩌면 저렇게 살 수 있을까? 저 쓰레기들은 왜 갖다

---

75) 조셉 M. 마셜 3세. (2009). 바람이 너를 지나가게 하라. 문학의 숲, 213-214쪽.

76) Frane Nearkiller. (1996). Interview in Lincoln Indian Center at June. 5. 1996.

버리지 않는거야? 성급하게 판단한 이 사람들은 가난의 고등수학을 이해하지 못하겠지. 새 차를 사거나 돈을 주고 수리할 여력이 없을 때 똥차 한 대를 굴리려면 마당에 고물 자동차가 일곱 여덟대는 있어야 한다는 사실을 그들은 이해하지 못한다. 인디언에게는 마당에 있는 고물차가 특별한 가치를 지닌다. 인디언 마을에서 그것들은 구하기 힘들어 성스럽다고까지 할 만한 생활필수품을 얻게 해주는 원천 곧 교통수단이다. 사방이 빈 들판인 인디언 보호구역에서 자동차가 없다면 당신은 완전히 고립된다. 이 가족에게 마당에 널려있는 고물차는 생존 그 자체이다."77)

이것이 인디언 보호구역의 실상이며 현재 모습입니다. 그러나 네이티브 아메리칸들은 미국 사회로 부터의 억압과 고통, 그리고 상실감 속에서도 자연을 사랑하고 공동체를 통한 정서적 연대로 생존을 모색하고 있습니다. 그러한 그들의 가치관과 삶의 모습은 현재 자연 자원의 무분별한 개발과 남획으로 인한 생태계 파괴와 지구온난화로 큰 위기에 맞닥뜨리고 있는 우리들에게 '인간도 결국 자연의 일부에 불과하다'는 귀중한 메시지를 던져주고 있습니다.

---

77) 레너드 펠티어. (2005). 나의 삶, 끝나지 않은 선댄스. 돌베개, 109-110쪽.

PART
02

시스템 사고와 학교

시스템 사고(System Thingkings)

1 시스템 사고(System Thinkings)란?

지금까지 우리는 미학 이론을 칸트와 듀이, 그리고 네이티브 아메리칸의 삶을 통해 살펴보았습니다. 이러한 관점의 미학 이론을 오늘날 우리의 삶에 실질적으로 적용한 이론은 시스템 사고라 할 수 있습니다. 먼저 시스템(system)이라는 단어는 '함께 서 있어 원인이 되다'라는 의미의 그리스어 동사에서 유래되었습니다.[1] 따라서 시스템이란 단어에는 시스템을 관찰하는 인식이 포함되어 있음을 알 수 있습니다. 이러한 시스템 사고는 인간과 세계가 분리된 것이 아니라 상호연관된 존재임을 인식하면서 현실을 변화시키는 방법을 발견하려는 학문입니다. 시스템 사고를 다루기 위해서는 자연스럽게 시스템 다이내믹스(System Dynamics)라는 학문을 언급하게 됩니다. 그것은 시스템 사고가 시스템 다이내믹스의 한 분야로서 독특하게 진화한 것이기 때문입니다. 시스템 다이내믹스는 1950년대에 미국 MIT 경영대학교 제이 포리스터(Jay Forrester) 교수가 개발해서 1960년대에 이론적 체계와 중요한 연구성과를 이루었습니다. 시스템 다이내믹스는 시스템의 다양한 요인들이 상호작용하면서 일으키는 변화에 주목하는데 이 변화를 일으키는 핵심적 메커니즘이 피드백(feedback)입니다. 여기서 말하는 피드백은 다양한 요인들이 서로 영향을 주고받으면서 인과관계가 순환하는 것을

---

1) 피터 센게 외. (2019). 학습하는 학교, 씨아이알, 175쪽.

의미합니다.[2] 즉 시스템은 인과관계의 순환 고리를 통해 지속적인 신호를 보내는데 이러한 신호가 발생하는 이유는 시스템의 피드백 효과가 중간 단계를 거쳐 되돌아와서 다시 영향을 미치기 때문입니다. 여기에는 기본적으로 두 가지 종류의 피드백 메커니즘이 있습니다. 하나는 성장을 제공하면서 가속화되는 강화과정과 다른 하나는 파동과 안정을 제공하는 균형잡기 과정입니다. 이 부분은 아래에서 좀 더 자세하게 설명하도록 하겠습니다. 그러나 시스템 다이내믹스 이론은 공학을 기반으로 하므로 미분 적분을 다루면서 시뮬레이션을 구현하기에는 많은 어려움이 있었습니다. 그래서 시스템 다이내믹스의 사고 체계만 독립해서 시스템 사고라는 체계가 만들어지게 되었습니다.

인간은 태어난 후 학습을 통해 스스로 자아를 형성하면서 성장하는데 이때 가장 효과적인 학습이란 직접적인 경험입니다. 즉 인간은 태어나면서부터 먹고, 기고, 걷고, 말하는 법을 수많은 시행착오를 거치면서 배우므로 경험이 최고의 스승이 된다는 것입니다. 그러나 직접적 경험은 시간적, 공간적 한계가 존재하므로 우리는 때가 되면 어떤 경험을 할 것인가를 선택해야 합니다. 즉 직접적 경험은 한계와 제약이 있으므로 자신이 성장하게 되면서 맞닥뜨리게 되는 진로나 삶의 방향과 관련된 중요한 결정을 내리기에는 직접적인 경험만으로는 충분하지 못하다는 것입니다. 그래서 우리는 어려운 상황에 직면하면 자신이 과거에 겪었던 경험 중 가장 근사치에 가까운 경험에 비추어 추론한 후 결정을 내리게 됩니다.

그렇다면 조직의 경우는 어떨까요? 대기업의 평균 수명은 인간 수명의 절반 정도인 40년이 채 되지 않는다고 합니다. 그리고 파산하는 기업 대부분이 회사가 위기에 처했음을 알리는 다양한 사전징후를 경험하지만 주목하지 않고 지나간다고 합니다. 그것은 전체로서의 조직이 임박한 위기를 인식하지 못할 때가 많고, 드물게 위기를 인식하더라도 그것이 지니는 깊은 의미를 포착하지 못하거나 적절한 대안을 내놓지 못하기 때문이라는 것입니다.[3] 조직을 '목표 달성을

---

2) 피터 센게 외. (2019). 학습하는 학교. 씨아이알, 역자서문 vii.
3) 피터 센게. (2016). 학습하는 조직. 에이지21, 44쪽.

위한 인간들의 모임이나 집단'이라고 규정한다면 조직은 일상적 상황에서는 과거 그 조직에서 발생하였던 비슷한 사안에 비추어 당면한 문제들을 해결해 나갑니다. 그러나 오늘날과 같이 인공지능(AI)으로 대표되는 4차산업혁명 시대에는 이전 시대와는 전혀 다른 위협적이고 복잡한 문제가 발생합니다. 이런 경우 조직은 복잡한 사안을 깊이 파고들어 분석하는 능력이 아니라 조직 내에서 자신의 견해를 주장하고 관철하는 능력이 뛰어난 사람의 결정에 동의하게 됩니다. 그 결과 새로운 위협에 대해 현명하게 대처할 가능성 자체를 차단해 버리게 됩니다. 대기업의 평균 수명이 짧은 이유가 바로 여기에 있습니다. 그렇다면 오래도록 살아남는 기업에는 어떤 특징이 있을까요? 세계 각지에서 역사, 문화, 산업, 기술 등에서는 서로 다르지만 200년 이상 생존해 온 기업 20개를 묶는 공통점을 조사했을 때 나타나는 공통점은 기업을 금전 관계에 지배되는 조직으로 보지 않고 인간 공동체로 보았다는 것입니다. 이러한 기업들에는 자신의 기업이념, 즉 기업의 정체성이 중요하다는 인식이 있는데, 그것이 외부 변화에 대해 적응하고 학습하는 능력이 되었다는 것입니다.[4]

　　시스템 사고는 조직이나 사물을 구성하는 부품 하나하나가 아니라 그들 사이의 상호관계를 보고 변화의 패턴을 보는 틀(frame)을 파악하는 학문입니다.[5] 따라서 시스템 사고는 살아서 움직이는 조직이나 시스템이 가진 고유한 특성들의 미묘한 연관성을 감지하는 일종의 감수성이라 할 수 있습니다. 이러한 시스템 사고는 변수가 많은 복잡한 상황을 다루기 위해 고안된 장치입니다. 공장에서 제품을 생산하는 기계가 멈춰 섰을 경우를 생각해 보죠. 그런 경우 엔지니어는 기계의 고장 원인과 발생 부분을 파악한 후 일부 부품이 고장 난 경우에는 그 부분을 새로운 부품으로 교체할 것입니다. 만약 노후화로 기계 전체가 문제가 생긴 경우에는 폐기한 후 새로운 기계를 도입할 것입니다. 그러나 하드웨어적인 부분이 아닌 시스템이나 조직이 제대로 작동하지 않을 경우는 기계가 고장난 것과는 다른 유형의 복잡성이 존재합니다. 그 이유는 인적 자원들은 기계의

---

4) 피터 센게. (2016). 학습하는 조직. 에이지21, 370−371쪽.
5) 피터 센게. (2016). 위의 책. 110쪽.

부품처럼 이동하거나 교체하기가 쉽지 않고, 인적 자원들의 관계에서 비롯된 동적인 복잡성 때문에 원인과 결과가 미묘하여 문제를 포착하기가 매우 어렵기 때문입니다. 또한, 시간의 흐름에 따라 문제와 관련된 여러 변수 사이의 상관관계나 결과 파악이 불분명하게 변화되기도 합니다. 그래서 지금까지 개발된 기획이나 분석 기법으로는 오늘날 조직의 시스템에서 비롯된 동적 복잡성을 해결하는데는 한계가 존재했습니다.

시스템 사고에서는 이러한 시스템의 동적 복합성을 시스템 구조의 파악이라고 합니다. 시스템 구조란 시간의 흐름에 따라 구성원들의 행동에 영향을 미치는 핵심 상호관계를 의미합니다. 예를 들면, 우리나라 공립 중등학교의 경우 평균 4년마다 교장, 교감을 포함한 교사들이 교체되지만 학교가 학생들에게 교육하는 시스템이나 과정은 크게 달라지지 않는 것과 같습니다. 시스템 사고의 핵심은 시스템 구조를 이루는 핵심 상호관계 간의 레버리지(leverage)[6]를 파악하는 것입니다. 이때 레버리지란 복잡하게 맞물려 있는 조직의 인적, 물적 구조하에서 개선 효과를 불러일으킬 수 있는 원칙을 발견하는 것입니다. 따라서 시스템 사고는 복잡한 상황을 발생시키는 원인 사이의 상관관계와 구조를 파악한 후 레버리지(leverage)가 높은 변화와 레버리지가 낮은 변화를 구별해 주는 이론이라 할 수 있습니다. 이러한 레버리지를 발견하기 위해서는 하드웨어적인 측면에서 시스템 구조의 복잡성과 특성을 이해해야 하며, 소프트웨어적으로는 인적 요소들 사이의 사소하고도 미묘한 변화를 감지할 수 있는 감수성이 필요합니다. 그 이유는 현대사회의 구조가 갈수록 복잡해지고 있기 때문입니다.

오늘날 일반조직의 지배적인 관리시스템은 대부분 분기 또는 1년 단위의 단기 실적개선을 추구합니다. 그리고 이런 경우 조직은 개인이 아니라 업무나 기능 위주의 팀 단위로 구성되며, 개인보다는 팀[7]학습이 매우 중요한 위치를 차지하게 됩니다. 그것은 팀이 학습하지 못하게 되면 팀이 속한 조직도 학습할 수

---

6) 지렛대라는 의미로 작은 힘으로 큰 효과를 내는 것을 말한다.
7) 여기서 팀은 '특정결과를 얻기 위해 서로를 필요로 하는 사람들의 모임'이라는 의미이다(피터 센게. (2016). 학습하는 조직. 에이지21, 12쪽).

없기 때문입니다. 팀 학습은 다이얼로그(dialogue)에서 시작되는데, 다이얼로그는 구성원들이 각자 품고 있는 가정을 유보하고 진심으로 함께 생각하는 능력입니다.[8] 이러한 팀 학습을 통해 조직은 개별적으로는 얻기 힘든 통찰을 얻을 수 있게 됩니다. 만약 학습조직이 비행기, 컴퓨터, 인공지능(AI)과 같은 공학 분야의 혁신이 목적이라면 새로운 기술개발에 초점을 맞출 것입니다. 그러나 인간 행동에 관한 혁신이 목적이라면 규율(discipline)의 숙련과 실천에 초점을 맞추어야 할 것입니다. 여기서 규율이란 실천에 옮기기 위해 반드시 배우고 숙달해야 하는 일련의 이론과 방법의 집합체를 의미합니다.[9] 그리고 어떤 규율을 실천한다는 것은 평생 학습자가 된다는 의미이며, 이러한 규율을 행하고 숙달하는 데 평생을 바치게 됩니다. 결국 시스템 사고란 서로 다른 규율을 통합하고 융해시켜 긴밀하고 일관성 있는 이론과 실천의 결합체계를 만드는 것입니다.

시스템 사고는 레버리지들 사이의 인과관계를 직선이 아니라 원으로 간주하는데 그 이유는 영향을 주고받는 요소들이 서로 맞물려 있기 때문입니다.[10] 즉 시스템은 서로 연결되어 있으며 원으로 이루어져 있음에도 불구하고 우리의 사고는 이러한 인과관계를 직선적으로 파악합니다. 인간의 뇌를 모방한 컴퓨터도 마찬가지입니다. 0과 1로써 구성되는 컴퓨터 시스템은 원과 같이 순환적인 인과관계는 제대로 계산하지 못합니다. 그래서 인공지능(AI)이 연역적 형태의 추론에서 귀납적 형태(Black Box)의 딥러닝으로 나아가게 된 것이죠. 즉 우리가 살고 있는 현실은 순환하는 인과관계로 이루어져 있으므로 원인을 찾기가 힘들고 레버리지를 파악하기가 어렵습니다. 시스템 사고에서는 일방적인 방향이란 없으며 모든 영향이 원인이면서 동시에 결과라고 간주하므로 현실을 파악하기 위해서는 직선이 아니라 원형으로 순환하는 과정을 이해하는 것이 필요합니다.[11]

---

8) 피터 센게. (2016). 학습하는 조직. 에이지21, 33쪽.

9) 피터 센게. (2016). 위의 책. 34쪽.

10) 피터 센게. (2016). 위의 책. 117쪽.

11) 역사학자인 카(Edward Hallett Carr)는 그의 '역사란 무엇인가'에서 역사에서의 원인을 합리적 원인과 우연적 원인으로 구별하고 있다. 합리적 원인은 다른 나라, 다른 시기, 다른 조건에서도 언젠가 적용될 가능성이 있으므로 결국 유익한 일반적 원인이 되며, 따라서 그것으로부터 교훈을 얻을 수 있게 된다. 그러므로 합리적 원인은 우리의 이해를 확장하고

시스템 사고에서 피드백(feedback)이란 넓은 개념으로서 형태와 관계없이 주고받는 영향력의 흐름을 의미합니다. 시스템 사고에서는 인간은 피드백 과정의 일부이며 시스템과 유리된 존재가 아닙니다. 즉 인간을 시스템과 분리된 별개의 존재가 아니라 그 일부로 본다는 의미입니다. 피드백 관점에 따르면 시스템으로 인해 발생한 문제에 대해서는 그 시스템과 관련된 모든 사람은 책임을 공유해야 합니다. 이러한 시스템 사고의 피드백은 크게 강화 피드백과 균형 피드백, 지연(delay)과정으로 나눌 수 있습니다.12) 먼저 강화 피드백 과정은 성장의 원동력입니다. 예로써 눈덩이 효과, 밴드왜건 효과(band wagon effect),13) 악순환, 빈익빈 부익부 현상 등이 있습니다. 우리는 흔히 강화 피드백을 선호하지만 다다익선(多多益善)14)이 좋은 것만은 아닙니다. 그것은 산업혁명과 과학기술의 발달에 기인한 끊임없는 성장이 현재의 환경오염을 초래하였고, 그 결과 발생한 지구의 온난화 현상이 이상 기후와 대재앙의 원인이 되고 있기 때문입니다. 따라서 시스템 사고에서는 균형 피드백을 중시합니다. 균형 피드백은 목표지향적 행동이 발생할 때 작동하며, 일정한 목표를 유지하려는 자동 수정작업이라 할 수 있습니다. 예를 들면, 생물학에서의 균형 피드백은 인체가 변화하는 환경에서 생존에 필요한 조건을 유지하는 능력인 항상성을 달성하는 메커니즘입니다. 인간이 항상 36.5℃의 체온을 유지하는 것도 이러한 메커니즘이라 할 수 있습니다. 동물은 일반적으로 비만하지 않습니다. 먹이 사냥을 위한 최적의 신체적 조건 유지를 위해서 필요한 만큼만 먹습니다. 그렇지 않으면 생존이 힘들어지게 되니까요. 그런데 인간은 그렇지 않습니다. 다음에 살펴볼 지연 피드백과 욕구,

---

심화시킨다. 그러나 우연적 원인은 일반화될 수 없다. 또한 그것은 그야말로 말 그대로 독특한 것이기 때문에 어떤 교훈이나 어떠한 결론도 가져다 주지 못한다(E. H. 카. (2016). 역사란 무엇인가, 까치글방, 147쪽). 따라서 카의 해석을 시스템 사고에 적용한다면 시스템 사고는 수많은 인과관계 속에서 합리적 원인을 찾는 과정이라고 할 수 있다.

12) 피터 센게. (2016). 학습하는 조직. 에이지21, 124쪽.

13) 악대차가 연주하면서 지나가면 사람들이 모여들기 시작하고 몰려가는 사람들을 바라본 많은 사람들이 무엇인가 있다고 생각하고 무작정 뒤따르면서 군중들이 불어나는 현상을 비유한다. 특정 상품에 대한 어떤 사람의 수요가 다른 사람들의 수요에 의해 영향을 받는 현상으로 '편승효과'라고도 한다.

14) 많으면 많을수록 좋다는 고사성어이다.

스트레스로 인해 과식하게 되고 그 결과 비만이 나타나게 됩니다. 이러한 관점에서 보면 저항(resist)은 암묵적인 목표를 유지하려는 시스템의 반응입니다. 마지막으로 이러한 피드백 과정에는 지연(delay)과정이 포함되는데 이것은 행동의 결과가 서서히 발생하도록 영향의 흐름을 방해하는 것을 의미합니다.[15] 예를 들면, 식사 중 배고픔과 배부름을 느끼는 시점 사이의 지연 때문에 사람들은 과식하게 됩니다. 이는 적절한 양의 음식을 섭취했다면 식사를 중단해야 하는 시점에서 배부름을 느끼지 못하기 때문입니다. 경영학의 경우 이러한 지연의 중요성을 인식하고 낭비를 최소화함으로써 효율의 극대화를 꾀하는 린(Lean) 생산방식[16]이 출현하게 됩니다.

시스템 사고는 지연과 피드백 순환을 파악하기 위해서 종합적이며 장기적인 관점을 지향합니다. 그 이유는 우리가 신체 일부분인 장기, 뼈, 정맥, 혈관 같은 개별 부위의 특성에 대해 잘 이해한다고 해서 인체가 종합적으로 어떻게 기능하는지를 알게 되지는 않기 때문입니다. 시스템 사고를 직선이 아니라 원형으로 구성하는 이유는 시스템의 구조를 쉽고 효율적으로 파악함으로써 레버리지를 찾기 위한 것입니다. 이러한 레버리지는 때때로 새로운 사고방식에서 발생합니다. 작은 행동이라도 핵심을 제대로 파악하고 적절하게 수행하면 지속적 개선 효과를 끌어낼 수 있습니다. 어떤 경우에는 레버리지가 높은 변화가 해결책과는 무관하게 보일 경우도 있습니다. 그것은 시스템의 구조가 직선이 아니라 원형으로 이루어져 있기 때문이며 문제가 되는 현상들과 해결책이 시간적, 공간적으로 관련성이 없어 보이기 때문에 나타나는 현상입니다. 즉 두 마리의 토끼를 동시에 잡을 수는 없지만 시차를 두고 접근한다면 양쪽을 모두 잡을 수 있다는 것입니다. 생물이든 시스템이든 모든 발전에는 한계가 있습니다. 발전을 위해서는 발전을 가로막는 요인을 찾아 제거해야 하는데 시스템의 구조가 가진

---

15) 피터 센게. (2016). 학습하는 조직. 에이지21, 136쪽.

16) 린(Lean)생산방식은 일본 도요타가 독자적으로 개발한 생산 기법으로 적시에 제품과 부품이 공급되는 JIT(Just in Time)시스템을 갖춤으로써 재고비용을 줄이고 종업원의 적극 참여를 유도하여 생산품질까지 높이는 혁신적인 방식이다.

한계로 인해 조직의 혁신이 좌절되는 경우도 많습니다. 따라서 발전의 한계상황[17])에 대처하기 위해서는 강화 피드백이 아니라 균형 피드백을 모색해야 할 필요가 있습니다.

2 학습조직의 구축

앞서 말했듯이 현대사회의 조직은 1년 또는 그 이하의 단기실적 개선을 추구하며, 조직의 구성원인 인간을 공장의 기계처럼 하나의 소모품으로 간주하는 경향이 있습니다. 이는 결국 인간을 단시간에 망가뜨리게 되는 원인이 됩니다. 인간은 본질적으로 내재적 동기, 자부심, 존엄성, 학습에 대한 호기심과 배움에 대한 즐거움이 있지만 학교에서는 우등상, 내신 등급제 등과 같이 성적으로 줄을 세우고, 직장에서는 목표관리, 할당제, 인센티브 등으로 경쟁을 부추김으로써 인간의 본질을 훼손시키고 인격 성장에 심각한 지장을 초래합니다. 이처럼 학교나 조직이 인격을 훼손하는 상황을 스스로 극복하기 위해서는 자신의 열망을 키우고 성찰적 대화를 시도하며, 자신이 속한 조직의 복잡성을 이해하는 능력을 길러야 합니다. 조직에서 이는 주로 학습[18])을 통해서 이루어지게 되며, 이때 조직의 기본 학습 단위는 팀(team)이라고 할 수 있습니다. 이러한 팀 단위의 학습조직은 지금부터 하나씩 자세하게 살펴보게 되겠지만 개인적 숙련, 정신모델, 공유비전 구축, 팀 학습과 같은 4단계를 거치게 됩니다.

1) 개인적 숙련(personal mastery)

조직은 학습하는 개인을 통해서만 학습하며, 개인이 학습하지 않으면 조직

---

17) 한계상황은 독일의 실존주의 철학자 칼 야스퍼스가 처음으로 사용한 용어인데 극한상황이라고도 한다. 사람들이 살아가면서 변화시키거나 만들어가는 여러 가지 현실적 상황과 달리, 변화시킬 수도 피할 수도 없는 상황을 가리킨다.

18) 이때 학습이란 의미는 삶에서 진정으로 원하는 결과를 만들어 내는 능력을 키운다는 의미다.

의 학습도 일어나지 않습니다.[19] 개인적 숙련이란 자신의 비전[20]을 명확히 하고 심화하며 이를 달성하기 위해 에너지를 집약시키고 인내심을 기르며 현실을 객관적으로 보는 훈련과정을 포함합니다.[21] 따라서 개인적 숙련은 팀 단위의 학습조직을 위한 주춧돌, 즉 정신적 토대라 할 수 있습니다. 그것은 조직의 학습 능력이 개별 구성원들의 학습보다 더 클 수는 없기 때문입니다. 그러나 학습을 통해 구성원의 성장을 독려하는 조직은 거의 없으며, 그 결과 엄청난 양의 인적 자원이 개발되지 않은 채 남아있게 됩니다.

개인적 숙련은 자신이 바라는 삶을 살기 위해 정말로 중요한 것이 무엇인지를 명확히 파악하는 것에서부터 시작됩니다. 개인적 숙련이 높은 수준에 도달한 사람은 항상 자신에게 의미 있는 결과를 성취하는 능력을 갖추게 되며, 예술가가 예술작품을 대하는 태도로 자신의 삶을 대하고 평생학습에 전념하게 됩니다. 개인적 숙련을 평생학습의 과정으로 인식하게 되면 삶에서 두 가지의 움직임이 구체화됩니다. 하나는 자기에게 중요한 것이 무엇인지를 정확하게 파악할수 있습니다. 이는 개인의 비전을 의미하는데 이는 자기 내면을 파악하는 것에서 시작됩니다. 즉 개인적 숙련의 시작은 자신의 궁극적이고 본질적인 욕구에 집중하는 능력입니다. 따라서 개인의 비전은 자기가 하는 일을 가치 있게 만들면서 앞으로 끌고 나아가는 목표이며, 이때 목표란 명확한 자신의 비전과 자기가 바라는 미래의 모습이라 할 수 있습니다.

다른 하나는 현실을 명확하게 관찰하는 법을 학습할 수 있습니다. 자기가 원하는 것(비전)과 현실의 실제 모습을 동시에 비교할 때 '창조적 긴장'(creative tension)이 발생합니다.[22] 이러한 창조적 긴장은 비전과 현실을 합치는 힘이라 할 수 있습니다. 현실과 자기가 추구하는 비전 사이에는 항상 격차(gap)가 존재합니다. 따라서 이 격차를 줄이기 위한 노력이 필요한데 이 노력을 에너지의 원

---

19) 피터 센게. (2016). 학습하는 조직. 에이지21, 186쪽.
20) 여기서 비전은 특정한 지향점, 바라는 미래의 모습이다(피터 센게. (2016). 학습하는 조직, 에이지21, 198쪽).
21) 피터 센게. (2016). 위의 책. 30쪽.
22) 피터 센게. (2016). 위의 책. 190쪽.

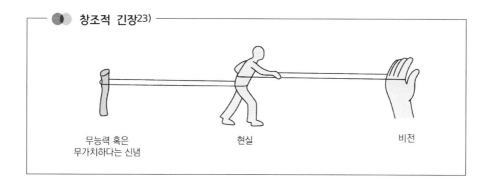

창조적 긴장[23]

무능력 혹은
무가치하다는 신념

현실

비전

천으로 생각하는 것이 창조적 긴장입니다. 이것은 자기가 가진 비전이 현실과의 격차가 너무 커서 조화를 이루지 못한다는 사실을 인정할 때 작동하는 힘이라 할 수 있습니다. 이러한 창조적 긴장을 인식하게 되면 그 격차가 줄어들 때까지 인내하고 참는 능력을 발휘하게 됩니다.

예를 들면, 목표를 향해 나아가는 우리에게 서로 다른 방향을 지향하는 두 개의 고무줄이 있다고 상상해봅시다. 한 개는 창조적 긴장을 상징하며 자기가 원하는 목표 방향으로 끌어당기는 역할을 합니다(비전). 다른 하나의 고무줄은 현실을 나타내며 자신이 발휘할 수 있는 역량의 수준이 낮으며 자신이 무가치한 존재라는 신념에 토대를 두고 있습니다(신념). 이처럼 목표를 향해 끌어당기는 긴장과 현실의 무기력함에 묶어두려는 긴장이 있는 이러한 시스템을 구조적 갈등이라고 합니다.[24] 즉 서로 갈등하는 두 개의 힘으로 이루어진 구조라는 의미입니다. 구조적 갈등에 처하면 대부분 긴장을 늦추기 위하여 목표를 하향 조정하거나, 의지력으로 이를 극복 또는 돌파하거나, 원하지 않는 상황을 피하는 것에 초점을 맞춰 갈등을 우회하는 등의 전략이 발생합니다. 그러나 가장 좋은 방법은 구조적 갈등과 그것이 초래하는 결과를 인식하는 것입니다. 조직에서 발생하는 사건 중심으로 문제를 바라보게 되면 우리는 문제의 원인을 외부적 요인에서 찾게 됩니다. 그러나 문제가 시스템의 구조적 문제라고 간주하게 되면 그 문

---

23) 피터 센게. (2016) 학습하는 조직. 에이지21, 209쪽.
24) 피터 센게. (2016) 위의 책. 209쪽.

제를 해결하기 위해서 자기가 할 수 있는 일을 찾게 됩니다. 이런 경우 시스템의 구조에 맞서 싸우기보다 문제가 발생하는 구조적 원인을 파악하고 구조 내에서 창조적으로 일하려는 자세가 필요합니다. 이때 원인과 결과라는 직선적 사고로 구조적 갈등에 접근하기보다 시스템 사고 기반 위에서 직관과 이성의 시너지 효과가 나타날 수 있도록 해야 합니다. 즉 자신에게 떠오르는 생각이나 직관을 무시하지 말고 그중에서 탁월한 직관을 선택해서 이성적으로 검증하고 간결한 문장으로 표현할 수 있어야 합니다. 창조적 긴장은 나아가고자 하는 비전과 현실을 함께 고려할 수 있는 능력을 길러주고 같은 방향으로 움직이고 있는 동료들을 발견할 수 있으며, 함께 움직임으로써 더 좋은 방법을 발견할 수 있습니다. 이러한 목적을 달성하기 위해서는 학교의 경우 교사들 간의 의사소통이 필요하며, 독서토론회처럼 책 읽는 모임을 구성하는 것도 실질적이고 구체적인 하나의 방법이 될 수 있습니다.

개인적 숙련도가 높은 사람들은 몇 가지 특징을 가지게 되는데 첫 번째로 그들은 개인 비전과 함께 특별한 목적의식을 가집니다. 그들에게 현실은 맞서야 하는 적이 아니라 자기의 비전을 달성하기 위한 도구로 간주하므로 변화에 저항하기보다는 그것을 받아들이고 이용하는 법을 배우려 합니다. 이런 경우 자기의 비전을 명확히 함과 동시에 이를 실천할 수 있는 굳센 의지력이 필요하게 됩니다. 그렇게 나아가는 과정에서 그들은 비전을 일종의 소명(calling)이며, 자신을 더 큰 창조 과정의 일부로 느끼게 될 수도 있습니다. 둘째로 개인적 숙련도가 높은 사람들은 부단한 학습이 생활화되어 있으며 안주하지 않습니다. 그것은 개인적 숙련이 평생 계속되는 훈련이요, 학습 과정이기 때문입니다. 그들은 자기가 하는 일에 자신감을 가지며 '숙련 과정이 보상'이라는 생각을 가집니다. 셋째로 개인적 숙련도가 높은 사람들은 우리에게 주어진 능력 중에서 이성과 직관을 통합하기 위해서 노력합니다. 우리에게 두 팔, 두 다리, 두 눈, 두 귀가 있는 이유는 대칭을 통한 상호보완의 원리이며, 이러한 좌우대칭은 고등 동물로의 진화 배경이 되는 설계 원리로 알려져 있습니다.[25] 우리가 앞서 미학 이론을 통해서 살펴보았던 칸트와 듀이의 미학은 시스템 사고에서 말하는 인간의 이성과 감성을 조화하고 통합하기 위한 이론적 기반이라 할 수 있습니다. 이성과 감성은 서로 반대되는 것이 아니라 이성과 감성을 통합함으로써 시너지 효과를 발생하게 하는 것이 개인적 숙련도가 높은 사람들의 특징입니다. 개인적인 숙련은 자기가 원하는 결과를 얻기 위해 행동해야 하므로 행위에 대한 선택을 요구합니다. 그리고 선택이라는 행위를 의식적으로 하게 되면 비전을 향한 자기의 행위에 대해 주의를 기울이게 됩니다. 선택한 비전에서 멀어지게 되면 가까워지기 위해 노력하고 가까워지면 그 기준을 조금씩 더 높게 설정하면서 비전을 확대하고 심화하려는 도전을 계속하게 되겠죠. 그렇다면 우리가 개인적 숙련을 추구해야 하는 이유는 무엇일까요? 그것을 빌 오브라이언은 다음과 같이 말합니다.

> "우리가 개인적 발전을 추구하도록 사람들을 독려하는 중요한 이유가 하나 더 있다. 바로 완전한 개인적 발전이 개인의 행복에 미치는 영향 때문이다. 업무 외에서만 개인적 만족을 찾고, 일을 하면서 보내는 인생의 중요한 부분을 무시하는 것은 모든 부분에서 행복한 인간이 될 기회를 제한하는 것이다."[26]

전통적으로 조직은 구성원의 발전을 조직 발전을 위한 하나의 수단으로서 간주합니다. 그러나 시스템 사고에서는 구성원의 발전과 조직의 목표 달성을 동일선상에 있는 것으로 봅니다. 그러나 이러한 접근방식에는 지금까지 조직에 대한 전통적 인식과는 차이가 있으므로 저항이 따를 수 있습니다. 조직이 개인적 숙련에 대해 저항하는 것에는 명백한 이유가 있습니다. 우선 개인적 숙련은 부분적으로는 직관 또는 개인 비전처럼 계량화되지 않는 개념에 토대를 두기 때문에 이를 표면화해서 검증할 수도 없고 수치로 표현할 수도 없습니다. 다음으로는 냉소주의입니다. 조직에서 개인이 주어진 업무를 열정을 가지고 처리하게 되면 주위의 구성원들은 그러한 자세와 노력을 감지하게 됩니다. 그러나 대부분

---

25) 피터 센게. (2016). 학습하는 조직. 에이지21, 224쪽.
26) 피터 센게. (2016). 위의 책. 192쪽.

개인적 숙련을 위한 열정을 순수하게 받아들이지 않습니다. '저렇게 열심히 일하는 것은 승진을 위한 것 또는 무슨 노리는 바가 있겠지' 또는 '저렇게 하다가 제 풀에 지치겠지'라고 생각한다는 것입니다. 다른 한편으로 개인적 숙련이 조직의 기존 질서를 위협하지 않을까 걱정하고 두려워합니다. 예를 들면, 어느 교사가 자기 계발을 위한 목적으로 대학원 입학을 고려하게 되면 해당 교사가 속한 학교에서는 이에 대해 반대하거나 반발하는 경우가 많습니다. 그것은 해당 교사가 대학원 수업을 핑계로 학교 수업과 학생에게 소홀하게 되지나 않을까 혹은 그 교사가 맡은 업무들이 동료 교사에게 넘어오지 않을까 하는 우려 때문입니다. 따라서 개인의 성장 발전과 조직 발전이 모두 가치 있는 것이라는 인식의 전환이 필요하며, 자신의 발전에 헌신하는 개인에게 이를 지원하는 환경이 구축되어야 할 필요가 있습니다. 개인적 숙련을 요리에 비유한다면 요리에 사용되는 재료에 해당합니다. 아무리 뛰어난 요리사와 레시피(Recipe)가 있다 하더라도 음식 재료가 신선하지 않거나 시원치 않다면 좋은 맛을 낼 수 없는 것과 마찬가지입니다. 따라서 학습조직의 구축에는 가장 먼저 개인적 숙련이 바탕이 되어야 합니다.

2) 정신모델(Mental models)

정신모델이란 우리 안에 깊이 각인되어 있으면서 세상을 이해하고 행동하는 방식에 영향을 미치는 가정, 일반화, 심상이나 이미지 등을 말합니다.[27] 그러나 우리는 정신모델이 자기 행동에 미치는 영향을 의식하지 못하는 경우가 많습니다. 예를 들면, 상대방의 옷차림이나 타고 다니는 승용차 등으로 타인을 판단하는 경우가 이에 해당합니다. 또한 우리에게 새로운 아이디어가 떠오를 때 이를 실행하지 못하는 것은 마음에 간직하고 있는 익숙한 사고방식과 행동에서 좀처럼 벗어나지 못하기 때문입니다. 정신모델은 왜 사람들이 같은 책을 읽거나 동일한 사건을 관찰하지만 다르게 묘사하는지를 설명하는데 그것은 각자가 서로

---

27) 피터 센게. (2016). 학습하는 조직. 에이지21, 31쪽.

다른 내용이나 사실에 주의를 기울이기 때문입니다.

정신모델을 표면화하고 점검하는 능력을 키우기 위해서는 다음과 같은 세 가지의 연결이 필요합니다. 즉 개인의 인식과 성찰 능력을 제고시킬 도구, 정기적으로 정신모델 관리를 제도화하는 하부구조, 기존의 생각에 이의를 제기하고 질문하도록 장려하는 문화입니다.[28] 이런 관점에서 본다면 건강한 조직은 구성원들을 단합시켜 현재 조직 상황에 맞는 정신모델을 발전시키고 체계화할 수 있는 구조를 갖추고 유지할 수 있어야 합니다. 왜냐하면 조직의 구성원들이 개인적 숙련에 헌신하더라도 이제 살펴보게 될 정신모델이나 공유비전을 구축하지 못하게 되면 그러한 노력이 순진한 이상주의에 그치게 되기 때문입니다.

첫째, 개인의 인식과 성찰을 위한 도구 개발을 위해서는 성찰(reflection) 기술과 질의(inquiry) 기술이 필요합니다. 성찰은 사고 과정을 늦춤으로써 자신이 어떻게 정신모델을 만들어 내는지, 그러한 정신 모델이 어떻게 자기의 행동에 영향을 미치는지를 명확하게 인식시켜 줍니다. 질의는 타인과 대면한 상황에서 대화를 이끌어 가는 방식, 특히 서로 의견이 다른 복잡한 사안을 다루는 상황에서 어떻게 행동하는가와 관련되는데, 구체적으로는 공개적으로 견해를 공유하고 서로의 전제에 대한 이해를 높이는 역할을 합니다. 이러한 성찰과 질의의 목적은 성찰에 따른 주장과 질의를 혼합하여 협력적이고 생산적인 공동 학습을 촉진하기 위한 것입니다. 순전히 주장만 하는 경우의 목표는 논쟁에서 이기는 것입니다. 그러나 질의와 주장을 결합한다면 그 목표는 가장 좋은 주장을 찾아내는 것으로 바뀌게 됩니다. 그것은 자신의 의견을 드러내면서 자신이 내포한 결점을 찾는 것이며, 타인의 추론과 주장을 이해하기 위해 노력하는 것이기 때문입니다. 이런 경우 자신이 동의하지 않는 상대방의 관점에 대해 질문하고 알아보는 방법을 학습해야 하며, 자기의 주장이 틀릴 수도 있다는 가능성을 받아들이고 인정할 수 있는 의지가 필요합니다. 예를 들면, 의견 차이가 발생할 때 상대방에게 주장의 내용이나 근거자료의 수치에 대해 상세한 설명을 요청하거나 그러한 관

---

28) 피터 센게. (2016). 위의 책. 에이지21, 243쪽.

점에 도달하게 된 경위 등으로 질문을 확대하는 것도 하나의 방법이라 할 수 있습니다. 이럴 때 중요한 것은 상대방의 주장이나 견해에 진정으로 관심이 있을 때만 질문하는 것입니다.

두 번째로 오늘날과 같이 끊임없이 변화하는 환경에 조직이 적응하면서 성장을 계속하기 위해서는 조직 구성원뿐만 아니라 조직도 학습이 필요합니다. 그 예로 1980년대 셸(Shell)에서 전략기획본부를 이끌었던 아리 드 호이스는 조직학습을 다음과 같이 말하고 있습니다.

> "조직학습이란 경영진이 회사, 시장, 경쟁자에 대해 직원들이 공유하는
> 정신모델을 바꾸는 과정이다. 그러므로 우리는 기획이 곧 학습이고 회사
> 차원의 기획이 곧 조직학습이라고 본다."[29]

이에 따르면 정신모델을 바꾸기 위해서는 현재 조직이 가지고 있는 정신모델을 파악해야 합니다. 따라서 현재의 정신모델을 찾아내기 위한 거울을 내부로 먼저 돌릴 필요가 있습니다. 그 이유는 현재 우리가 가지고 있는 가정이나 이미지를 표면으로 드러내어 분석하는 법을 배워야 하기 때문입니다. 여기에는 질문과 자기주장이 균형을 이루는 대화를 수행하는 능력도 포함됩니다. 왜냐하면 그런 대화를 통해서 사람들은 자기의 생각을 효과적으로 드러낼 수 있으며, 다른 사람의 견해에도 개방적 태도를 가질 수 있기 때문입니다.

셋째로 조직의 정신모델은 자동차나 항공기의 엔진과 같은 역할을 합니다. 이러한 정신모델은 상황에 비추어 고려하고 시험해야 하며, 관리자 또는 특정인이 자신이 옳다고 믿는 정신모델을 강요하거나 특정 정신모델에 대한 합의나 일치를 강조하지 말아야 합니다. 우리의 내면에 위치하는 정신모델은 대부분 시스템 사고가 지향하는 변화를 방해합니다. 만일 자신과 타인의 사고방식에 대해 질문하고 알아보려는 기술이 부족하다면 새로운 사고방식을 함께 실험하는 데

---

29) 피터 센게. (2016). 위의 책. 에이지21, 31–32쪽.

한계에 다다릅니다. 궁극적으로 시스템 사고와 정신모델의 통합은 정신모델의 개선과 생각하는 방식의 변화에 있습니다. 이러한 통합이 이루어진다면 오늘날 대부분의 조직에서 이루어지는 직선적 의사결정이나 눈앞의 사건 해결에 치우치는 단기계획에서 벗어나 장기적인 변화와 계획을 추구할 수 있게 됩니다.

3) 공유비전 구축(Building Shared Vision)

어떤 조직이든 조직의 리더가 내세우는 비전에 대해 조직원들이 공감하고 공유하는 것은 리더십(leadership)의 기본 덕목입니다. 왜냐하면 하나의 조직이 조직원들 사이에 깊이 공유하는 목표나 가치, 사명감 없이 경쟁업체보다 뛰어난 역량을 발휘할 수 있을까 하는 의문이 생기기 때문입니다. 그래서 조직의 구성원들이 공감할 수 있는 비전이 있으면 구성원들은 누가 시켜서가 아니라 자신이 원하기 때문에 자신의 역량을 발휘하고 학습하게 되며, 이러한 비전을 공유비전이라 합니다.

공유비전을 가장 단순한 수준에서 이야기하면 '우리는 무엇을 창조하기를 원하는가?'라는 질문에 대한 답변입니다.[30] 개인의 비전이 각자 가슴에 담고 있는 그림이나 이미지라고 한다면 공유비전은 조직에 속한 사람들이 공통으로 품고 있는 관심과 그림이라 할 수 있습니다. 이러한 공유비전은 조직에 스며들어 생각과 행동의 일관성과 응집력을 부여하는 공동체 의식을 만들어 냅니다. 예를 들면 4년마다 월드컵 축구 경기가 개최되면 경기에 참여하는 해당 국가의 선수뿐만 아니라 축구에 관심 있는 그 나라의 국민이라면 누구나 자국의 월드컵 우승을 열망하게 되는 것과 같습니다. 하나의 조직이 비전을 공유한다는 것은 어떤 의미일까요? 이것은 조직에 속한 각각의 개인이 공통 관심사에 대해 같은 그림을 가슴에 품고 서로에게 헌신하는 것이라 할 수 있습니다. 그렇다면 공유비전을 구축해야 하는 이유는 무엇일까요? 그것은 조직 내에서 독립적으로 업무를 수행하는 개인을 서로 연결함으로써 혼자서는 해결할 수 없는 중요한 조직 업무

---

30) 피터 센게. (2016). 학습하는 조직. 에이지21, 271쪽.

를 수행하기 위해서입니다.

　우리 주위에는 외부 환경에서 주어지는 일시적 위기 상황을 극복하기 위한 것이나 개인의 카리스마 위주로 운영되는 비전이 많습니다. 그러나 사람들은 위기 상황이 아니라 평상시 일반상황에서 가치 있다고 느껴지는 목표와 비전을 원합니다. 이때 중요한 것은 조직의 개인이 각자 가지고 있는 비전을 공유비전으로 전환시켜야 하는데 문제는 우리가 각자 가지고 있는 비전을 공유비전으로 전환시키는 학습 방법이 없거나 부족하다는 것입니다. 이를 공유비전으로 전환하기 위해서는 일련의 원칙을 제시하는 것과 같이 구체적이고 체계적인 지침이 필요합니다. 여기에는 조직원들의 진정한 헌신과 참여를 끌어내기 위해 미래의 목표를 찾아내는 기술도 필요합니다. 아래는 공유비전의 가치에 대한 구체적인 예시입니다.

　　"아무리 경쟁이나 내부 문제로 힘들어도 회사 건물 안에 들어서면 나의
　　영혼이 되살아난다. 우리가 하는 일이 정말로 중요하다는 사실을 알기 때
　　문이다."[31]

　공유비전은 조직의 정체성과 함께 조직에 활기와 흥분을 주며, 직원과 조직의 관계를 변화시킵니다. 즉 공유비전은 개인의 회사가 아니라 우리의 회사가 되도록 합니다. 그리고 공유비전 달성을 위해 나아가는 과정에서 우리가 어떻게 공유비전과 일치하게 행동할 것인가를 고민하게 됩니다. 매슬로는 공유비전의 이러한 특징에 대해 다음과 같이 설명하고 있습니다.

　　"과업이 자신과 분리되어 있지 않다. 오히려 자신과 과업을 동일시하는
　　분위기가 매우 강해서 과업을 포함하지 않고는 진정한 자기 정체성을 정
　　의하기가 힘들었다."[32]

---

31) 피터 센게. (2016). 학습하는 조직. 에이지21, 274쪽.
32) A. Maslow. (1965). Eupsychian Management. Homewood III: Richard Invin and Dorsey

공유비전은 업무를 추진하기 위해 용기를 내어야 하는 것이 아니라 그 일을 하게끔 용기를 북돋아 주는 역할을 합니다. 따라서 공유비전 없이는 학습하는 조직이 될 수 없습니다. 공유비전으로 목표가 설정되면 그 목표를 달성하기 위해 새로운 사고방식과 행동이 필요하게 됩니다. 그러한 상황에서 조직 내에서는 여러 가지 스트레스가 발생할 수 있으므로, 공유비전을 위한 조직의 학습은 어려운 과정이며 고통스러운 과정을 수반하게 됩니다. 그러나 공유비전은 그러한 상황에서도 학습 과정을 멈추지 않고 지속시키는 방향타 역할을 제공하므로 학습의 고통스러운 과정을 다른 구성원에게 드러내거나 자신이나 조직의 약점을 파악하기가 한결 쉬워집니다. 그리고 이러한 과정에서 어려움과 난관을 감내하는 힘을 조금씩 축적하게 됩니다. 왜냐하면 과거의 경험을 통해서 공유비전이 없었다면 중요하지 않은 사소한 일들이 상황에 영향을 미치고 좌지우지하게 된다는 것을 알기 때문입니다. 공유비전 달성을 위해 몰두하는 상황에서는 어떻게 나아가야 할지 방법이 막막할 때가 있습니다. 그런 경우 필요한 것은 실험 정신입니다. 황무지를 개척하는 개척자의 삶처럼 뇌리에 떠오르는 하나의 생각을 실천하고 그것이 효과적이지 않으면 또 다른 실험을 실천합니다. 이것은 마치 과거 천연두나 최근 코로나의 백신 개발이 수많은 실험의 실패와 시행착오를 통해 이루어진 것과 같습니다. 실험의 효과가 명확하지 않더라도 실험하는 목적이 뚜렷하므로 안개 속에 있다 하더라도 나아가는 방향이 불확실하지는 않기 때문입니다.

무엇보다도 공유비전 수립은 장기적인 계획을 도모할 수 있게 됩니다. 조직에 문제가 발생하면 누군가가 의욕과 헌신적인 노력으로 문제해결에 나서게 되며, 그런 경우 일시적으로는 문제상황이 좋아질 수 있습니다. 그러나 그 문제상황은 잠시 좋아졌다가 다시 악화해 버립니다. 왜냐하면 누군가의 헌신이 지속가능한 것이 아니기 때문입니다. 그 좋은 예가 스페인 바르셀로나의 사그라다 파밀리아(Sagrade Familia) 대성당입니다. 이 대성당은 1802년 공사를 시작해서 안

Press.

토니 가우디(Antony Gaudi) 사망 100주기인 2026년 완공 예정으로 현재까지도 공사가 진행되고 있습니다. 이 대성당의 건축주는 교회도 정부도 아닌 한 개인이었으며, 건축기금도 가톨릭 신자들의 기부금으로 시작되었습니다. 만약 바르셀로나 시민뿐 아니라 스페인 국민의 대성당 건축에 대한 공유비전이 없었다면 이처럼 200년 이상이나 성당 공사가 진행되기는 어려웠을 것입니다. 교육도 마찬가지입니다. 한 아이가 태어나서 하나의 인격체로서 자신의 역할 수행을 위해서는 최소 20년 이상이 소요됩니다. 그러나 부모는 20년이 지난 후에도 그 결과를 확인할 수 없습니다. 다만 유대인과 같이 공통의 종교가 있다거나 집안의 가훈이라는 공유비전이 있다면 아이가 그런 환경에서 자라나서 가지게 될 가치관과 태도를 간접적으로 짐작할 수 있을 것입니다.

공유비전을 구축하기 위해서는 아래의 세 가지 규율이 필요합니다. 첫째, 개인 비전을 독려해야 합니다. 둘째, 참여 및 헌신과 같은 가치에 기반하여 비전을 확산시켜야 합니다. 셋째, 공유비전의 정체를 막기 위해서 시스템 사고와 연관시켜야 합니다. 먼저 공유비전은 개인의 비전에서 만들어지는데 그것은 공유비전이 개인의 비전에 뿌리를 두고 있기 때문입니다.[33] 개인의 비전이 확고한 사람은 자신이 진정으로 원하는 것을 이루기 위해 노력하므로 조직은 조직 구성원 각자의 비전 개발을 권장할 필요가 있습니다. 따라서 조직은 개인의 숙련을 통해서 개발된 비전이 더 큰 비전을 추구할 수 있도록 격려하고 도와줄 필요가 있습니다. 그런 과정을 거치면서 나의 비전이 우리의 비전이 되어야 합니다. 이러한 과정은 조직의 구조 개선이 점진적으로 진행되듯이 하루하루 주어진 일상의 문제를 해결해 나가야 하는 지루한 시간이 될 수도 있습니다. 조직의 구성원들이 진정으로 공유하는 비전이 나타나기까지는 시간이 걸립니다. 그러한 공유비전은 개인 비전의 상호작용에 따른 부산물로 나타나고 성장합니다. 구성원이 진정으로 공유하는 비전을 위해서는 지속적인 대화가 필요한데 이때의 대화란 개인이 자기의 생각을 거리낌 없이 말하고 타인의 생각을 경청하는 태도를 배우

---

33) 피터 센게. (2016). 학습하는 조직. 에이지21, 278−302쪽.

는 그러한 대화를 의미합니다. 서로의 이야기에 귀를 기울이는 가운데 무엇을 추구해야 하는가에 대한 통찰이 나타나게 되기 때문입니다.[34]

둘째, 참여와 헌신은 조직의 비전에 대해 자신이 스스로 선택하면서 발생하는 자연스러운 과정입니다. 조직에 헌신적인 사람은 열정적으로 업무를 추진하지만 조직 규칙에만 얽매여 일을 처리하지 않으며, 목표 달성을 위해 조직의 규칙이 방해된다면 규칙을 바꿀 방법을 어떻게든 찾아내려고 합니다. 조직을 위한 헌신과 참여에 가장 중요한 것은 선택의 자유입니다. 비전의 장점을 부풀리거나 문제를 숨기거나 관리자의 강요로 선택이 이루어지면 안 됩니다. 그리고 공유비전 구축은 조직의 지배이념을 발전시키는 활동의 일부분이 되어야 합니다. 이때 조직의 지배이념이란 조직의 목적, 사명, 핵심 가치와 같은 것들을 의미하며,[35] 이러한 지배이념은 무엇을,[36] 왜?,[37] 어떻게?[38]라는 세 가지 핵심 질문에 대한 답을 제공해야 합니다.

마지막으로 조직의 공유비전이 다양성과 분열로 인해 성장의 한계상황에 부딪히는 것을 막아야 합니다. 이를 위해서는 공유비전 구축의 토대인 개인적 숙련을 장려해야 하며, 구성원들이 서로 질의하고 탐색하는 작업을 통해 서로가 공유비전을 통해 연결되었다는 확신을 가질 수 있도록 해야 합니다. 공유비전이 우리가 만들어가고자 하는 미래의 모습을 보여준다면, 시스템 사고는 현재까지 우리가 어떤 것들을 진행하고 만들어 왔는가를 보여줍니다. 즉 시스템 사고는 현재 우리가 맞닥뜨리고 있는 조직의 문제들을 해결하기 위한 실마리, 즉 레버리지를 찾을 수 있을 것이라는 가능성에 대한 믿음을 부여합니다.

학교의 경우 공유비전을 구축하고 달성하기 위해서는 학교의 미래에 헌신하고자 하는 사람들이 함께 어떻게 해야 할 것인가를 논의하기 위한 정기적인 모임을 가져야 합니다. 왜냐하면 교사들이 학습과 교육에 관한 열정을 가지고

---

34) 피터 센게. (2016). 학습하는 조직. 에이지21, 285쪽.
35) 피터 센게. (2016). 위의 책. 292쪽.
36) 우리가 만들어 내고자 하는 미래의 모습을 의미한다.
37) 우리는 왜 존재하는가?라는 질문에 대한 조직의 답이다.
38) 우리는 어떻게 비전과 일치하게 행동할 것인가?라는 질문에 대한 답이다.

교육활동을 시작하지만 시간이 흐르면서 현실의 많은 장벽에 의해 위축되거나 현실에 순응하면서 결국 보상을 위해서만 명령을 따르게 될 뿐이기 때문입니다. 그래서 예를 든다면, 교육에 관심을 가진 사람들이 정기적으로 책을 읽고 대화하는 독서 모임을 하는 것도 하나의 좋은 방법입니다. 이러한 독서 모임을 통해서 서로 대화하고 사고를 발전시켜 나갈 수 있기 때문입니다. 그러한 독서 모임이 반복되면 교육에 대해 더 깊은 대화와 신념과 가치를 나눌 수 있게 되고 조금씩 공감하는 핵심적인 신념과 원칙에 접근할 수 있게 됩니다. 이런 경우 독서 모임의 개별 참여자들의 생각과 관점이 제시되고 존중되어야 합니다. 여기서 구체화 되는 핵심 신념은 이후의 토론이나 앞으로의 실행과정에서 문제가 갈등이 야기될 때 확인할 수 있는 최소한의 중요한 기준을 제시하므로 매우 중요합니다. 핵심 신념이 구체화되면 독서 모임에 참여하는 교사들의 추구하는 방향이 같으므로 함께 배울 수 있으며 고립되지 않습니다. 핵심 신념을 구체화하는 과정에서 주의할 점은 서로가 다름을 인정하고 사고의 다양성을 존중해야 한다는 점입니다. 그것은 사고의 다양성이 서로 배울 수 있는 가장 좋은 학습조건을 만들기 때문입니다. 새로운 구성원들이 독서 모임에 합류했을 때 이들은 이러한 아이디어에 대해 새로운 해석을 내릴 수 있으며 그렇게 한다면 이 공동체는 발전하거나 진화해 나갈 수 있습니다. 즉 전통적 권위나 압력의 도구로서가 아니라 합리적이고 비판적이며 반성적 대화를 위한 도구로 작용하며 지속가능하게 됩니다.

　학교의 경우 비전을 만드는 것은 일반적으로 교장과 같은 관리자의 일이라고 간주되지만 직책이나 권위로 만들어진 비전은 지속가능하지 않습니다. 또한 학교가 위기 상황에 처하면 일시적으로는 비전을 통한 시스템 운영이 가능하지만 위기가 마무리되면 학교는 분열되고 각자 자신의 꿈과 희망으로 되돌아가 버립니다. 따라서 비전의 공유는 현실에 대한 명확한 인식과, 우리가 무엇을 함께 만들어 내고자 하는가?라는 원하는 결과에 대한 명확한 진술, 그리고 어떻게 진행할 것인가에 대한 집단적 선택이 결합할 때 가장 효과적이라 할 수 있습니다.

　학교의 공유비전 구축을 위해서는 먼저 출발점을 진단해야 합니다. 학교의 관리자는 구성원들에게 자신의 비전을 제시하는 데에서 그치지 말고 현재 일어나고 있는 사실과 나아가야 할 방향에 대해 최대한 많은 정보를 제공해야 합니다. 그러한 과정에서 학부모, 학생, 지역사회 구성원들을 포함한 사람들에게 비전에 대한 자문을 요청해야 합니다. 예를 들면, 학년 초 학생들에게 다음과 같은 질문에 답하도록 합니다. 올해 학교에서 무엇을 배우고 싶나요? 올해 학교에서 어떤 종류의 경험을 쌓고 싶나요? 그리고 학부모 회의에서는 학부모들에게 다음과 같은 질문에 대한 답을 간략하게 작성하도록 합니다. 올해 자녀가 학교에서 무엇을 배우기를 원하나요? 자녀들이 학교에서 어떤 경험을 하기를 원하나요? 교사들에게도 위와 같은 질문에 대한 답을 요청합니다. 이는 학부모와 학생, 교사의 다양한 답변들에 나타난 공통점이나 유사점을 찾고 확인하기 위한 것입니다. 학부모 회의에서 학부모들에게는 학생들이 작성한 답변 카드들을 무작위로 배포한 다음 그 내용을 읽고 내용에 대한 의견을 발표할 수 있도록 합니다.[39] 이때 학부모들의 좌석 배치는 자녀의 학년이 서로 다른 학부모들이 옆자리에 앉을 수 있도록 좌석을 지정하는 것이 좋습니다. 이렇게 같이 자리한 같은 테이블의 학부모들은 자신을 소개하고 서로 학교와 자녀들에 관한 문제나 관심에 대해서 브레인스토밍[40]하게 합니다. 테이블당 20~30개의 아이디어가 나올 수도 있으며, 각 테이블은 제시된 아이디어 중 가장 중요하다고 생각되는 다섯 개의 개념을 선택합니다. 그 후 이 다섯 개의 개념에 대해서 다음과 같은 질문에 답하도록 합니다.

- 이 문제를 해결하기 위한 학교의 역할은 무엇인가요?
- 이 문제를 해결하기 위한 부모의 역할은 무엇인가요?

---

39) 학부모와 관계를 구축하기 위한 이러한 공동체 모임은 80~100명의 학부모가 참여할 수 있다. 그러기 위해서는 별도의 공간에서 휴식을 취할 수 있는 공간이 마련된 대형 회의장이 필요하다.
40) 브레인스토밍(brainstorming)은 집단적 창의적 발상기법으로 집단에 소속된 인원들이 자발적으로 자연스럽게 제시된 아이디어 목록을 통해 특정한 문제에 대한 해답을 찾고자 노력하는 것을 의미한다.

일정한 시간(45분~50분)을 주어 토론하게 한 후 각 테이블은 아이디어를 발표하고 학부모들이 볼 수 있도록 그 내용을 게시합니다. 테이블마다 중복되는 내용을 확인하고 학부모 전체가 토론할 수 있도록 이를 확장합니다. 그런 후 이 과정을 통해서 선별되는 주제에 대해서 우선순위를 논의하게 합니다. 그러나 이 과정을 통해 학부모들이 학교에 무엇을 원하는지 확인하는 것이 중요하므로 각 테이블에서 제시된 아이디어들에 대해서 우선순위를 요청할 필요는 없습니다.

학년말이 되면 학기 초와 같이 다시 학부모 회의를 개최하여 학교에서 수립한 비전과 목표를 확인한 후 한 해 동안 실시하였던 교육활동에 대한 보고와 질의 시간을 가지고 새로운 목표와 문제를 추가합니다. 이러한 회의는 크게 세 부분으로 나누어서 진행될 수 있는데 그것은 현재 상황에 관한 논의, 비전제시에 관한 논의, 우선순위를 정하기 위한 논의로 나눌 수 있으며 각각 다음의 질문을 중심으로 전개할 수 있습니다.

- 올해 학교에서 발생한 교육활동의 변화는 무엇이 있는가?
- 내년에는 학교에 어떤 변화가 있어야 한다고 보는가?
- 학교가 원하는 목적을 달성하기 위해서 무엇을 우선적으로 고려하고 선택해야 하는가?

이런 과정을 통해서 학부모는 학교가 나아가는 방향과 학교의 교육활동에 참여하고 지원하는 방법에 대해서 더 깊이 이해하게 됩니다. 교사들은 교실과 학교라는 좁은 공간에서의 수업에서 학교 바깥의 지역사회로 교육활동을 넓힐 수 있는 계기가 됩니다. 학생들은 학교와 지역사회가 연계된 다양한 경험과 교육활동을 통해 진로의 폭을 넓히고 실제적인 삶과 교육을 통합할 수 있게 됩니다.

이렇게 학생과 학부모가 비전을 공유하는 과정에서 교사들이 참여하여 함께 공유비전을 만들 수 있는 토대가 쌓이고 각자가 원하는 미래에 대한 선택이 가능하게 됩니다. 또한 개인의 비전에서 벗어나 더 큰 비전에 연결할 수 있도록 하면서 참여하는 구성원들이 서로 존중하는 분위기 속에서 제한이나 방해물이나 보복 없이 자신의 진실한 열망 및 관심사를 말할 수 있게 됩니다. 그 이유는 대상이 교사이든 학부모이든 또는 지역사회의 일원이든 간에 사람들은 그들 자신의 문제와 관심에 대해 말할 수 있는 권리가 주어질 때 위로를 받을 수 있기 때문입니다. 다음으로 학교의 구성원 또는 교사는 자신이 근무하는 학교와 학생들에 대해 어떤 희망과 소망을 가지는지 말할 수 있도록 해야 합니다. 그렇게 함으로써 서로의 지향하는 바를 알 수 있으며 공감대를 형성할 수 있고 신뢰가 생기게 됩니다. 그리고 이러한 공감과 신뢰는 행동으로 이어져야 합니다. 그렇게 되면 교사, 학부모, 학교 변화에 관심이 있는 지역사회 구성원들은 과거에는 서로 알지 못하거나 신뢰하지 못했던 사람들의 상호 지원 속에서 협력체를 구성하고 그들이 중요하다고 생각하는 문제들에 대해 함께 생각하고 행동할 수 있게 됩니다. 그리고 이 과정의 지도자는 이러한 공유비전 활동이 시작되기 전에 참가자 개인의 비전과 개인적 숙련을 장려해야 하며 아래와 같은 질문을 통해 스스로를 점검할 수 있습니다.

- 리더로서 학교에 대한 개인적 비전은 무엇인가?
- 사람들이 원하는 비전과 목표를 파악하고 있는가?
- 리더로서 어떻게 해야 구성원들과 잘 소통할 수 있을까?
- 현재 어떤 압력이 있으며, 그러한 압력에 어떻게 대처할 것인가?
- 현재 우리가 가지는 신뢰는 어떤 것이며, 무엇에 근거하고 있는가?

학생, 학부모, 교사와의 공유비전 활동이 끝난 후 지도자는 아래와 같은 질문에 답할 수 있어야 합니다.

- 학생과 학부모의 기대와 요구는 매년 어떻게 변화하고 있는가?
- 비전을 실천하기 위해 가장 먼저 해야 할 일은 무엇인가?
- 비전을 달성하기 위해 현재 우리가 사용할 수 있는 가용자원은 무엇인가?
- 리더로서 학교가 원하는 목표를 달성하기 위해 얼마나 많은 시간과 지원

이 필요한가?

- 비전이 달성되면 수업, 교육과정, 학교 환경의 무엇이 어떻게 달라질 것 인가?

4) 팀 학습(Team Learning)

우리는 학습을 통해서 세계를 인식하고 과거에는 하지 못했던 것들을 할 수 있게 되거나 자신을 새로이 만들어 나갑니다. 팀 학습도 마찬가지입니다. 학습하는 조직이란 조직의 창조 능력을 끊임없이 키우고 확장하는 것을 의미합니다.[41] 조직 내 대부분의 팀에서 각 구성원의 에너지는 서로 엇갈려서 작용하며, 이런 경우 팀이란 각기 다른 수준의 개인 역량으로 각자 움직이는 개인들의 집합체라 할 수 있습니다. 이렇게 되면 팀의 에너지는 낭비될 수밖에 없습니다. 그러나 팀이 같은 방향을 지향하면서 함께 움직이게 되면 개개인의 에너지가 조화를 이루게 됩니다. 당연히 낭비되는 에너지가 감소하고 시너지가 발생하게 됩니다. 이것은 마치 빛이 프리즘을 통과하면 분산되지만 돋보기를 통과하면 한곳으로 모이는 것과 같은 현상입니다. 즉 개인이 팀을 위해서 자신을 희생하는 것이 아니고 자신의 비전 달성을 위한 연장선이 된다는 의미입니다. 그러므로 개인을 북돋아 주고 격려하는 것이 팀의 능력 향상에 도움이 됩니다. 따라서 팀 학습은 팀 구성원의 협력을 위해 설계된 연습 과정이라 할 수 있습니다. 시간이 걸리지만 함께 생각하고 행동하는 가운데 팀 학습이 이루어지게 되면 어느 순간 합일(alignment)이라는 현상이 생기는데 이는 어느 집단이 전체로 하나가 되어 움직이는 상태를 말합니다.[42] 예를 들면 교실도 교사와 학생들로 구성된 하나의 팀이라 할 수 있습니다. 교사와 학생들이 공통의 목적을 달성하기 위해 서로 필요로 하는 사람들로 구성되어 있기 때문입니다. 만약 합일 수준이 낮은 상태에서 학급의 한 개인에게 권한을 부여한다면 어떻게 될까요? 학급 내 갈등이 생기면서 혼란만 가중되고 교사의 학급관리는 더욱 어려워질 것입니다. 따라서 팀 학

---

41) 피터 센게. (2016). 학습하는 조직. 에이지21, 39쪽.
42) 피터 센게. (2016). 위의 책. 304쪽.

습은 구성원들이 진정으로 원하는 결과를 만들기 위해서 팀의 능력을 모으고 개발하는 과정이므로 팀 학습은 팀의 목적을 달성하기 위한 사람들의 모임입니다.

조직에서 팀 학습을 하기 위해서는 세 가지가 필요합니다. 첫째, 조직 목적 달성을 위한 팀 활동에서 언제 발생할지 모르는 복잡한 사안들에 대처하고 해결하기 위해서는 팀 구성원들에 대한 통찰과 이해가 필요합니다. 만약 팀의 문제해결 능력이 개별 구성원의 문제해결 능력보다 뛰어나지 못하다고 판단되면 팀 내부에 문제해결 능력을 저하하는 일종의 힘이 작용하는 것으로 간주해야 합니다. 따라서 부정적으로 작용하는 힘을 파악한 후 문제 요인을 제거함과 동시에 팀 구성원들의 잠재력을 활용할 수 있어야 합니다. 둘째, 팀 구성원들의 협력하는 태도가 필요합니다. 조직에서 뛰어난 실적을 발휘하는 팀을 보면 팀원 사이의 신뢰가 높습니다. 이런 경우 팀에서 문제가 발생하면 문제해결을 위해 서로의 행동을 보완하려고 노력하게 됩니다. 셋째, 자기 팀의 과제를 다른 팀과 공유하거나 연계하는 방법이 필요합니다. 이 경우 다른 팀의 학습과 연계하기 위해서는 자기 팀의 학습패턴과 기술을 다른 팀과 공유함으로써 다른 팀의 학습을 격려하거나 다른 팀의 우수한 방법과 기술을 배워야 합니다.

팀 학습은 기본적으로 공동 학습입니다. 따라서 서로의 의견을 교환하는 두 가지 방식, 다이얼로그와 토론의 숙달 과정이 수반되어야 합니다. 먼저 다이얼로그(dialogue)라는 영어단어는 'dia-logos'라는 그리스어에서 유래합니다. 그리스인에게 'dia-logos'는 강둑 사이를 흐르는 물줄기와 같이 의미가 사이를 통과하며 움직이는 것, 즉 사람과 사람 사이를 흐르는 자유로운 의미의 흐름이라는 뜻입니다.[43] 다이얼로그는 또한 일상적인 경험과 우리가 당연한 것으로 받아들이는 것에 대한 지속적이고 집단적인 질문이라고 정의[44]되기도 합니다. 이러한 다이얼로그로 개인은 사고(thinking)와 그 과정의 결과물인 생각(thought)의 차이를 인식할 수 있게 되며, 팀은 개인적으로는 얻기 힘든 통찰과 함께 생각하는 법을 배우게 됩니다. 비유하자면 집단적 사고는 흘러가는 강물이며, 생각은 강둑 주변

---

43) 피터 센게. (2016). 학습하는 조직. 에이지21, 313쪽.
44) 피터 센게 외. (2019). 학습하는 학교. 씨아이알, 165쪽.

수면 위를 떠다니는 나뭇잎 같은 것이라 할 수 있습니다. 즉 다이얼로그로 사람들은 강을 흐르는 큰 흐름을 볼 수 있게 됩니다. 이를 현실적으로 적용한다면 복잡하고 미묘한 사안에 대해 자유롭고 창의적으로 탐구하고 서로의 의견을 경청하는 것과 같습니다. 다이얼로그는 팀의 구성원들이 논란이 되는 문제를 둘러싼 맥락과 그 문제가 발생한 과정에 대해 더 잘 알 수 있도록 하는 장치라고 할 수 있습니다. 이는 다이얼로그가 당면한 문제를 해결하기 위해서가 아니라 대화 가운데 서로가 이해함으로써 더 깊은 관계를 형성하는 도구임을 의미합니다. 다이얼로그는 오래된 실천 행위이지만 특이한 점은 이것이 네이티브 아메리칸을 비롯한 원시 문화에는 아직 남아있으나 현대사회에서는 찾아보기가 힘들다는 것입니다. 그러나 현대사회의 조직에서는 개인이 아니라 팀이 학습의 기본 단위이므로 팀 학습이 매우 중요합니다. 따라서 팀이 학습하지 못하면 조직도 학습하지 못하게 됩니다.

다음으로 토론에서는 다양한 의견을 제시하고 주장하며 필요한 의사결정을 뒷받침할 가장 좋은 관점을 모색하는 것입니다.[45] 일반적으로 팀은 다이얼로그와 토론을 구분하고 필요에 따라 의식적으로 구별하고 조정하는 기술이 부족합니다. 그보다 심각한 것은 팀의 학습을 방해하는 습관입니다. 예를 들면, 갈등에 직면했을 경우 서로의 차이를 얼버무리고 넘어가려 하거나, 무작정 목소리를 높이거나, 끝장 토론을 벌여보자는 식으로 덤비는 태도입니다. 또는 시스템 사고를 지지한다고 말하면서도 실행으로 옮기지 않는 경우도 있습니다. 팀 학습을 위해서는 연습이 필요합니다. 왜냐하면 훌륭한 팀은 연습과 실행을 반복하는 가운데 수많은 시행착오를 겪으면서 학습하기 때문입니다.

팀 구성원들의 아이디어 사이에서 나타내는 갈등은 팀이 학습하고 있음을 잘 드러내는 징표이며, 훌륭한 팀에서는 갈등이 생산적으로 작용하게 됩니다. 왜냐하면 공유비전은 다양한 개인 비전의 표현과 갈등 속에서 서서히 그 모습을 나타내기 때문입니다. 또한 공유비전이 수립되었다 할지라도 그 비전을 달성하

---

45) 피터 센게. (2016). 학습하는 조직. 에이지21, 308쪽.

는 방법에 대해서는 다양한 아이디어가 제기될 수 있습니다. 원대한 공유비전일수록 달성 방법이 불확실할 때가 많기 때문입니다. 따라서 아이디어가 서로 대립하며 갈등을 겪는 가운데 창조적 사고가 분출되고 새로운 해결책을 발견할 수 있게 됩니다. 그러나 분열되어있는 팀은 상충하는 견해가 워낙 뿌리 깊어서 갈등이 극복되기가 어렵습니다. 분열된 팀은 갈등을 조장하며 의견이 충돌하면 상대방에 대한 방어적 태도로 일관하게 됩니다. 이러한 방어적 태도[46]는 상대방이 제시한 주장에 일종의 방어막을 형성하여 자신을 고통으로부터 지켜주는 역할은 하지만 고통의 원인을 파악하고 해결책을 제시하지는 못합니다. 따라서 새로운 행동으로 이어지게 되는 팀의 탐구와 학습에 방어적으로 반응하게 됩니다. 방어적 태도는 팀의 구성원들을 의기소침하게 만들고, 에너지를 고갈시키며 사기를 저하합니다. 방어적 태도는 팀 학습이 이루어지지 않으면 이를 알리는 신호를 보내게 되는데 그것은 특히 방어적 태도의 정도가 중요한 사안을 알려주는 신호가 되기 때문입니다. 즉 방어적 태도가 강하게 나타나는 문제일수록 구성원들이 자신을 보호하려는 관점을 둘러싼 사안의 중요성을 나타냅니다. 그래서 이러한 방어적 태도에 대해 무작정 맞서기보다는 이를 활용하는 법을 터득할 필요가 있습니다. 이러한 방어적 태도는 일종의 금고와 같아서 팀 학습에 사용될 에너지를 묶어두는 역할을 합니다. 그러나 팀마다 서로 다른 그 비밀번호를 찾아서 금고를 열게 되면 금고 안에 있던 통찰과 에너지가 풀려나게 되어 팀 구성원 사이의 이해를 촉진하고 공유비전을 향해 나아갈 수 있게 됩니다. 따라서 팀 학습과 공유비전 구축은 분리되어 진행되는 것이 아니며 상호 협력하면서 만들어집니다.

팀 학습을 위한 다이얼로그 훈련에는 학습을 어렵게 하는 팀 내 상호작용의 유형을 파악하는 학습도 포함됩니다. 일반적으로는 팀 학습에 대한 방어적 태도가 문제시되는 경우가 많은데 이를 제대로 인식하지 못하면 학습을 위한 기반이 흔들리게 됩니다. 그러나 팀 학습에 방해가 되는 방어적 태도를 건설적인

---

46) 방어적 태도는 우리가 자신의 생각을 드러냄으로써 생기는 부끄러움과 위협으로부터 스스로를 보호하기 위해 사용하는 몸에 밴 습관이다. 이러한 방어적 태도는 자신의 관점 뒤에 숨겨진 사고가 드러나는 것에 대한 두려움 때문에 생겨난다(피터 셍게. (2016). 학습하는 조직. 에이지21, 325쪽).

방향으로 표면화하거나 전환 시키면 오히려 학습에 가속도가 붙을 수도 있습니다. 즉 전기회로에서 전류가 흐르면 많든 적든 저항으로 인해 열이 발생하는데, 이는 바로 에너지의 낭비를 의미합니다. 다이얼로그는 이러한 팀의 저항을 통찰로 이끄는 수단이 됩니다.

다이얼로그를 위한 세 가지 기본 조건은 다음과 같습니다. 첫째, 팀의 구성원은 자신의 가정을 보류해야 합니다. 이때 가정을 보류한다는 의미는 계속해서 의문을 제기하고 관찰할 수 있도록 가정을 자신의 눈앞에 세워둔다는 의미입니다. 이것은 자신의 의견을 지키고 방어하려는 태도에서 벗어나 자신의 가정을 타인의 가정과 대조를 위해 필요합니다. 이러한 가정의 보류는 쉽지 않으므로 학습을 통해서 익혀야 합니다. 둘째, 팀 구성원은 서로를 동료로 생각해야 합니다. 다이얼로그는 참여하는 참가자들이 서로가 함께 통찰을 나누고 이해하는 동료로 간주할 때 가능하게 됩니다. 이것은 마치 우리가 친구와 이야기를 나누는 것과 친구가 아닌 사람과 이야기를 나누는 방식이 전혀 다른 것과 마찬가지입니다. 이때 중요한 것은 서로를 동료로 간주하려는 의지입니다. 동료 의식이 없다면 같은 주제에 대해 다른 관점이 제시되거나 의견충돌이 생겼을 경우 안정감이나 편안한 감정을 가질 수 없게 됩니다. 또한 조직 내에서 지위 고하와 관계없이 새로운 아이디어에 대해 즐겁고 재미난 태도로 검토하고 실험하려는 적극적인 의지가 필요합니다. 셋째, 대화의 흐름을 파악하는 진행자가 있어야 합니다. 숙련된 진행자가 없으면 주장이 토론으로 기울어지게 됩니다. 사람들은 대부분 자기의 생각과 관점이 옳다고 믿으며 자기의 가정이 공개적으로 보류되는 것에 대해서 두려움을 느낍니다. 따라서 진행자는 진행 과정을 촉진하는 도우미로서의 기본 임무를 수행해야 합니다. 이러한 진행자의 역할에는 참가자들이 다이얼로그의 과정에 주인의식을 갖도록 돕는 일도 포함됩니다. 진행자는 또한 다이얼로그가 토론으로 방향을 바뀌지 않도록 해야 하는데 팀이 다이얼로그에 대한 경험과 진행 방법에 대한 노하우가 쌓이게 되면 진행자의 역할은 줄어들게 되며 나중에는 진행자 없이도 다이얼로그가 진행될 수 있습니다.

다이얼로그는 참가자가 새로운 관점을 발견하는 수단으로서 각자가 서로 다른 관점을 제시함으로써 복잡한 사안을 검토하고 탐구하게 됩니다. 그러나 어떤 팀이 합의에 도달하고 의사결정을 해야 하는 시점에서는 토론이 필요합니다. 따라서 공통으로 인정하는 분석을 토대로 대안을 비교 검토하고 사람들이 선호하는 견해를 채택해야 합니다. 다이얼로그가 복잡한 사안을 심층적으로 이해하기 위해 다양한 의견을 검토하고 분산시키는 역할을 한다면, 토론은 어떤 결론이나 행동을 위한 방침으로 의견을 모으는 것입니다. 따라서 각 팀은 다이얼로그와 토론을 구분하고 필요에 따라 전환할 수 있도록 훈련해야 합니다. 왜냐하면 다이얼로그를 가지는 팀원들은 상호 신뢰가 있으므로 토론 중에도 융통성과 안정감을 유지할 수 있기 때문입니다.

팀 학습을 위해서는 규율(discipline)이 필요한데 discipline이라는 단어는 '학습하다'라는 의미의 라틴어 'disciplna'에서 나왔으며, 특정 기술이나 기능을 얻기 위한 성장의 과정이라 볼 수 있습니다.[47] 이를 위한 기본 조건은 다음과 같습니다.

1. 팀의 모든 구성원이 함께 모인다.
2. 다이얼로그의 기본 규칙을 설명한다.
3. 누구라도 자신의 가정을 보류하지 못한다는 것을 깨달으면 팀 전체가 이제는 다이얼로그가 아니라 토론이 되었다는 것을 인정해야 한다.
4. 구성원들이 반드시 필요하며 가장 난해하고 미묘하고 갈등의 소지가 있는 문제들을 팀에 제기할 수 있도록 장려한다.[48]

우리가 조직에서 맞이하는 현실은 동시다발적이며 상호의존적인 까닭에 원인이 결과를 불러일으키고 그것이 다시 원인이 되는 관계로 이루어져 있습니다. 그러나 우리가 일상적으로 사용하는 언어는 이러한 복잡한 현실과는 달리 단순

---

47) 피터 센게. (2016). 학습하는 조직. 에이지21, 34쪽.
48) 피터 센게. (2016). 위의 책. 339쪽.

하고 직접적인 단어를 선택하고 사용합니다. 따라서 조직에서 문제가 발생하면 언어와 같이 직접적인 원인 - 결과의 고리를 모색하게 되며 간단하고 분명한 해결책을 찾게 됩니다. 이처럼 문제를 찾고 직선적으로 해결책을 제시하는 방법은 단기적인 해결책이라 할 수 있습니다. 왜냐하면 그 해결책이 일시적인 미봉책에 불과하므로 해결되었던 것처럼 보이는 문제가 다시 재발하기 때문입니다. 이것은 마치 고열 발생으로 병원에 갔을 때 해열제를 처방받는 것과 마찬가지입니다. 해열제는 고열 발생의 원인은 제쳐두고 증상만 해결하려는 임시적인 방편입니다. 팀에서 조직 구조의 복잡성을 설명하고 다루는 공통의 단어가 없으면 팀 학습은 제한될 수밖에 없습니다. 이는 병원의 의사, 간호사, 약사가 환자의 처방 전에 쓰인 약이 무엇인지 어떤 효과가 있는지 어떻게 복용해야 하는지에 대해서 공통으로 이해하는 것과 같습니다. 그리고 만약 팀의 구성원 중 한 명이 시스템 관점에서 문제를 파악하더라도 그 통찰이 무시될 가능성이 높게 됩니다. 팀 학습이 없다면 그러한 통찰이 무엇을 의미하는지 파악할 수 없기 때문입니다. 이것이 시스템 사고를 학습하기 위한 팀의 학습이 필요한 이유입니다. 팀 학습을 제약하는 가장 큰 원인은 학습과 업무가 통합되어 있지 않고 분리되어 있다고 보는 태도입니다. 학습과 업무를 통합하기 위해서는 팀원의 역할을 나누고 관리하는 하부구조가 효율적으로 구성되어야 합니다. 학교를 예로 들자면 각 부서에서 업무를 담당하는 역할 분담과 인원 배치가 효율적으로 운영되는지 파악하고 이러한 상황을 팀원들이 서로 이해하고 공유함으로써 자신의 업무에 대해 헌신하는 분위기를 형성하는 것과 같습니다. 그렇게 되면 각 부서의 목표 달성을 위해 함께 일하는 것이 능숙해지고 이해할 수 있게 됩니다.

영어단어인 'lead'는 인도 - 유럽어인 'leith'에서 나왔는데 '문턱을 넘다'라는 의미이며, 때로는 죽음의 이미지와 연결되기도 합니다. 이러한 의미가 담겨있는 리더십은 항상 변화와 관련된 특성을 띠며, 개인이나 집단의 질서를 다르게 만들어 내고자 노력합니다. 그러나 변화를 이끌고자 하는 리더에게 중요한 점은 '우리가 보존해야 할 것은 무엇인가?'라는 핵심 질문을 놓쳐서는 안 됩니다. 즉 우리에게 중요한 전통은 보존하면서 동시에 현대 세계와 조화를 이루게 하려면 어떻게 해야 하는가?라는 질문에 대한 답을 가지고 있어야만 합니다. 효과적인 리더들은 비전을 품고 있지만 현실을 있는 그대로 깊이 있게 들여다봅니다. 비전과 현실을 나란히 하는 것이 변화를 끌어내는 진정한 힘이라고 보았다는 점에서 이는 앞서 살펴보았던 '창조적 긴장'이라는 원칙과 동일합니다.

팀의 리더는 팀 학습을 위해서 세 가지의 역할이 필요합니다. 먼저 리더는 변화를 가로막는 조직의 장벽을 이해하고 이를 해결할 수 있어야 합니다. 다음으로 네트워크 리더의 역할로서 홀로 고립되지 않고 동료와 팀 학습을 진행할 수 있어야 합니다. 마지막으로 리더는 팀 학습의 설계자이며 팀을 위해 봉사하는 봉사자의 역할이 필요합니다. 그것은 팀 학습을 위한 인프라가 완성된 형태로 제시되는 것이 아니라 업무와 학습을 효율적으로 통합하는 과정에서 서서히 발전하기 때문입니다. 설계자로서의 리더는 팀 학습을 위한 인프라 구축이라는 설계과정을 여유를 가지고 높은 수준에 도달할 때까지 계속 반복할 수 있어야 합니다. 따라서 시스템 사고를 위한 도구의 효과를 시험하고, 정신모델에 대처하고 대화를 심화시키며, 구성원들과 함께 공유비전을 만들고, 업무와 학습이 통합된 업무환경을 만드는 일들이 모두 리더의 역할이라 할 수 있습니다.

시스템 사고를 단계별로 정리해보면 다음과 같습니다. 개인적 숙련은 자기의 행동이 세상에 어떤 영향을 미치는가를 학습하려는 개인적 동기부여라 할 수 있습니다. 정신모델은 열린 태도로 기존 세계관의 단점을 찾아내고 극복하게 해주는 역할을 합니다. 공유비전은 조직을 위한 장기적 헌신을 끌어냅니다. 팀 학습은 개인의 좁은 관점을 넘어 더 큰 그림을 볼 수 있는 능력을 키워줍니다. 이러한 과정을 통해 개인은 자신과 세계를 연결하고 인식하는 새로운 방법을 이해하게 됩니다. 그리고 자신을 세계와 분리된 존재가 아니라 상호 긴밀하게 연관된 존재로서 파악할 수 있게 되며, 현실을 변화시키기 위해 어떻게 행동해야 할 것인가를 끊임없이 고민하게 합니다.

시스템 사고 교육

1 학습하는 조직으로서의 학교

학교(School)라는 단어는 원래 '여가'를 의미했던 그리스어 'skhole'에서 비롯되었으며, 그 뜻이 점점 발전하여 '학습 또는 지적 논증에 헌신하는 여가'를 의미하게 됩니다. 그래서 학교라는 의미에는 교사와 학생이 있는 곳, 교육과정, 물리적 학습공간인 건물과 교실, 의무교육, 공식적인 졸업장을 부여하는 곳이라는 다양한 의미가 존재합니다. 그러나 만약 학교가 교육을 위한 장소와 기회를 제공하기 위해 만들어진 공식적인 환경을 의미한다면, 학교는 교실 한 칸에서부터 도시, 그리고 지구까지도 망라하게 됩니다.[1] 한편으로 학교라는 의미를 학습에 중점을 둔다면, 학교는 우리 사회에서 지식을 학생들에게 제공하는 책임을 지고 있는 기관이라고 말할 수 있습니다.

시스템 사고에서 시스템을 '학교' 또는 '자연'으로, 시스템의 변화를 '학습'이라는 관점으로 받아들이면 학습의 주체는 두 가지입니다.[2] 하나는 인간으로서 인간은 시스템과 끊임없이 상호작용하는 존재입니다. 다른 하나는 시스템 그 자체입니다. 하나의 시스템을 구성하는 구성원 각자가 최선을 다했음에도 불구하고 좋지 않은 결과나 피드백이 발생하면 그 원인은 사람일 수도 있지만 시스템

---

1) 피터 센게 외. (2019). 학습하는 학교. 씨아이알, 466 – 467쪽.
2) 피터 센게 외. (2019). 위의 책. 역자서문 ix.

구조 자체의 문제일 수도 있습니다. 그런 경우에는 시스템 구조를 변화시킬 방법을 고민해야 합니다. 예를 들면, 지금까지 자연의 생태계 시스템은 자체적으로 문제없이 순환되었으나 오늘날 인간의 기술 발달로 인해 생태계 순환의 균형이 깨어지고 있습니다. 그렇다면 이렇게 균형을 잃어가는 생태계를 원상태로 되돌리는 일도 인간이 할 수 있을 것입니다. 그렇게 하려면 지금까지 우리가 가지고 있는 인간과 자연에 대한 정신모델을 변화시켜야 합니다. 즉 자연을 개발할 수 있는 권리와 능력이 인간에게 주어져 있다는 생각에서 인간도 자연의 한 부분이므로 자연을 최대한 훼손하지 않고 자연과 공존해서 함께 살아야 한다는 생각으로 변화되어야 합니다.

4차 산업혁명시대가 본격화되면서 나날이 발달하고 있는 인공지능(Artificial Intelligences, AI)기술은 교육 수준이 낮은 사람이 선택할 수 있는 단순 고용직을 획기적으로 감소시키고 있습니다. 따라서 21세기의 기초교육은 학습자에게 컴퓨터 언어를 사용해서 코딩할 수 있는 기본적 능력과 이를 가지고 프로그래밍할 수 있는 능력, 통계처리 능력, 외국어 능력 등이 요구됩니다. 또한 인터넷의 발달로 세계화가 진행되면서 세계 거의 모든 지역의 사람들이 서로 연결되고 있는데, 이는 이전 시대까지는 결코 경험해 보지 못한 삶의 방식입니다. 그러나 빈부격차로 표현되는 삶의 양극화와 불평등은 이 시대를 살아가는 모두에게 미래의 불확실성과 함께 경제적 스트레스를 부여하고 있습니다. 이러한 시대적 상황은 학생들에게 빈곤, 학교폭력, 아동학대, 약물 남용 등과 같은 다양한 영향을 끼치고 있으며, 그 결과 학교는 한부모 가정, 결손가정, 장애아동, 저소득층 및 차상위 계층 아동들을 보살펴야 하는 책임도 일부 부담하게 되었습니다. 이는 학교가 사회에서 고립되거나 분리된 존재가 아니라 지역사회와 연결되어 있고 학생의 미래를 위한 학습이 진행되어야 함을 나타냅니다. 이러한 사회 변화에 대응하기 위해서는 학교와 교육시스템도 변화해야 하지만 학교는 변화를 받아들이는 속도가 느리고 보수적이어서 새로운 변화를 거부하거나 저항하는 태도를 보여 왔습니다.

오늘날 우리가 살고 있는 이 사회는 산업혁명의 특징이라 할 수 있는 분업화, 전문화에 맞추어져 있는 구조이며 학교도 마찬가지의 구조, 즉 교과들로 나누어져 있습니다. 그러나 이렇게 분리된 교과를 합쳐서 일체화하는 방법은 배우지 않습니다. 그러므로 2015 개정 교육과정에서부터 강조되어왔던 융합교육은 교과로 분리된 지식의 단편들을 합치는 시도라고 할 수 있습니다. 이와 함께 2019년 말부터 시작되어 전 세계에 퍼졌던 코로나 팬데믹(COVID-19)은 우리의 생활뿐만 아니라 학교 교육에 큰 변화를 가져왔습니다. 학교는 폐쇄되고 모든 수업 진행이 오프라인에서 온라인으로 전환되면서 학교와 교육시스템은 큰 도전을 맞이했습니다. 학교는 어쩔 수 없이 모든 수업을 온라인으로 대체해야 했으며, 이러한 상황은 물리적 공간으로서의 학교라는 존재의 필요성에 대해 모두가 다시 생각해 볼 기회를 주었습니다. 따라서 포스트-코로나 시대(Post-Covid)를 맞이한 현재 학교 교육은 언제 닥쳐올지 모르는 재앙과 불확실한 미래 사회를 대비하기 위해 학습의 질을 높여야만 하는 유례없는 도전에 직면하고 있습니다. 현재 학교가 당면하고 있는 이러한 어려움을 극복하기 위해서는 무엇보다도 학교가 학습하는 조직으로 변화되어야 할 필요가 있습니다. 즉 학교를 단순히 사회와 고립된 개별 조직이나 구조로 파악하기보다는 지역사회와 교실, 학생의 학습 경험이 서로 연결되는 학습공동체로 생각해야 한다는 것입니다. 이를 위해서는 학습의 대상을 학생뿐만 아니라 교사와 학부모, 그리고 지역사회의 관련 기관들까지 포함하는 포괄적 의미로 받아들여야 할 것입니다.

학습의 대상을 넓히기 위한 교실과 학교, 그리고 지역공동체를 상호연결하기 위한 시작은 교실에서 비롯됩니다. 교실은 학생과 교사가 학습을 목적으로 하는 곳이므로 학교는 교사와 학생이 학습에 집중할 수 있도록 지원과 돌봄 및 안전을 확보해 주어야 합니다. 교사는 학생들에게 전달해야 할 지식과 교수 방법을 시대 변화에 따라 끊임없이 학습하는 평생 학습자이며, 학생도 단순히 지식을 받아들이는 학습 대상이라는 사고에서 벗어나 학교 교육활동의 주체이며 참여자로 보아야 합니다. 현재 학부모는 자녀가 다니는 학교의 교육활동에 아예 관심이 없거나 교사의 교육활동을 힘들게 하는 방해꾼이라는 양극단에 위치하는데, 일부 학부모는 불편하거나 힘들었던 어린 시절의 경험으로 학교를 기억하고,

일부는 학생들에게 관심이 없는 조직으로서 학교나 교사를 비판적으로 바라보기도 합니다.

학교는 학생에게는 지식뿐만 아니라 급우와 함께 사회적 관계를 맺음으로써 사회적 정체성을 가지게 되는 장소이며, 교사에게는 직업으로서 자신의 전문성과 역량을 발휘하는 일터입니다. 그리고 지역사회는 학교 구성원들과 함께 삶과 관심사에 대한 문화를 공유하면서 생활하는 공간입니다. 지역사회는 우리가 함께 살아가는 복합적 공간이므로 서로 복잡하게 얽혀있으며, 학교 교육에 직접적인 영향을 끼칩니다. 따라서 학교가 학습하는 조직으로 변화하기를 원한다면 지역사회와 정기적으로 생산적인 대화를 촉진함으로써 지역구성원들이 원하는 미래와 학교가 원하는 미래를 일치시켜야 할 필요가 있습니다. 그것은 교사와 학교, 그리고 지역사회가 그들의 자녀이자 장래에 지역공동체의 일원으로 성장하는 아이들에게 더 나은 미래의 삶과 비전을 제시하기를 원하며 아이들을 위해 기꺼이 헌신하고자 하기 때문입니다.

인간이 만든 모든 조직은 조직의 구성원들이 생각하고 상호작용한 결과물이며 그들이 추구했던 목적을 달성하기 위한 방식으로 작동합니다. 오늘날 교육시스템은 교사와 학생, 학교와 학교를 감독하는 교육청에 이르기까지 모두가 연결되어 있으므로 이러한 복잡성에 직면하게 되면, 지금 상태의 교육시스템은 누구도 고칠 수 없으며 이러한 구조적 원인으로 인해 발생하는 문제에 대해서는 아무도 책임이 없다고 생각하게 됩니다. 이러한 교육시스템을 개선하기를 원한다면 여기에 관련된 교육 종사자들이 생각하고 상호작용하고 아이디어를 탐색하는 방식을 먼저 살펴보아야만 합니다. 생각하는 방식을 바꾸는 것은 비행기나 배가 새로운 항로를 탐색하고 수정하듯이 방향을 변화시키는 것을 의미합니다. 1492년 콜럼버스가 지구가 평평하지 않고 둥글다는 주장을 받아들여 항해함으로써 아메리카대륙을 발견하였듯이 지금까지와는 다른 새로운 생각과 다른 방식으로 접근하고 상호작용하는 방식을 탐구하고 학교와 외부에 있는 지역사회를 연결하면서 학교가 나아갈 방향과 비전을 명확히 해야 합니다.

학교의 기능이 학생들에게 사회로 나가서 적응하고 자신의 역량을 발휘함으로써 삶의 목적을 달성하도록 돕는 것이라면 교사는 학습을 단순한 지식 전달이라는 기존 사고방식에서 벗어나 교과 지식은 정보가 포함된 네트워크에서 추출한 작은 파편에 불과하다[3]는 인식 전환이 필요합니다. 왜냐하면 우리가 아는 지식은 서로 별개로 존재하지 않으며 그 지식을 발견한 연구자와도 분리되어 있지 않고, 이들 모두가 연구자가 속한 사회와 서로 연결되어 있기 때문입니다. 학습자는 자신이 태어나서 자란 가정환경에서 익힌 경험과 가치 등이 복합된 인식 체계 속에서 교실에서 배우는 지식을 받아들이며, 학습자의 지식에 대한 이해 정도는 자신의 태도 및 교사와의 관계, 수업내용, 교사의 수업 기술과 방법, 적용 등에 의해서 결정됩니다.

아이들이 어릴 때는 스스로 익히고 가고 싶은 방향으로 움직이기를 원하므로 기어가고 걷는 법을 배우게 되는데 이것은 나이가 들어도 마찬가지로 적용됩니다. 조부모는 손자 손녀들과 대화하기 위해 스마트폰으로 문자 보내는 법을 배우고 이메일을 사용하기 위해 컴퓨터를 구매하여 인터넷을 배웁니다. 그러나 아이들이 성장하면서 학교라는 교육시스템에 들어가게 되면 상황은 달라집니다. 자신이 하고 싶거나 원하는 미래와 상관없이 부모와 가족에게 기쁨을 주기 위해 경쟁하고 좋은 성적을 받으려고 노력해야 하는 상황이 벌어집니다. 아이들은 교실에서 배우는 지식 대부분이 왜 중요하게 여겨지는지에 대해서 흥미가 없으며 이해하려고도 않습니다. 그래서 아이들은 부모나 가족의 희망과 압력에 대해 순응하거나 맞서거나 회피하는 선택에 직면하게 됩니다. 이런 경우 아이들은 회피하는 쪽을 선택하기도 하는데 그 결과 학습이 뒤처지게 되는 학생들에게 학교는 도전과 흥미가 유발되지 않는 장소로 전락하게 되고 맙니다.

오늘날 교육시스템은 공장에서 단계에 따라 제품을 조립하는 컨베이어 벨트처럼 아이들을 일정한 나이에 따라 학년으로 나누고 일정한 기간이 지나면 진급시킵니다. 교사들은 조립라인에서 부품을 조립하는 숙련공과 같은 역할을 하며, 공장장과 같은 학교관리자의 지시, 감독에 따라야만 합니다. 일정한 숫자로

---

3) 피터 센게 외. (2019). 학습하는 학교, 씨아이알, 31쪽.

구성된 학급은 매일 정해진 시간표에 따라 정기적으로 평가하는 시험에 대비해 수업해야 하고, 학교는 종소리와 시간표에 따라 일정 속도로 진행되도록 설계됩니다. 이러한 공장식 교육시스템은 규격화된 교육과정과 함께 표준화 검사를 도입함으로써 교육성과를 향상하게 되지만 또한 다루기가 매우 까다로운 교육의 획일성과 지식 전달 위주의 교육과 같은 문제들도 발생시켰습니다. 즉 학생들이 같은 교육과정하에서 같은 내용과 방법으로 배워야 한다는 획일성과 함께 지식 전달이 학습자 중심보다는 교사 중심으로 진행되는 문제점이 발생하였습니다. 그 결과 교육과정에서 요구되는 일정한 수준의 학습 진도에서 뒤처지거나 학습을 포기하는 학생들이 발생하게 되었으며 이러한 학생들을 '학습부진아'로 이름 붙이게 됩니다. 이러한 교육시스템에서는 학습에 대한 동기부여와 학습의 주체가 학생이 아니라 교사가 되고 학생은 교육과정에 의해 품질을 인정받는 수동적인 존재가 되어 버립니다.

그렇다면 우리가 겪었던 코로나 팬데믹(COVID_19) 같은 천재지변이나 현재 우리가 당면하고 있는 출산율 감소로 인한 인구절벽 현상과 같은 위기들이 닥치게 되면 현재의 교육시스템으로 극복할 수 있을까요? 코로나 팬데믹을 극복한 현재 시점에서 볼 때 교육시스템은 팬데믹 이전과 같은 상태로 되돌아가 버렸으며, 출산율 감소로 인한 학령인구 감소도 교육시스템의 전반적 변화를 가져오지는 않고 학급당 인원 축소와 같은 방향으로 진행되고 있습니다. 또한 저출산율에 대한 근본적 해결책은 아니지만 출산율 감소 문제를 보완하기 위해 다문화 교육정책을 펼치고 있습니다. 즉 우리 주변 국가 중에서 출산율이 높은 제3세계 국가의 노동력을 수입하거나 이들로부터의 이민을 받아들이는 쪽으로 문제를 해결하고자 할 것입니다. 따라서 이러한 교육적 상황에서는 교육시스템의 개혁이라는 거시적 변화보다는 개별학교의 혁신과 같은 미시적 변화에 초점을 맞추어야 할 것입니다. 현재 우리에게 필요한 노력은 비판적 사고와 의사소통, 협업과 같은 기술적 수준이며, 무엇보다도 우리에게 닥칠 변화를 수용하고 그러한 변화의 결과를 지속가능하게 하는 학교 단위의 시스템 구축이라 할 수 있습니다. 그러나 학교에서 가장 하기 어려운 일은 교사와 학부모, 그리고 학생 사이를 가로

막는 벽을 무너뜨리는 것입니다. 왜냐하면 학교는 교육과정에 따라 교과목과 학년이 나누어져 있고 업무와 역할에 따라 교장, 중간관리자, 교사, 학생으로 나누어져 있는데 무엇보다도 각자가 자신에게 부여된 업무를 수행하면 학교라는 전체가 기능을 잘 발휘할 것이라고 믿고 있기 때문입니다.

이러한 시스템하에서 주된 관심사는 교사와 학생의 통제입니다. 그러나 우리의 삶은 학교생활과 가정생활, 그리고 취미생활로 나눌 수 없는 총체적이며 상호의존적인 특징을 가집니다. 시스템 관점은 지식의 파편화 또는 단편화가 아니라 주제의 상호연관성을 파악하는 것입니다. 수업을 예로 들면 여러 명의 교사가 상호연결된 주제로 다양한 학생들에게 가르치면서 서로의 관점을 토의하는 수업과 같다고 할 수 있습니다.[4] 학습은 행위와 분리할 수 없으며 신체 전체에서 발생하는 것이므로 지식이란 기억으로 축적된 사실과 정보를 가지고 무엇인가를 할 수 있는 능력입니다. 하워드 가드너의 다중지능에 따르면 각각의 개인은 다른 재능과 습관을 가진 존재이므로 학습의 경험이 다양하면 다양할수록 성장의 가능성은 높아질 것이며, 발달을 위해서는 각자가 가진 지능의 모든 스펙트럼을 사용해야 합니다.[5] 모든 인간은 자신만의 독특한 재능을 가지고 태어나므로 건강한 학습공동체가 가지는 역량은 그 공동체에 소속된 각 개인의 재능을 어느 정도까지 개발할 수 있느냐에 좌우될 것입니다.

진정한 학습은 삶의 맥락에서 발생하는데 그것은 우리 주변을 둘러싸고 있는 세상과의 관계 속에서 학습이 발생할 때 장기적으로 영향을 미치는 것을 보면 쉽게 이해할 수 있습니다. 현재 우리는 저렴한 비용으로 쉽게 네트워크화된 소셜 미디어를 어디에서나 이용할 수 있고, 스마트폰을 이용한 소셜 네트워크 서비스(Social Network Service: SNS)를 기본적인 의사소통 방식으로 운영하는 세상에 살고 있습니다. 사회에서는 창의력과 혁신, 비판적 사고, 문제해결 역량을 가진 졸업생들을 요구하지만[6] 현재 교사 중심의 수업, 주입식 교육, 외적 통제

---

4) 그러나 이러한 수업에 참여하는 학생들을 어떻게 개별적으로 평가해야 할 것인가라는 평가 시스템에 관한 현실적 문제를 포함한다.
5) 피터 센게 외. (2019). 학습하는 학교. 씨아이알, 55−56쪽.

로 운영되는 교육시스템에서 이러한 사회적 요구를 충족시키기는 어려워 보이는 것도 사실입니다.

　　이런 상황에서 우리가 필요로 하는 것은 학교가 직면한 근본적인 문제들을 바라볼 수 있는 인식의 확장과 함께 다양한 관점과 영역에서 실험하려는 의지라고 할 수 있습니다. 교육시스템도 마찬가지이지만 살아있는 시스템은 스스로 창조할 수 있는 능력이 있습니다. 기계와는 달리 시스템은 지속적인 발전이 가능하며, 새로운 관계를 형성하고 존재하고 재창조되어 갑니다. 학교를 살아있는 시스템으로 간주하면 어떻게 될까요? 첫째, 학습자료가 암기해야 할 고정된 사실에서 살아있고 변화하는 사실로 다룰 수 있게 되고[7] 이미 학습을 포기한 상태라 할지라도 학습을 새로 시작할 수 있는 출발점이 될 수 있습니다. 둘째, 교사 중심의 수업이 아니라 학생의 삶이 학습의 중심이 될 수 있으며, 교실이 하나의 사회 기관으로서의 역할 수행이 가능하게 됩니다. 즉 학생들의 삶을 중심으로 교육과정이 운영되면 학교는 지역사회에 개방되고 학습 과정에 지역사회가 참여하면서 교육은 사회적 과정이 됩니다. 이처럼 학교를 학습조직으로 만들기 위해서는 앞서 시스템 사고에서 살펴보았듯이 개인적 숙련, 정신모델, 공유비전, 팀 학습이라는 네 단계의 과정이 필요하게 됩니다. 시스템 사고를 위한 네 단계의 과정을 거치게 되면 학교에서 발생하는 사건들을 개별적이고 고립된 것이 아니라 눈에 잘 보이지 않는 시스템 구성 요소들의 상호작용에서 발생하는 것으로 볼 수 있게 됩니다. 그렇게 되면 학교의 문제와 목표를 다른 관점에서 보고 접근할 수 있게 됩니다. 시스템을 이해한다는 것은 시스템의 구성요소가 시간이 흐름에 따라 어떻게 변화하는지를 이해하는 것입니다.

　　한 아이가 태어나면 3세에서 4세부터 교육기관인 어린이집이나 유아원에서 교육을 시작합니다. 이 과정은 우리나라의 경우 의무교육이 끝나는 18세나 대학을 졸업하는 22세까지 진행됩니다. 이때 학교의 교육과정 및 교육정책은 학교 밖에서 만들어져서 학교에 제공됩니다. 교사, 관리자는 모두 자신의 업무영역에

6) 피터 센게 외. (2019). 학습하는 학교. 씨아이알, 80쪽.
7) 피터 센게 외. (2019). 위의 책. 85쪽.

서 제한된 지식과 역량을 발휘하며, 학부모는 자녀의 학업에만 관심을 가집니다. 그래서 어떻게 하면 효과적인 학교를 만들 수 있을까?라는 질문에 대한 대답이나 의견은 합의점을 찾기가 어렵습니다. 그러나 시스템 사고는 한 사람 또는 일부 이해관계가 있는 사람들의 관점이 아니라 다양한 시각을 가진 집단이 함께 문제해결을 위한 방법과 인식의 차이점을 찾으려 노력하므로 효과적인 학교로의 변화에 일정한 기여를 할 수 있습니다. 그것은 효과적인 학교를 만들 수 있는 여러 가지 가능성과 방법 가운데 레버리지를 찾는 것입니다. 레버리지를 찾는 과정은 쉬운 일이 아니며 파악된 레버리지가 과연 효과가 있는가의 여부도 실험해보기 전까지는 알 수가 없습니다. 따라서 레버리지를 학급 단위의 작은 규모로 적용하고 이런 실험을 계속 진행하면서 수많은 시행착오 속에서 그 결과에 대해 서로 토의하면 그런 과정이 축적되면서 시스템 전체가 개선될 수 있는 촉매제가 되고 피드백이 될 수 있습니다. 시스템 구조의 관점에서 학교에서 발생하는 사건이나 문제에 대한 접근부터 해결 과정까지는 아래와 같이 4단계로 살펴볼 수 있습니다.[8]

1) 사건

무슨 일이 일어났는지 교실이나 학교, 지역사회에서 발생한 주요 사건을 기록합니다. 사건이 왜 문제가 되었는지 15분에서 20분 정도 되돌아봅니다.

- 나와 다른 사람들은 이 사건에 어떻게 반응했는가?
- 이 문제를 어떻게 해결하려고 했는가?

2) 패턴과 경향

타임라인이나 그래프로 시간 경과에 따라 사건이 진행되었던 과정을 나타

---

8) 피터 센게 외. (2019). 학습하는 학교. 씨아이알, 174-186쪽.

내 봅니다.

- 이전에도 이런 비슷한 일이 발생했는가?
- 이를 통해서 파악할 수 있는 패턴이나 경향은 무엇인가?

3) 시스템 구조 파악

- 어떤 힘이 위에서 보았던 경향이나 패턴을 만드는 것일까?
- 어떤 요소들이 서로 영향을 미치는가?
- 학교는 이러한 패턴을 바꾸기 위해서 어떤 행동을 취해야 하는가?

4) 정신모델

- 시스템 사고로 사건을 단계별로 분석하면서 각 단계에서 나타난 태도와 신념은 무엇인가?
- 학교에서 발생하는 문제 대부분은 관리자에 의해 단기간에 해결될 수 있는 것인가?
- 그렇지 않다면 무엇이 문제인가?

질문에 대한 명확한 답을 요구하는 현대사회에서는 우리는 위와 같이 대답하기 곤란하거나 어려운 질문에 접하게 되면 찾기 쉬운 대답을 제시하는 경향이 있습니다. 예를 들면 한 학교에 학교를 변화시킬 의지가 있고 재능있는 교장이 부임하게 되면 변화를 시도합니다. 교사들은 변화에 저항하지만 다른 선택의 여지가 없으므로 교장의 제안을 받아들이게 되고 교장은 세세한 면까지 관리합니다. 변화는 매우 빠르게 진행되고 이러한 시도는 표면적으로는 성공을 거두는 것처럼 보입니다. 그러나 이러한 변화는 교장의 명령과 지시에 따라 발생한 것이므로 교사들은 변화와 관련하여 발생하는 문제들은 모두 교장에게 보내게 되며 교장에게 의존하게 됩니다. 그리고 학생들이 필요로 하는 교육이 아니라 교장이 원하는 교육을 실시하고 의사소통도 줄어들게 됩니다. 여기서 문제는 그러한 변화나 혁신이 바람직한 방향이라 하더라도 교장이 다른 학교로 떠나게 되면 예전의 상태로 되돌아가 버린다는 사실입니다. 즉 지속가능한 교육 발전이 이루어지지 못하게 되는 가장 큰 이유는 교사들의 열정과 창의력을 끌어내지 못했기 때문입니다.

어떤 경우에는 다른 지역의 학교에서 성공한 교육프로그램이나 다른 나라의 교육정책을 복제하는 시도를 하게 됩니다. 왜냐하면 자체적으로 개발하기에는 아이디어가 없고 시간이 걸리므로 성공사례를 이식하면 실패할 확률이 적기 때문입니다. 예를 들면, 우리나라에서 2013년 시범적으로 시행된 후 2016년부터 중학교 전체에 확대 시행되고 있는 자유학기제 또는 자유학년제가 있습니다. 우리나라의 자유학기제는 아일랜드에서 1974년부터 지금까지 시행되고 있는 '학생 연구 학년제'를 본받아 만들어진 제도입니다. 차이점이 있다면 아일랜드는 중학교 3학년이 대상임에 반해 우리나라에서는 중학교 1학년을 대상으로 한다는 것입니다. 교육부에서는 자유학기제를 중학교 교육과정 중 한 학기 동안 학생들이 시험의 부담에서 벗어나 꿈과 끼를 찾을 수 있도록 기존 교사 중심의 수업방식이 아닌 토론과 실습 위주의 학생 참여형 수업으로 개선하고 진로 탐색 활동과 다양한 체험활동을 가능하도록 운영하는 제도로 정의하였습니다.[9] 그러나 우리나라의 자유학기제는 범교과 교육과정처럼 편성되어 있어서 교육과정에 녹아들지도 못하고 있으며 중학교 1학년 대상 실시로 학생들의 진로지도에도 큰 역할을 하지 못하고 있습니다. 아일랜드의 경우 중학교 3학년을 대상으로 하여 고등학교에 진학하기 전 입시에 지친 학생들에게 자신의 진로를 다시 한번 확인하고 점검할 수 있도록 하는 직접적 효과와 함께 입시시험의 평균까지 상승하는 부수적인 효과를 거두고 있는 것과는 대비되는 점입니다.

학교의 변화는 생명체들의 생물학적 변화와 성장 과정과 같습니다. 작은 것에서 시작하여 시행착오를 거치면서 적절한 지원이 있다면 성장을 계속하게 됩니다. 작은 것에서 시작한다는 것은 교사 몇 명이 참여하느냐 하는 양적 의미가

---

9) 교육부 보도자료. (2013.05.28). http://www.moe.go.kr/

아니라 소수라도 실용적인 호기심에서 시작한다는 질적 의미를 가집니다. 교사들이 비공식적 모임을 통해 나눈 아이디어를 교실에서 누군가가 시도하여 성공을 거두게 되면 아이디어를 나누었던 동료 교사들도 흥미가 생길 것입니다. 비슷한 흥미와 관심을 가진 동료 교사들과 수업 과정과 진행 방법에 대한 생각을 나누면서 추진력과 의지를 가질 수 있게 됩니다. 이러한 변화와 관심의 지속은 교사 스스로 변화의 필요성을 느끼고 방향을 선택하고 실행하고 동료 교사들과 그 과정을 함께 나누는 것에 달려 있습니다.

학교의 관리자는 다만 변화의 필요성에 대해 주위를 환기하거나, 영감을 불러일으키거나, 역할모델을 제공하거나 학교의 구성원들이 필요로 하는 도구들과 훈련을 제공함으로써 환경을 조성하고 변화라는 선택을 한 구성원들을 지원할 수 있을 뿐입니다. 이러한 변화에서 가장 중요한 요소는 예산이 아니라 학교의 구성원들이 서로 신뢰하고 효과적으로 함께 일할 수 있는 환경을 조성하는 것입니다. 아마 학교의 관리자는 변화의 필요성은 인식하지만 학교와 교사는 주어진 업무를 처리하기에도 너무 바빠서 여기에 할애할 시간이 없다고 생각할 수도 있습니다. 시간이 부족하다는 인식은 융통성 없이 구조화되어 있는 교직원 회의나 교사 연수, 그리고 수업 시간에 이르기까지 쓸데없고 불필요한 일들에서 비롯됩니다. 그래서 헛된 시간과 노력에 시간을 허비하는 것을 제거한다면 점차 시간의 압력에서 벗어날 수 있게 됩니다. 학교는 학생들의 잠재력을 끌어냄으로써 자신의 역량을 발휘할 수 있도록 해야 하며, 교사와 학생이 함께 즐겁게 가르치고 배울 수 있어야 하며, 학생들은 학교와 교실에서 안전함을 느껴야 합니다. 또한 학교는 불확실한 미래에 대비하면서 인간의 삶을 가치 있고 풍요롭게 만드는 사회에 이바지할 수 있는 인재를 육성해야 합니다.

시스템으로서의 학교란 무엇을 의미할까요? 예를 들면, 우리의 신체에서는 오래된 세포가 죽고 새로운 세포가 끊임없이 재생됩니다. 이는 신체 일부분이 매일 조금씩 새로운 세포로 대체되고 있음을 의미하며, 세포를 모두 대체하는 데는 몇 년이 걸립니다. 즉 우리의 신체는 살아있는 동안은 계속해서 세포를 생산할 수 있는 능력이 있습니다. 살아있는 시스템은 마찬가지로 기계나 사물로 만들어진 것이 아니라 지속적인 성장으로 진화하며 새로운 관계를 형성하면서 존재하며 재창조합니다. 만약 학교를 기계가 아닌 살아있는 시스템으로서 그 존재 가치를 인식하고 교육과정을 조직한다면 어떻게 될까요? 학생들이 학교에서 배우는 학습자료가 암기해야 하는 사실이 아니라 역동적으로 변화하는 존재처럼 취급되며 학습 과정 자체가 살아있게 됩니다. 교사 중심보다는 학생 중심의 학습이 이루어지고, 동질성보다는 다양한 시각을 장려할 수 있게 될 것입니다. 우리가 살고 있는 이 세계가 상호의존적이며 끊임없이 변화하고 있음을 이해할 수 있게 될 것입니다. 살아있는 학교는 학습하는 학교라는 의미입니다. 그런 학교는 교사와 학생이 함께 학습하며 학습을 위한 공동의 목표 의식과 공감대를 형성하면서 나아가게 될 것입니다.

2 학습하는 교실 만들기

'Class'라는 영어단어는 소환장을 의미하는 로마 단어 'classis'에서 비롯되었습니다. 이는 '군대로 호출하는 것'을 의미하는 'qel'(call)에서 진화한 것으로 16세기 교회 대학에서 함께 모여 공부하는 학생집단을 의미합니다.[10] 교실은 교사의 헌신과 노력으로 학생들의 성취와 발전하는 모습을 직접 경험할 수 있는 장소입니다. 그러나 교사들이 교실과 수업에서 발휘하는 열정과 사랑은 무한정 지속되지 않습니다. 그렇다면 교사들은 어떻게 가르침에 대한 열정을 유지할 수 있을까요? 만약 교사가 수업 활동의 주목적을 학생들이 주체적으로 생각하고 상호작용하는 방법에 둔다면 이러한 수업 방법의 설계와 실행에 대해 서로 대화하고 토의할 수 있는 정기적인 모임이 필요합니다. 즉 교사들이 서로 경청하면서 먼저 배우고 그 후 학생들을 가르쳐야 한다는 것입니다. 이러한 교사의 수업을

---

10) 피터 센게 외. (2019). 학습하는 학교. 씨아이알, 232쪽.
   'classroom'의 'room'은 '열린 공간'을 의미하며, classroom은 '사람들이 그들 주변의 세계를 연구하기 위해 함께 모여 있는 개방적인 곳'이라는 의미이다.

위한 노력이 학생들을 통해 학업성취로 나타나기까지에는 시간이 걸립니다. 그러나 대부분의 학교는 학생들이 학습 능력을 익히고 성장함으로써 스스로 변화할 수 있는 시간과 관심을 부여하기보다는 단기간에 측정이 가능한 평가체제 및 목표를 추구하는 경향이 있습니다.

교사는 모든 아이가 학습할 수 있음을 전제하면서 학생들이 다양한 방법으로 학습하며 학업성취도는 학생의 배경이나 과거의 경험과는 상관이 없다는 점을 이해해야 합니다. 나무의 성장은 심어진 장소에 달려 있지만 인간은 주어진 환경이 척박하더라도 풍성한 열매를 맺을 수 있기 때문입니다. 모든 학생이 학습할 수 있다는 생각은 인간의 잠재력에 대한 깊은 이해를 바탕으로 합니다. 그러므로 학습에 어려움을 겪는 학생들이나 학습 과정의 지루함과 고통을 견디지 못하는 학생들에 대한 인내와 헌신이 필요합니다. 따라서 교사는 자신이 단순히 지식을 전달하는 도구가 아님을 인식하고 학생들이 서로 다른 방법으로 배울 수 있고, 각각의 학생들이 자신의 수준에 맞게 지식과 능력을 개발할 수 있도록 지도할 수 있어야 합니다. 그렇게 하려면 학생들이 수업내용의 난이도에 따라 자신의 수업 이해 정도를 명확하게 표현하는 방법과 학생 간의 학업성취 수준의 격차를 줄일 수 있는 학습 도구와 방법을 개발해야겠죠. 교실 수업은 ㄱ자형이든 ㄷ자형이든 다양한 형태를 취할 수 있지만 어느 상황에서든 학생들이 상호존중하고 학습자의 필요와 학습에 대한 욕구를 충족시키며 탐구 정신을 가질 수 있도록 해야 할 것입니다.

학교에서는 학생들에게 지식을 효과적으로 전달하기 위해 교육과정을 만들고 실생활의 문제들을 국어, 사회, 과학, 수학, 영어와 같이 여러 개의 교과목으로 나누었습니다. 자연과학에서는 물질의 구조와 변화를, 사회과학에서는 인간이 만든 조직과 구조와 문화를, 인문과학에서는 인간이 만든 다양한 작품들을 소개하고 전달합니다. 이러한 학문은 모두 인간이 지구라는 생태계 속에서 생존 또는 적응하기 위해 영향을 주고받으면서 만들어진 것들이며 모두가 연결되어 있습니다. 우리가 살아가는 세상이 점점 복잡해지고 세계화될수록 이러한 교과 구분보다는 융합적 이해가 더욱 필요해질 것입니다. 인간의 생존을 위해서는 자연과 생태계의 환경을 유지하면서 지속가능한 공동체, 기술이나 조직과 같은 사회적 구조물을 만들어야 하기 때문이니까요. 학생들이 시스템 사고를 할 수 있는 기회들은 교실뿐만 아니라 도서관, 가정의 식탁, 화장실, 마트를 포함하여 지역사회에 널리 존재합니다. 심지어 아이들은 게임을 할 때조차도 게임이 요구하는 많은 양의 데이터를 관리하면서 함께 게임에 참여하는 친구들과 정보를 교환하고 예상치 못한 변수들을 조정하면서 게임의 결과를 예측합니다. 따라서 시스템 사고 기반에서 학습하는 교실을 만들기 위해서는 아래에 제시된 4단계의 수업 진행 과정을 고려해야 합니다.

1) 수업을 설계하기

학습하는 교실을 만들기 위해서는 먼저 교사의 마음속에 있는 학습하는 교실에 대한 이미지를 먼저 만들 필요가 있습니다. 만약 교사인 당신에게 올해 1년간 교육과정과 수업, 그리고 평가에 대한 모든 권한이 주어진다면 교실 수업을 어떻게 설계할 것인가요? 이를 위해서는 다음과 같은 질문에 대한 답변이 준비되어야 합니다.

- 학생들의 학업성취와 학습 목표의 달성 수준을 어떤 정도까지 기대할 것인가?
- 나의 수업에 대해 학생들은 무엇을 알고 있으며 어느 정도 준비되어 있는가?
- 학생들에게 전달할 수 있는 수업 매체는 무엇이 있으며 어떻게 전달할 것인가?
- 어떤 수업과 방법이 학생들의 학업성취에 도움이 될 수 있을까?
- 교사와 학생은 서로 어떻게 상호작용하고 있는가?
- 교실의 특성은 무엇인가? 교실에서 학생들은 어떻게 상호작용하는가?

이러한 질문들에 대한 답을 먼저 글이나 그림으로 스스로 작성해 보기를 바랍니다. 여러분이 생각한 교실이나 학습의 이미지, 가능성, 그리고 수업에 대해서 상세하게 표현해 보세요. 내용이나 문장이 거칠어도 괜찮습니다. 이 과정은 앞으로 매년 또는 매 학기의 시작 시점에서 내용을 보완하고 다듬을 기회가 생길 것이니까요.

2) 생각을 확장하기

위에서 제시한 질문에 대한 답변을 준비하기 위해서는 아래와 같은 내용들을 고려해야 합니다.

- 자신이 계획하는 수업을 실행하였을 때 어떤 결과를 예상할 수 있는가?
- 학생들에게는 어떤 일이 발생할까?
- 나에게는 어떤 변화가 생길 수 있을까?
- 지금까지 가르쳐왔던 수업과는 무엇이 달라질까?

위의 질문을 통해서 자신이 중요하게 생각하거나 하고 싶은 수업의 특징을 간추려 정리해보세요. 그중의 어떤 것이 자신이 이상적으로 추구하는 수업 모델인지 또는 현재 자신이 가지고 있는 역량으로 실현 가능한지를 검토해 보세요. 만약 학생들의 학습 욕구에 맞게 수업환경을 만들고 싶다고 생각했다면 학생들이 원하는 학습환경이 무엇인지에 대해 학생들의 이야기를 들어봐야겠죠. 그렇게 되면 학생들의 요구를 파악하기 위해서 틈틈이 학생들과 함께 대화하고 이 문제를 두고 학생들과 대화할 수도 있습니다.

3) 진행방식을 생각하기

자기가 원하는 수업이 구체화 되었다면 이것을 어떻게 현실화할 것인지를 고민해야 할 차례입니다. 새로운 계획에는 어떤 종류의 형태이든 장벽이나 장애물이 발생할 수 있습니다. 먼저 학생, 학부모, 동료 교사, 관리자 등으로부터 발생할 수 있는 반대 의견을 생각해 보세요.

- 예상되거나 예상치 못한 반대를 무릅쓰고서라도 이 수업을 진행하고 싶은가? 그 이유는 무엇인가?
- 이 수업을 방해하는 장벽이나 장애물은 무엇인가?
- 반대를 설득하거나 자극하지 않으면서도 이 수업을 진행하는 방법은 없을까?

자기가 원하는 수업의 특징과 장애 요소들을 어느 정도 파악했다면 그것들의 달성 정도를 가시적으로나 수치로 나타낼 수 있는 지표를 그래프로 만들어 보세요. 그 지표는 여러분의 발전과 진도를 나타내는 증거가 될 것입니다. 어떤 지표는 독서량이나 학업성취도와 같이 수치로 나타낼 수도 있지만 어떤 지표는 측정하기가 어려울 수도 있습니다.

4) 실행해 보기

학교에서 교사는 교육과정의 재편성 또는 재구조화, 수업 교재, 수업 모델, 수업 방법 등 수업에 대한 재량권을 가지고 있습니다. 따라서 학습하는 교실을 만들기 위해 효과적일 수 있는 방법들을 설계하고 실험해 보아야 합니다. 그렇게 실험을 진행할 때 생길 수 있는 질문들은 다음과 같습니다.

- 나는 내가 원하는 수업을 실험 또는 진행하고 있는가?
- 어떤 변화가 생기고 있는가?
- 수업에 대한 장애가 생길 때마다 어떻게 극복하고 있는가?

성찰을 통한 실천은 학습하는 교실을 만들기 위한 필수적인 부분입니다. 수업을 진행하는 교사뿐만 아니라 학생들은 개인적인 성찰을 통해 학업에 흥미를 느끼고 지루함에서 벗어날 수 있게 되며 성취감을 가질 수 있습니다. 학습하는 교실을 위해 가장 효과적인 방법 중 하나는 학생들에게 실천하고 시범을 보이는 것, 즉 솔선수범입니다. 학생들만 학습하는 것이 아니라 교사도 학습하기 위해 노력하고 있음을 보여주어야 합니다. 교사가 말이라는 교육 수단과 함께 열정과 헌신으로 실천하는 모습을 보여주는 것이 학습하는 교실을 만드는 가장 효과적인 방법입니다.

학생들이 흥미를 갖고 수업에 참여하기 위해서는 다음과 같은 점들이 고려되어야 합니다. 첫째, 학생들이 관심을 가질 실제 세상의 문제들을 가지고 와서 해결해보려는 노력이 필요합니다. 예를 들면 외래에서 유입되는 동식물은 생태계를 얼마나 어떻게 파괴할까? 우리가 먹는 수돗물이 댐과 강에서 각각 정수하는 것이 어떻게, 어느 정도 차이가 있을까? 공원을 개발한다면 예산, 환경적 요인, 시민의 휴식 공간 활용으로 발생하는 경제적 효과는 어느 정도일까? 등과 같이 우리 주변의 실제적인 문제를 구체적으로 조사하는 것입니다. 둘째, 학생들이 스스로 생각할 수 있도록 하면 학생들 자신이 직면한 문제에 옳은 답이 하나만 존재하지 않는다는 것을 알게 됩니다. 그렇게 되면 학생들은 문제를 해결할 가능성이 있는 여러 가지의 선택 중에서 각각의 경우 어느 정도 서로 다른 결과가 발생하는가에 대해서 추론하고 이해할 수 있게 됩니다. 따라서 학생들은 각각의 선택에 따른 예측과 결과를 분류하고 결론을 내릴 수 있습니다. 셋째, 교사는 멘토의 역할을 해야 하며 미리 정해진 방법을 알려주거나 미리 정해진 정답이나 결론으로 유도해서는 안 되며, 도움을 요청하거나 도움이 필요할 때 도와주거나 학생과 같이 배워야 합니다. 또한 학생들이 문제를 해결하는 과정에서 예상치 못한 장애물에 부닥치거나 곤경에 빠졌을 때 그러한 상황에서 빠져나갈 수 있도록 지도하고 조언할 수 있어야 합니다. 학생들이 문제를 해결하기 위해 세웠던 가정들을 검토하고 대안이 될 수 있는 조건들을 확인하며 결과를 예측해보는 과정이 순조롭게 진행되는지 지켜보고 익숙해질 수 있도록 도와야 합니다. 예를 들면, '태풍이 지나간 뒤 계곡이나 공원의 쓰러진 나무를 그대로 두면 어떤 현상이 발생할까?'라는 의문처럼 사물들 사이의 관계를 제시하고 원인과 결과 중심으로 흥미를 느낄 수 있도록 하는 것입니다. 즉 연구 대상이나 사물 자체를 점으로 간주하고 이 점들이 서로 어떻게 연결될 수 있는지에 관심을 가질 수 있도록 유도하는 것입니다. 개별적으로는 매달 몇 권의 책을 읽는지, 학교에서 느끼는 행복지수를 매일 수치로 나타낸다든지, 아이의 통장에 있는 예금액의 변동 등과 같이 시간을 두고 변화가 나타나는 대상을 그래프로 그리게 한다면 그 패턴을 파악할 수 있게 됩니다. 패턴을 이해하게 되면 예측할 수 있으며 의도치 않은 결과에 대해 효과적으로 대응할 수 있게 됩니다. 넷째, 학생들은 문제를 해결하는 과정에서 서로 협력하는 가운데 팀이라는 공동체 의식을 가져야 합니다. 문제에 접근하고 해결을 모색하는 과정에서 학생들은 서로의 생각과 주장을 파악하고 이해하게 되며, 학생들이 함께 열린 마음으로 복잡한 문제에 대해서 함께 사고하게 된다면 혼자서는 결코 해결할 수 없는 학습의 기회를 가질 수 있게 합니다. 예를 들면, 교실에서 괴롭힘을 당하는 문제가 발생한다면 가해자, 피해자, 교사, 그리고 방관자의 관점에 대해 서로 이야기해 볼 수 있습니다. 역할 놀이로 그 상황이나 문제를 다른 시각에서 접근하고 실연해 보면 새로운 시각과 관점을 얻게 될 것이며 교실이라는 공동체가 안전하고 평화롭게 유지되기 위해서 서로가 어떤 노력이 필요한지를 알 수 있게 됩니다. 다른 예로는 '명절이 되어 시골에 계신 가족을 방문하기 위해 아침 일찍 출발했으나 고속도로에서 교통이 정체되고 있을 때 이 문제를 해결하려면 어떻게 하면 좋을까?' '이렇게 정체되는 차량에서 발생하는 이산화탄소의 양은 얼마나 될까?'라는 질문을 혼자서는 해결할 수 없지만 팀이라면 해결책을 찾아낼 수 있을 것입니다.

5) 학습을 위한 평가

총괄평가는 특정 시점에서 학생들이 학습을 얼마나 잘 수행했는지에 관한 자료를 제공하며, 대표적 총괄평가로는 중간고사, 기말고사 등이 있습니다. 형성평가는 매 수업을 마무리하는 과정에서 실시하는 평가이며, 본시 수업내용을 얼마나 잘 이해하고 있는지 점검하는 평가입니다. 지금까지 학교에서 주로 행해왔던 총괄평가나 형성평가는 주로 보상에 기반을 둔 시스템이라 할 수 있습니다. 즉 평가에서 좋은 성적을 받으면 원하는 상급학교에 진학할 수 있고, 그 결과로 원하는 직업을 가질 수 있다는 것입니다. 그래서 항상 학생들에게는 '시험을 잘 못 치르면 어떻게 하나?'라는 좋은 평가를 얻지 못하는 것에 대한 두려움이 존재합니다. 그래서 시험 결과에 집착하게 되고 평가체제에 대해 무력감을 느끼면서 원하는 결과를 얻지 못하게 되면 조금씩 노력을 포기합니다.

학생들은 자신이 무엇을 배우는지 이해하지 못하면서 배우며, 자기의 삶과 아무런 관련 없이 배웁니다. 이런 경우 어떻게 학생의 동기를 유발하고 삶과 관련 있는 평가가 가능할 수 있을까요? 이때 학습을 위한 평가는 평가가 배움과 통합되도록 설계된 평가이므로 이런 경우 도움이 될 수 있습니다. 즉 교사의 피드백에 따라 학생들이 스스로 학습하는 것입니다. 예를 들면 교사가 채점 기준을 적용하여 모범답안과 그렇지 못한 답안의 차이를 보여주면서 그렇지 못한 답안을 쓰지 못한 학생에게 다시 기회를 부여하는 것이죠. 학생은 자신이 개선해야 할 부분을 고려하면서 자신의 과제를 다시 작성할 기회가 주어지게 되는 것입니다. 학습을 위한 평가는 학생들이 자신의 과제를 점검할 수 있으며 자기 주도적으로 학습하면서 자기 평가능력을 가질 수 있게 됩니다. 학습을 위한 평가를 위해서는 몇 가지 고려해야 할 요소들이 있습니다. 첫째는 평가의 적시성입니다. 학생이 평가를 치른 후 가능하면 빠른 시간 내 평가에 대한 피드백이 주어져야 합니다. 만약 평가 후 몇 주가 지난 후에야 과제에 대한 피드백을 받는다면 이미 다른 과제에 집중하고 있으므로 피드백의 효과가 감소할 것입니다. 둘째, 평가에 대한 분석입니다. 평가를 실시한 후에는 평가 결과에 대한 분석이 필요합니다. 평가 기준에 도달하지 못한 학생들에 대한 분석, 대화, 상담을 통해서 학생들이 평가 기준에 도달하지 못한 원인을 확인해야 합니다. 셋째는 성찰입니다. 학생들은 자신의 성취에 대해 스스로 평가할 수 있는 능력인 메타인지[11]를 학습해야 합니다. 그러기 위해서는 교사들은 학생들이 각자 자신의 학습을 계획하고 조직할 수 있도록 자기관리에 대해 안내해야 합니다. 다음으로 자기관리에 대한 자기평가가 필요합니다. 즉 자신과 동료의 과제에 대해 평가할 수 있어야 합니다. 마지막으로 교사나 동료로부터 받은 피드백에 따라 자신의 과제를 수정

---

11) 메타(meta)는 '어떤 것을 위한 어떤 것'을 의미하는 접두사이며, 메타인지(meta cognition)는 인지활동에 대한 인지 또는 다른 역량의 발휘를 돕는 지능의 지능이다(손종호. (2020). 시냅스러닝. 박영스토리, 50쪽).

할 수 있어야 합니다. 이런 과정을 통해서 학생들은 자신의 학습에 대한 자신의 판단을 관리할 수 있게 됩니다. 그렇게 되면 학생들은 교사로부터 자신의 평가 점수에 관한 질문이 아니라 자신이 좀 더 노력해야 할 부분이나 학습이 부족한 부분에 대해 알 수 있게 됩니다. 그러나 학습을 학생 스스로 평가할 수 있는 수준에 도달하기 위해서는 많은 훈련과 시간이 필요합니다. 이런 과정을 거쳐 학년말이 되면 학생들은 스스로 다음과 같은 질문을 할 수 있게 될 것입니다.

- 학년 초에 누군가가 너에게 말해 주었으면 하는 것은 무엇인가?
- 지금 학년말에 돌이켜보면 학년 초부터 무엇을 좀 더 열심히 했으면 좋았을까?
- 1년 전의 자신과 비교해볼 때 달라진 점은 무엇인가?
- 올해를 돌이켜 볼 때 가장 힘들었던 순간은 언제인가?
- 내년에는 무엇을 하고 싶은가?

교사들도 마찬가지입니다. 평가를 통해서 학생들이 자주 실수하거나 놓치는 부분에 대해 분석하게 되고 그 부분을 보완하기 위한 효과적인 교수 방법에 대해 고민하게 됩니다. 평가를 학생들의 변별력을 파악하기 위한 수단이 아니라 평가에서 나타나는 학생들의 약점을 파악하고 이를 보완해 줄 수 있는 학습 방법을 모색한다는 것은 교사의 자기주도 학습으로 볼 수 있습니다. 이와 같은 교사와 학생의 자기 주도적 학습을 위한 노력이 자연스럽게 학업성취라는 결과로 나타나게 됩니다. 교사는 스스로 다음과 같은 질문을 할 수 있습니다.

- 수업 시간마다 수업 목표에 충분히 도달했다고 생각하는가?
- 수업 시 학생들을 이해하고 존중하였는가?
- 학생들의 질문과 요청에 열린 태도로 접근했는가?
- 수업에 참여하는 학생들에게 자기 의사를 표현하는 기회를 충분히 주었는가?

- 나의 수업이 학생의 동기를 유발하고 자기 목표 결정에 도움을 주었다고 보는가?

6) 학부모와의 의사소통

대부분의 의사소통은 학생과 교사 사이에서 발생합니다. 교사와 학부모와의 의사소통은 정기적인 학부모회나 성적통지표 확인란의 의견 제시 정도로만 진행됩니다. 그러나 학부모가 이런 정도로의 의사소통만으로는 자녀가 학교에서 어떻게 생활하는지 파악하기 어렵습니다. 먼저 교사는 학부모와 자녀의 상황을 이해하기 위해서 다음과 같은 질문이 필요합니다.

- 자녀에게 어떤 장점이 있나요?
- 자녀가 어떤 활동을 할 때 가장 좋아하나요? 좋아하는 주제가 있나요?
- 자녀가 하기 싫거나 좌절을 느끼는 활동은 무엇이 있나요?
- 자녀와 가장 친하게 어울리는 친구는 누구인가요?
- 자녀가 학교에 대해서 어떻게 표현하나요?
- 자녀는 무엇이 되기를 원하나요? 목표는 무엇인가요?
- 자녀의 학교생활에 대해 무엇이 궁금한가요?

학부모는 교사에게 다음과 같은 질문을 할 수 있습니다.

- 우리 아이의 장점은 무엇이라고 생각하나요?
- 우리 아이가 누구와 친하며 다른 친구들과는 어떤 관계를 맺고 있나요?
- 우리 아이가 팀 활동에서 자신의 역할을 어떻게 수행하나요?
- 우리 아이가 가장 관심이 있고 좋아하는 활동은 무엇인가요?
- 우리 아이가 가장 힘들어하는 수업이 어떤 교과나 활동인가요?
- 우리 아이가 좀 더 개선해야 할 부분은 무엇인가요?

교사는 학부모에게 위의 질문을 통해서 학생이 가정에서 어떻게 생활하는지를 파악할 수 있고, 학부모는 교사에게 위의 질문들을 통해 자녀가 어떻게 학교생활을 하는지에 대한 궁금증을 해소할 수 있습니다. 이와 함께 교사와 학부모는 학생 또는 자녀에 대한 이해와 의견의 공통점과 차이점을 나눔으로써 학생 또는 자녀의 모습을 전체적으로 깊이 있게 파악할 수 있습니다. 또한 교사와 학부모는 이런 종류의 의사소통을 통해 학생 또는 자녀가 어려운 상황에 부닥치면 이를 감지하여 어려움에서 빠져나올 수 있도록 도와줄 수 있게 됩니다.

지금까지 교사가 학습을 위해 자신의 수업을 설계하는 것에서 시작하여 생각을 확장하고 실행하고 평가하는 것까지의 과정을 설명하였습니다. 그러나 수업을 위한 이 모든 교육활동을 혼자서 감당하고 개발할 수는 없으며 설령 실행한다고 하더라도 교실에서 홀로 고립된 채 지속가능할 수는 없습니다. 그러므로 자신이 추구하는 교육활동에 대한 공감과 격려와 전망을 함께 나누고 같이 성장할 수 있는 동료가 필요합니다. 그것은 고된 수업 시간과 공문처리, 교원연수 속에서 학생들을 위한 효과적이고 창의적인 수업을 위한 새로운 무엇인가를 찾고자 하는 교사들이 모이게 되면 불확실성에서 벗어나 변화에 대한 확신을 가질 수 있기 때문입니다. 수업의 어려움을 같이 나누고 그 해결책을 모색할 동료나 모임이 필요하다면 자신과 같은 생각을 가지는지 확인하기 위해서 자신이 공감한 신문 기사나 내용을 찾아서 동료 교사에게 건네주세요. 그리고 상대방의 의견을 물어보세요, 그렇게 누군가와 새로운 활동을 천천히 여유를 가지고 시작해 보세요.

3 학습자 살펴보기

하워드 가드너의 다중지능에 관한 연구는 지능은 고정되어 있지 않으며 다양한 방법으로 학생의 지능 개발이 가능함을 일깨워 주었습니다.[12] 그러나 아직

---

12) 손종호. (2020). 시냅스러닝. 박영스토리, 51-60쪽.

학교에서는 표준화된 평가 점수를 산출한 후 이에 따라 학생들을 서열화하고 등급을 매기며, 이 점수가 상급학교로 진학하는 중요한 기준이 됩니다. 이런 시스템에서는 학생은 하나의 평가 결과이며 점수나 등수로 표현되는 객체에 지나지 않습니다. 그러나 학습자는 자신의 이름과 같이 정체성을 가진 존재이며 상처받거나 깨지기 쉬운 그릇과 같이 아주 조심스럽게 다뤄야 하는 인격체입니다. 학교에서 자아가 성장하면서 발달과정에 있는 학생 하나하나를 인격체로서 존중하는 것은 학생을 개별적으로 이해하고 알아간다는 의미입니다. 따라서 교사들은 어느 학생도 비난받거나 괴롭힘을 당하지 않고 자신의 취미나 가정환경에 대해 자유롭게 말할 수 있는 수업환경을 조성할 필요가 있습니다. 학습자의 존엄성을 중요한 가치로 보게 되면 그 가치는 교사들의 교실에서의 수업, 교직원 회의, 학교 식당의 식사 대화 등에 영향을 미치게 되며, 나아가 학교에서 공유비전을 수립하고 그 비전과 부합하는 교육프로그램을 개발할 수 있는 의미 있는 출발점이 될 수 있습니다. 다중지능을 이해하게 되면 교사는 이를 자신의 수업에 융합하는 방법을 연구하게 되고 학생들의 다양한 학습방식에 맞출 수 있는 학습과제를 만들기 위해 고민하게 됩니다. 또한 학생들이 자신의 강점과 약점을 파악하면서 각자 가진 한계에 도전하게 하고 학생들이 자신의 정체성을 확인하기 위해 자신을 바라볼 수 있게 합니다. 학생들이 자신의 가치와 존엄성을 인식하게 되면 도전에 따른 실패를 시행착오로 받아들일 수 있게 되며 타인의 존엄성을 존중해 줄 수 있게 됩니다. 그렇게 되기 위해서는 학생들과 지속적인 소통이 가능한 환경과 구조가 만들어져야 합니다.

우리 주위에는 선천적 또는 후천적 질병이나 장애로 인해 고통받는 학생들이 있습니다. 어떤 경우는 약물이나 자신의 노력으로 치유될 수 있지만 어떤 경우에는 치유라는 단어 대신 일시적 호전이라는 말로써 그 증상을 나타내기도 합니다. 이는 평생을 그 증상과 더불어 살아가야 한다는 것을 의미합니다. 장애가 있는 사람들의 삶은 길게 펼쳐진 한 편의 불합리한 연극과 같습니다. 장애인에게 현실이란 몸에 맞지 않는 옷을 입은 것처럼 자기의 생각과 행동에 맞지 않는 일상에 가두거나 격리됨으로써 불합리를 확대하는 역할을 합니다. 우리가 학교에서 학습부진아라고 낙인 짓는 학생들도 마찬가지입니다. 따라서 그들이 어렸을 때 말하고 걷는 법을 스스로 깨우쳤던 것처럼 현재 학교와 교실에서 느끼는 좌절과 포기에서 벗어나 배움의 기쁨을 누리고 미래를 계획할 수 있게 해주어야 합니다. 교사는 개별 학생의 학습방해 요인이 다름은 인정하나 학생 개개인의 학습방해 요인을 식별하기는 어렵습니다. 학습의 목적이 없는 학생들은 마치 향기와 생명력이 없는 조화(造花)와 같습니다. 교사는 이런 학생에게 동기를 부여하고 성취하고자 하는 목표를 설정하고 그 목표와 학습을 연결할 수 있도록 도움을 주어야 합니다.

불합리한 교육은 학생들의 자아가 성숙할수록 내부에서 불만이 거품처럼 점점 커지는 결과를 초래합니다. 학생들은 학년이 올라갈수록 교육이 자신에게 불합리하다는 것을 깨닫게 되지만 어떻게 반응하고 해결해야 할지 알지 못합니다. 학생들이 교육의 불합리에서 벗어나지 못하거나 학교나 교실에서 해소되지 못할 때 학습을 포기하거나 좌절하거나 적절하지 못한 방법을 찾게 됩니다. 그렇다면 교사는 학생들이 불합리한 상황에 있음을 어떤 순간에 인식하는지 살펴보겠습니다.

- 학생들이 수업에 관심을 가지고 흥미롭게 생각하며 수업에 집중하고 있는가?
- 학생들의 수업에 대한 반응이 둔하고 생기가 없는가 또는 지루해하고 불안해하는가?
- 수업 중 수업내용에 대해 학생들이 당황해하거나 화를 내는가?

교실에서 학습에 어려움을 느끼는 학생들을 어떻게 수업에 다시 참여하고 연결될 수 있도록 도울 수 있을까요? 그 과정은 학생들이 자신이 추구하는 삶을 인식하고 성취할 수 있도록 돕는 것과 같습니다. 그 출발점은 학생의 동기를 유발하기 위한 문을 여는 열쇠를 찾는 것입니다. 그 열쇠는 학습에 대한 좌절, 실망, 반항 등의 감정으로 가득 차 있는 현실에서 벗어나 자기가 원하는 것이 무엇인지 아는 것에서 시작됩니다. 만약 자기가 학습해야 할 내용이 아니라 자기가 원하는 것에 집중한다면 자기가 원하는 것을 얻기 위해 무엇을 해야 하느냐를 생각하게 될 것입니다. 학습을 도구로 자신의 목표를 달성하기 위한 수단으로 생각된다면 도전하려는 의지가 생길 수 있습니다. 예를 들면 요즘 시청을 포함한 관공서, 공항, 기차역, 은행, 상점 등 어느 장소에서나 인건비를 줄이기 위한 키오스크[13] 설치가 보편적입니다. 만약 자유여행으로 외국의 여행지를 가고 싶다면 그곳을 가기 위해서는 항공권과 현지의 기차, 버스를 예약해야 하고 현지에서 키오스크를 사용해야 할 수도 있습니다. 자신이 원하는 여행지를 가기 위해서 키오스크 사용법을 숙지하는 것과 아무 목적 없이 키오스크 사용법을 배우는 것은 무엇이 다를까요? 우선 키오스크가 자신에게 왜 필요한지에 대한 관심이 없으므로 키오스크 사용법에 대한 설명에 흥미를 느끼지 못합니다. 그런 의미에서 수업도 마찬가지입니다. 수업내용이 자기의 삶과 아무런 관련이 없다고 생각하기 때문에 배우려는 의욕이 없는 것입니다. 따라서 목표설정이 학습 동기를 유발하는 가장 좋은 방법입니다.

　다음으로는 자신이 달성하기를 원하는 목표와 자신이 처한 현실을 인식하는 것입니다. 원하는 목표 달성 지점과 현재 자신의 위치를 파악하는 것이죠. 이와 함께 자기의 행동이 원하는 목표를 향해 나아가고 있는지를 살펴봐야 합니다. 이러한 자기평가는 앞으로 실행하게 될 자기의 행동에 영향을 미치며 목표가 달성될 때까지 지속되어야 합니다. 그렇게 나아가는 가운데 자신의 문제해결 능력과 역량이 조금씩 개발됩니다. 교사는 학생들이 동기 유발을 위해 자신의 목표를 선택하고 본인의 삶을 스스로 책임지는 방법을 학습할 수 있도록 지켜보면서 도와야 할 것입니다. 아래는 교사와 학부모가 아이들의 지적, 심동적, 심미적 영역에서의 성장 과정을 관찰, 파악한 후 그에 따른 특징들을 기록할 수 있는 내용들입니다.

---

13) 키오스크는 정보서비스와 업무의 무인 자동화를 통해 시민들이 쉽게 이용할 수 있도록 공공장소에 설치한 무인단말기이다.

1) 끈기와 인내로 학습하기

학생들은 종종 자세히 알지 못하거나 어려운 문제에 직면할 때, 그리고 즉각적으로 해답을 찾을 수 없을 때 쉽게 포기하는 경향이 있습니다. 그래서 '이 문제는 나에게는 너무 어려워'라고 생각하거나 평가 과정을 빨리 끝내기 위해 아무 답이나 써 버립니다. 이렇게 충동적으로 행한 행위를 평가가 끝난 후 스스로 돌이켜 볼 수 있게 되면 후회하는 경우가 많습니다. 그래서 자신이 평가한 답안에 대해 충분히 생각했는지, 다른 방법은 없었는지, 어떤 부분에서 실수했는지에 대한 성찰이 필요합니다. 만약 끈기와 인내를 학습하게 되면 쉽게 포기하지 않고 문제해결을 위한 다양한 방법을 모색할 것입니다. 그래서 반복적으로 문제를 분석하고 문제 풀이에 대한 계획을 세우고 점검하는 체계적인 방법을 조금씩 개발할 것입니다. 그리고 주어진 문제나 과제에 대해 싫증 내지 않고 끈기 있게 자료를 찾고 문제를 해결하기 위한 다양한 방법과 접근 방법을 모색할 것입니다. 이러한 과정이 훈련되면 어려운 문제가 주어질 때 쉽게 포기하지 않고 끈기와 인내를 발휘하게 됩니다. 학생들은 의심스럽거나 알려지지 않은 것보다는 결론이나 해답이 확실하게 나와 있는 것을 선호하고 또 그것이 바람직하다고 배워 왔습니다. 그러나 지속적으로 성장하려는 학생들은 새로운 지식을 학습하면서 자신을 수정하고 개선하기 위해 노력할 것입니다.

2) 이해하고 공감하기

타인의 말을 이해하고 공감하면서 듣는 능력은 수준 높은 지적 활동이며, 만약 이해하고 공감하는 마음이 없으면 다른 학생들의 생각이나 행위를 조롱하거나 비웃고 무시하게 됩니다. 이런 학생들은 자신의 답과 생각하는 방식만이 옳고 해답을 찾아가는 과정보다 자신이 제시한 답이 정답인지를 아는 것에만 관심이 있습니다. 또한 시간을 들여 타인의 모호한 이야기를 듣고 이해하기보다는 확실함을 요구하고 자기의 생각과 반대되는 말에는 저항합니다.

그러나 이해하고 공감하는 학생들은 타인의 관점이나 근거를 숙고하고 타인의 말하는 요지를 자기의 말로 표현하면서 듣게 됩니다. 그리고 타인의 자료와 주장과 근거들을 고려하여 자기의 생각과 마음을 수정할 수 있습니다. 타인의 말을 잘 듣기 위해서는 다른 사람의 생각을 표현하는 것, 감정을 이입하는 것, 표현하는 개념이나 느낌을 정확하게 표현하는 능력 등이 필요합니다.14) 만약 어떤 학생이 다른 학생의 생각과 느낌을 자신의 단어로 표현할 수 있다면 이해와 공감 능력이 향상되고 있음을 알 수 있습니다. 이러한 능력은 상대방과의 갈등을 해결하고 타인의 주장에 개방적이며 합의를 이끌 수 있도록 도울 수 있습니다.

3) 메타인지

자신의 사고 과정을 인지하는 것은 중요합니다. 어떤 학생은 평가 문제를 접할 때 자신이 어떻게 그 해답에 도달했는지 파악하지 못하는 경우가 있습니다. 그래서 '나도 잘 모르겠어', '그냥 떠올랐어'라고 대답하면서 그 문제를 풀이하기 위해 떠오른 이미지나 정신적 과정 또는 단계를 설명하지 못합니다. 그래서 자신의 사고 과정에 대해 성찰하고 자신의 사고 방법이나 전략을 평가하지 못하게 됩니다. 학생들이 자신의 사고에 대해 잘 알게 될 때 그들은 자신이 알고 있는 것과 알아야 할 것들, 어떤 자료가 필요한지, 그리고 그 자료로 무엇을 만들 것인지에 대한 계획을 세울 수 있습니다. 문제를 접하기 전 자신의 계획을 세우고, 문제를 풀기 위한 단계를 설정하고 현재 시점에서 어느 단계에 도달해 있는지를 평가할 수 있습니다. 그렇게 되면 문제를 해결한 시점에서 해결하기까지의 과정을 역으로 확인해 볼 수도 있습니다.

학생들의 과제나 보고서를 검토하면 때때로 보고서의 맞춤법이 틀리거나 주어 또는 목적어가 없어서 문법에 맞지 않는 문장으로 구성된 경우가 있습니다. 그런 경우에는 보고서를 마무리한 후 자기의 보고서가 자기의 생각과 주장을 제대로 나타내고 있는지, 잘못된 문장은 없는지를 제대로 살펴보지 않은 것

---

14) 피터 센게 외. (2019). 학습하는 학교. 씨아이알, 350쪽.

입니다. 보고서를 작성하려는 자신의 의도와 목적이 구현되고 있는지 주장에 대한 근거를 제대로 제시하고 있는지 검토해 보아야 합니다. 보고서 작성에 대한 구상과 계획에서부터 결론에 이르기까지의 과정들을 주의 깊게 확인하고 검토하기 위해서는 자신의 사고에 대해 사고하는 메타인지가 필요합니다. 따라서 메타인지는 과거의 경험이나 학교에서 배운 지식을 현실에 적용하거나 그 경험을 추상화한 후 다른 내용과 교과 영역에 적용할 수 있게 합니다. 즉 지식이 전이될 수 있게 하는 것입니다.

4) 창조하기

어린아이들은 자신의 주위를 둘러싼 환경에서 접하는 대상들을 보고, 듣고, 만지고, 맛을 느끼고, 냄새를 맡는 등 모든 감각을 활용합니다. 자라면서 자아가 생기고 흥미가 유발되는 문제가 눈에 보이는 직접적인 사물에서 보이지 않는 대상으로 확대되면 그 이미지를 떠올리면서 문제에 접근하게 됩니다. 대상에 대한 자료를 모으고 관찰하고 조작하고 검사하고 실험하면서 해결 방법을 모색합니다.

우리는 학생들이 그들 자신을 둘러싼 환경에서 지금까지 배운 지식과 일치하지 않는 현상이 발생하면 그 원인에 대해 스스로 질문하게 되기를 바랍니다. 그러나 학생들은 처음 접하는 사물에 대한 표현능력이 모호하고 정확하지 않으며 대상에 대한 자신의 주관적인 생각과 가치를 중심으로 설명합니다. 그러나 생각이 뚜렷하게 될수록 사물의 특징을 명확하게 표현하며 기술적이고 구체적인 단어로 완전한 문장을 갖추어 설명하게 됩니다. 그리고 그렇게 판단하는 구체적인 근거와 기준을 제시하게 되고 사용하는 단어를 선택적으로 사용하면서 간결하고 기술적으로 표현할 수 있게 됩니다. 이처럼 누구나 자신이 가진 재능을 발휘하게 되면 독창적이거나 기발한 아이디어, 해결책, 기술을 발휘할 수 있는 역량을 가지고 있습니다.

창의적인 사람은 여러 각도에서 대안이 되는 가능성을 고려하면서 문제를 해결하려고 합니다. 비전을 위해 위험을 감수하기도 하고 한계치를 넘어서기도 하며 자신을 다른 역할에 투사하기도 합니다. 현상 유지보다는 기술을 개선하기 위해 노력하며 심미적인 도전 의식을 가지지만 한편으로는 현재와 미래의 균형을 잡기 위해 노력합니다. 처음부터 창의적인 것이 아니라 서투른 과정에서 조금씩 나아가는 과정에서 창의적 역량을 발휘하게 되는 것입니다.

5) 자연에 대한 관심

자연에 대한 놀라움과 경외감, 개방감으로 세상에 접근하는 학생들도 있습니다. 예를 들면, 꽃봉오리의 개화, 거미줄의 문양, 벌집의 구조, 구름의 모양과 형태, 천둥과 번개의 발생, 무지개를 보면서 그 현상에 대해서 호기심을 느끼고 생각하고 조사하면서 기쁨을 느끼는 학생들이 있습니다. 그런 학생들은 직면하는 문제가 복잡할수록 호기심이 강렬해지고 세상과 우주의 패턴, 모양, 조화를 감지하려고 합니다. 그들이 접하는 사물의 가치와 유일성을 인지하려고 하며 경외감과 두려움으로 대상에 조심스럽게 접근하기도 합니다.

6) 관계 파악하기

인간은 혼자서는 살 수 없는 사회적 존재입니다. 그래서 또래 친구와 놀이하며, 이성적으로 끌리는 상대를 찾고, 서로에게 동질감을 가진 존재와 어울리며, 긍정적 에너지를 주고받습니다. 현대사회에서 발생하는 문제들은 기계의 부품과 같이 커다란 구조에 연결되어 있으므로 누구도 혼자서는 문제를 해결할 수 없으며 타인과 협력하여 문제를 해결하는 방법을 찾을 수밖에 없습니다. 예를 들어 학교에서 학교폭력 문제가 발생했다면 이 문제를 파악하고 결정하기 위해 교장, 교감, 학생부장, 담임 중 한 명이 필요한 모든 자료를 수집하고 정리하고 해결책을 제시할 수는 없으며, 어느 한 교사가 교육적 상황에서 발생할 수 있는 수많은 돌발 변수를 모두 고려할 수도 없습니다. 따라서 이 문제와 관련 있는 교사들이 함께 모여 위원회를 구성하여 조사한 후 해결 방법을 모색해야만 합니다.

학생들의 경우 수업에서 팀에게 제시되는 과제를 해결하기 위해서는 자기의 생각과 주장을 밝히는 능력과 타인의 주장을 경청하는 방법, 생각이 다르더라도 합의하는 방법, 서로 협력해서 결과물을 도출하는 방법 등을 반복적으로 연습할 필요가 있습니다. 그러기 위해서는 때로는 다른 학우의 가치판단을 존중해야 하고, 자신의 주장을 포기할 수도 있어야 하며, 타인의 주장에 공감하고 동의할 수 있어야 합니다. 경청과 공감, 합의 등은 원하는 목적을 얻기 위해서 함께 일하기 위한 효과적인 수단들이라고 할 수 있습니다.

7) 책임감 기르기

어떤 학생들은 편안한 상황보다는 모험과 혼란, 확실하지 않은 상황, 실패할 가능성이 높은 위험을 감수함으로써 자신이 가진 역량의 한계를 알고자 합니다. 이런 학생들은 실패를 어렵지만 성장을 가져오며, 일종의 시행착오로 받아들이는 경향이 있습니다. 그러나 무작정 자신을 위험에 노출하는 것이 아니라 과거의 경험을 바탕으로 결과를 생각하고 이 상황에 택하는 전략들이 적절한지를 확인합니다. 따라서 모든 위험을 감수하려고 하지 않고 그것이 자신의 역량을 개발할 수 있는 새로운 의미가 있는 도전인지를 고려하게 됩니다.

그러나 어떤 학생들은 지금까지의 편안함에서 벗어나는 새로운 학습에 대한 도전이나 위험을 감수하지 않으려고 합니다. 왜냐하면 실패에 대한 두려움이 모험과 도전이 주는 경험보다 훨씬 더 크다고 보기 때문입니다. 그렇게 되면 새로운 도전으로 반복적인 경험을 쌓음으로써 위험을 효과적으로 대처하고 감소시키는 훈련을 하는 학생과는 대조적으로 새로운 생각을 통해 성과를 달성하는 기회를 놓칠 수밖에 없습니다. 따라서 새로운 도전과 모험을 감수하는 학생들은 지금과 같은 불확실성의 시대에서 자기 분야에서 혁신의 가능성을 높일 수 있게 됩니다.

4 지역사회

지역사회(community)라는 단어는 라틴어 communis에서 비롯되었으며 '많은 사람에 의해 사용되는 물의 원천'이라는 의미입니다. 따라서 지역사회의 원래 의미는 공유하는 자원이라는 뜻을 가집니다.[15] 지역사회는 학교와 함께 학생의 성장을 위해 헌신하는 장소며, 정부 기관, 학술연구기관도 있지만 언론, 경찰, 기업 등 학생과 그 가족이 일상생활을 영위하게 하는 곳을 모두 포함하게 됩니다. 이러한 지역사회의 인구 구성과 산업구조, 인구 변화는 학생의 구성과 학교의 교육활동과 직결되어 있으므로 단순한 통계수치로만 파악될 수는 없습니다. 그것은 학교가 지역사회 내에 존재하므로 학교와 지역사회가 서로 의존적인 공동체로서 연계되기 때문입니다. 따라서 학교는 지역사회와 공유할 수 있는 비전을 찾고 학생이 달성해야 할 높은 기준을 제시하고 실행함으로써 학교가 속한 지역사회의 사회경제적 상황과 전망이 밝지 않다고 할지라도 학생과 학부모들이 미래에 대한 희망을 품을 수 있도록 해야 합니다. 즉 학부모가 자녀에게 기대를 거는 것처럼 학교와 교사도 학생들에게 높은 기대를 걸어야 합니다. 학생들에 요구되는 높은 기준을 달성하기 위해서는 지역사회와 함께 서로 원하는 것이 무엇인지를 공유하는 비전을 개발하고, 학교관리자가 바뀌어도 변하지 않는 교육시스템을 구축하면서 공동 학습을 진행할 수 있어야 합니다.

자녀들이 있는 부모들은 자신들이 거주할 집을 선택할 때 경제적 상황, 교통과 주변 환경을 따지게 되지만 자녀들이 다니게 될 학교도 고려하게 됩니다. 그렇다면 다양한 직업과 견해를 가지고 있는 지역사회의 구성원들을 상호 연결할 수 있는 공통점은 무엇일까요? 그것은 그들이 자녀의 학습과 진학에 많은 관심이 많다는 점을 들 수 있습니다. 이렇게 서로 다른 생각과 생활을 영위하는 사람들이 학교라는 매개체를 통해서 학습공동체에 소속되면 새로운 에너지와 감정이 생길 수 있습니다. 현재 진행되고 있는 4차산업혁명은 지역사회 구성원들의 시간적 공간적 한계의 극복에 도움을 주며, 지역사회와 학교의 연결에 큰 도움이 됩니다. 만약 어떤 학부모가 학교의 교육활동을 지원하는 가운데 학교가 운영하는 교육프로그램에 대해 지역사회의 도움이 간절히 필요하게 되었다고 하죠. 그런 경우 그 학부모는 누구와 그 문제를 논의해야 하며 필요한 도움을 요청

---

15) 피터 센게 외. (2019). 학습하는 학교. 씨아이알, 679쪽.

해야 할까요? 그런 경우 아래의 질문에 대한 대답이 필요합니다.

- 이 교육프로그램은 지역사회로부터 어떤 도움이 필요한가?
- 나는 도움이 필요한 이 교육프로그램을 위해 무엇을 해야 하는가?
- 나는 도움이 필요한 이 프로그램을 위해서 누구의 도움을 요청해야 하는가?
- 도움이 필요한 이 교육프로그램을 위해 지역사회의 지원조직으로 무엇이 있는가?
- 도움이 필요한 이 교육프로그램과 관계되는 사람들과 어떻게 소통해야 하는가?

이러한 과정에서 지역사회의 개인 또는 기관과 연결 고리가 만들어졌다면 도움이 필요한 교육프로그램을 위해 무엇을 가장 먼저 진행해야 할 것인지에 대한 우선순위를 정해야 할 것입니다. 가장 먼저 접촉해야 할 기관이나 사람들을 선정하고 그들이 선정되었다면 만나기 전 아래와 같은 사항들을 점검해야 합니다.

- 우리는 지금까지 학교에서 어떤 활동을 해왔으며 어떤 성과를 거두었는가?
- 도움이 필요한 이 교육프로그램을 위해 그 기관에 무엇을 요청할 것인가?
- 그들이 우리에게 요구하는 것은 무엇일까?

여기에 싱가포르의 좋은 예가 있습니다. 싱가포르의 학교들은 1997년부터 교육관계자들이 참여하여 '생각하는 학교, 학습하는 국가(Thingking Schools, Learning Nation, TSLN)'라는 공유비전을 만들었습니다. 이것은 교사와 학생들이 비판적이고 창의적인 사고를 하고 적극적으로 자기주도적 학습을 하며, 끊임없이 가정에 도전하고, 자신의 실패뿐만 아니라 타인의 실패를 통해 학습하고, 세계적으로 가장 좋은 사례를 탐색해서 지역에 맞게 적용하는 등과 같은 교육활동을 의미합니다.16) 싱가포르의 다음 단계는 최종목표를 명확하게 하는 것이었습니다. 약 300명의 교사와 공무원들이 모여 함께 숙박하면서 세계와 사회적으로 떠오르는 트렌드와 미래의 싱가포르에 바람직한 교육 결과에 대해서 토론했습니다. 이런 토론을 통해 전반적인 합의점을 도출하였는데 그 결과는 예상 밖으로 모순적이었습니다. 싱가포르의 학생들을 예측하기 힘들고 빨리 변하는 미래를 위해 준비시키는 방법은 교육의 본질로 돌아가야 한다는 것입니다. 즉 학생들이 도덕적, 인지적, 신체적, 사회적, 미적 영역에서 골고루 종합적으로 성장하게 해야 한다는 것입니다. 토론과 브레인스토밍 절차를 통해 많은 아이디어가 나왔으며, 이는 초등, 중등, 고등단계의 관리지표로 사용될 수 있도록 여덟 개의 바람직한 결과물로 요약되었습니다. 이 목록은 모든 일선 교사와 교장에게 회람되었고 의견을 받았습니다. 이것은 처음에는 어려웠으나 시간이 지나면서 희미한 이미지가 점점 선명한 그림이 되는 것과 같은 과정이었습니다. 고촉통 싱가포르 총리는 이 '생각하는 학교, 학습하는 국가'를 1997년에 개최된 제7차 '생각에 관한 국제학술대회(International Conference on Thinking)에서 소개하였습니다. 그 이후 TSLN은 싱가포르 교육제도의 이해관계자들과 함께 지속적으로 정의되고 정돈되었습니다. TSLN은 그 후 바람직한 결과물을 도출하기 위해 교육시스템과 학교를 어떻게 배치할 것인가에 대해 고민하기 시작했습니다.

처음 부닥친 도전과제는 무엇이 문제인가를 결정하는 것이었습니다. 약 300명의 교사와 공무원들을 30개 이상의 프로젝트팀으로 나누어 바람직한 결과물을 만드는데 장애가 되는 정책과 관행들을 찾도록 했습니다. 그래서 각 팀은 문제를 제기하고 정책 제안을 하였습니다. 프로젝트팀의 보고서에 따르면, 싱가포르는 당시 교육 패러다임 변화의 문턱에 있음이 확인되었으며, 문제의 해결책은 효율성에서 능력 중심으로, 학교 중심에서 학생 중심으로 이동해야 한다는 것이었습니다. 그래서 TSLN은 '능력 중심의 교육'으로 두 번째 도전을 시작했습

---

16) 피터 센게 외. (2019). 학습하는 학교. 씨아이알, 714-715쪽.

니다. 여기에는 두 가지 요소가 있는데 하나는 개인의 학습 요구를 충족시키는 것이었습니다. 즉 역량은 개인마다 다르나 누구나 자신의 역량을 발휘한다면 자신이 나아갈 수 있는 최고의 상태에 도달할 수 있다는 것입니다. 다른 하나는 학생들이 자신의 재능을 더 좋은 사회로 만들기 위해 적극적으로 기여할 수 있도록 국가와 사회의 가치관을 반복해서 가르치는 것입니다. 세 번째 도전에서 TSLN은 교육부 차원에서 구체적인 프로그램과 실행 지침을 작성하여 교육과 관련 있는 다양한 부서에 이를 통합하였습니다. 또한 모든 학교가 사용할 수 있도록 문서를 통일하고, 모니터링 절차와 피드백 경로를 만들어 새로운 아이디어가 교육부에서 학교로 또는 그 반대 방향으로 소통할 수 있게 하였습니다. 이 모든 것의 기반은 의사소통이었습니다. TSLN이 이 계획을 실행할 수 있었던 것은 공유비전의 개발에 있지만 학생들이 성장할 수 있도록 돕는 교사의 전문성과 일치하였기 때문입니다. 이는 교사들이 TSLN이 하려고 하는 논리와 의도를 이해하는 것이 중요하며, 문제는 교육부와 학교의 양방향 소통을 어떻게 효과적으로 관리하느냐에 달려 있었습니다.[17]

지금까지 싱가포르의 교육혁신을 위한 노력과 사례를 살펴보았는데 이는 국가라는 거시적 측면에서 교육의 변화를 끌어내었다고 할 수 있습니다. 이제는 미시적 측면, 즉 지역사회가 중심이 되어 학생들의 학업성취를 향상시켰던 사례를 살펴보겠습니다. 지역사회에서 어떤 사업을 추진할 때 우리는 지시에 따라 일을 하는 것과 자신의 선택으로 일을 하는 것의 차이를 이해하게 되며, 자신의 선택으로 일을 추진할 때 사람들은 머리가 아니라 가슴으로부터 일을 시작합니다. 지역사회에서의 일은 가치 지향적이어서 진정으로 자신들이 원해야 움직이고 모임이 형성됩니다. 지역사회의 변화는 지역공동체에서 사람들이 살아가는 방식을 이해할 때 시작되며 부족한 삶의 부분들을 채우는 것이 아니라 우리가 잘하는 것에 집중할 때, 도움을 요청하는 것이 아니라 참여자의 헌신으로만 발생합니다. 이를 위해서는 재능과 열정을 가진 사람들에 의한 높은 수준의 시민

---

17) 피터 센게 외. (2019). 학습하는 학교. 씨아이알, 713-717쪽.

참여가 필요한데, 이때 시민 참여란 책임과 헌신을 의미합니다. 즉 자신이 거주하고 있는 지역사회에 대해 책임을 느낀다는 것은 지금 지역사회의 이런 환경조건을 만들어 온 주체가 바로 자기 자신임을 인정한다는 것이며, 책임지겠다는 것은 지역사회가 지금보다 더 나은 환경이 될 수 있도록 돌보겠다는 의미라 할수 있습니다. 지역사회에 헌신한다는 것은 공공의 선을 위해 노력할 것을 조건을 달지 않고 약속하겠다는 것을 의미합니다. 지역사회에서의 시민 참여 모임에서는 문제해결에 목적을 두지 않고 제기되는 문제들에 대한 다양한 시각과 접근 가능성을 다루면서 주인의식과 명분을 쌓을 필요가 있습니다.[18]

지역사회에서 모임을 만들고 대화를 진행한다는 것은 학교나 교육기관에서 하는 것보다 훨씬 어렵고 복잡합니다. 그것은 지역사회의 공동체에 뿌리박혀 있는 파편화된 의식과 서로를 연결할 수 있는 이해와 공감대가 부족하기 때문입니다. 또한 참여자들 대부분은 자신들의 여유시간에 자원봉사로 참여하기 때문에 모임의 명분이 뚜렷하더라도 모임에 누가 참석할지는 아무도 모릅니다. 그러므로 공개적으로 건강한 대화 속에서 서로 연결될 수 있도록 하고 제기되는 문제에 대한 이해관계가 얽힐 수 있도록 해야 합니다. 지역사회의 활동에 참여하기위해서 제시되는 질문들은 다음과 같습니다.

- 자신에게 어떤 역량과 재능이 있다고 생각하는가?
- 타인에게 없는 자신만의 재능은 무엇인가?
- 우리가 지역사회를 변화시킬 가능성을 어디에서 찾을 수 있을까?
- 지역사회의 변화를 가져올 수 있는 것들을 함께 만들고 싶은가?
- 당신의 자기의 경험을 가치 있게 만들기 위해 어떤 계획을 하고 있는가?
- 지역사회의 변화를 위해서라면 어느 정도 위험을 감수해야 할까?
- 지역사회의 변화에 걸림돌이 되는 것은 무엇이라고 생각하는가?
- 지역사회의 변화는 당신이 헌신할 가치가 있는 대상인가?

---

18) 피터 센게 외. (2019). 학습하는 학교. 씨아이알, 705-706쪽.

여기에 소개되는 미국 루이지애나주의 성마틴 교육구(St. Martin Parish)는 학생 수가 9천 명 정도인 지방자치구로 70% 이상이 빈곤층에 속합니다. 학부모들은 1993년 이 교구에 속한 몇몇 초등학교 학생 중 30%가 매년 1년을 유급한다는 심각한 문제를 알게 되었습니다. 미국의 경우 초등학교 저학년 학생들이 단 한 번이라도 유급하게 되면 그들이 고등학교를 졸업할 가능성은 반으로 줄어들게 됩니다.[19] 그래서 학부모들이 가장 첫 번째로 한 일은 지역사회의 중심 집단 만들기였는데 핵심적인 내용은 가장 도움이 필요한 지역에서 자원봉사자를 찾는 일이었습니다. 유치원부터 중학교 2학년까지 유급당했던 적이 있는 학생들의 이름을 명단으로 만들고 그들의 주소까지 알아낸 뒤 그에 맞춰 지도위에 핀으로 표시했습니다. 핀들이 모여있는 곳에서 주축이 될 수 있는 6명의 지원자를 찾아서 핵심위원회를 구성하였습니다. 핵심위원회에서는 질문지를 작성했는데 여기에는 아래와 같은 질문들이 포함되었습니다.

- 자녀들을 위해 어떤 지원이 필요한가?
- 숙제에 대해서 어떻게 생각하는가?
- 자녀들이 자라서 무엇이 되기를 원하는가?
- 자녀들에게 어떤 일이 발생하지 않기를 원하는가?
- 당신은 모든 학생이 학습할 수 있다고 믿는가?

두 번째 단계는 지역사회의 지도 만들기입니다. 첫 번째 단계에서 만들어진 설문조사 내용으로 핀으로 표시한 장소를 가정마다 다니면서 설문조사를 하였습니다. 그 결과 교사와 학부모들의 의견이 서로 다른 것을 발견하게 되었습니다. 예를 들면, 학부모들은 교사들과 비교할 때 그들의 자녀들에게 교사들보다 훨씬 높은 기대감이 있었습니다. 그러나 교사들은 그렇지 않았습니다. 위의 설문 중 모든 학생이 학습할 수 있다고 믿느냐는 질문에 학부모 대부분은 '예'라고 대답

---

19) 피터 센게 외. (2019). 학습하는 학교. 씨아이알, 719쪽.

했으나, 62명의 교사들은 '아니오'라고 대답했기 때문입니다.

　세 번째 단계는 지역사회에 참여하는 것으로서 설문조사에서 발견한 문제점들을 해결하는 방법에 대해서 논의하는 것입니다. 예를 들면, 공장 교대근무를 하는 사람들을 위해 새벽 5시에도 아이들을 돌봐줄 수 있는 보육환경이 부족한 것입니다. 반대로 야간근무를 하는 학부모들은 아이들 숙제를 도와줄 수 있는 사람이 없었습니다. 이런 문제점들을 들으며 사람들은 스스로 해결책을 제시했습니다. 한 지원자가 보조금 지원을 받는 어떤 저소득층 주택단지 내부에 숙제 클럽을 시작했습니다. 아이들은 방과 후에 그 건물의 같은 방에 모이게 되었으며 학년이 높은 아이가 학년이 낮은 아이들을 도와주고 학부모들은 서로 교대로 감독하였습니다. 이 모든 것은 주민들이 고안해 낸 해결책이었습니다. 이와 함께 아이들을 위한 공공 의료서비스를 확장하였습니다. 아이들이 분노를 조절하는 방법이나 욕하는 습관을 고칠 수 있는 방법을 찾는 등 함께 노력해서 해결할 수 있는 공통문제들을 찾기 시작했습니다.

PART
03

지속가능발전과 교육

지속가능발전과 현실

1 지속가능발전이란?

지속가능발전이란 용어는 1987년 세계환경개발위원회(World Commission on Environment and Development)가 '우리 공동의 미래(브룬트란트 보고서)'[1]에서 '미래세대의 필요(needs)를 훼손하지 않는 범위에서 현세대의 필요를 충족시키는 발전'으로 그 의미를 규정하면서 시작되었습니다.[2] 이때 필요(needs)는 욕구(wants)와 대비되는 개념으로 우리가 살아가는 데 필요한 최소한의 것을 의미합니다. 그 후 1992년 브라질 리우데자네이루에서 개최되었던 유엔환경개발회의(UN Conference on Environment and Development)에서는 Agenda 21이라는 깊이 있는 행동계획에 '교육, 대중 인식 및 훈련 촉진'을 포함하였으며, 이 아이디어를 마음에 두었던 사람들 중심으로 네트워크가 생기게 됩니다. 우리가 생각하는 지속가능이란 인간이 자연의 섭리 안에서 지혜롭게 살아가는 것을 의미하며, 이는 많은 사람이 희망하는 미래의 세상일 것입니다. 또한 인간의 활동이 환경오염과 사회적 불평등을 감소시키고 현세대가 미래 세대에게 현 생활방식의 부작용으로 인해 발생하는 결과와 책임을 부담시키지 않고 사는 것을 의미하기도 합니다. 지속가능성은 환경적, 경제적, 그리고 사회적 건강 사이의 상호의존성이 높음을

---

[1] 전 노르웨이 총리인 그로 할렘 브룬트랜드(Gro Harlem Brundland)가 이 위원회를 이끌었다.

[2] 조성화 외. (2015). 교육과 지속가능발전의 만남. 북스힐.

인식하게 함으로써 우리 시대의 자연과 생태계 시스템이 취약해지고 있음을 깨닫게 합니다. 그것은 산업사회의 자원개발이 자연과 생태계를 해치거나 파괴하고 있기 때문입니다. 우리는 이러한 상황을 줄이거나 멈추게 해야 할 뿐 아니라 자연 및 생태계를 복원하기 위해서 지금보다 더 많은 것을 배워 나가야 합니다.

만약 우리가 당면한 환경위기 문제를 해결하기 위해 적절한 정책과 조치를 취하지 않는다면 우리의 물질적 성장은 멀지 않아 중단될 것이며, 생태계 파괴로 인한 건강과 보건정책의 붕괴, 사회 갈등, 빈부 격차로 인한 불평등이 심화될 것입니다. 현재 지구의 생태계가 비록 매우 심각한 도전에 직면하고 있지만 인간의 소비와 욕구를 줄이고 공정하게 물질을 분배하면서 출생률과 사망률을 지속가능한 수준으로 조절하기 위해 노력한다면 급격한 쇠퇴나 붕괴는 피할 수 있을 것입니다. 이러한 붕괴는 지구가 가진 한정된 자원들에 대한 요구가 점점 커져서 지나친 성장으로 인해 지구가 더 이상 지탱할 수 없는 상태에 빠졌을 때 발생하기 때문입니다.

우리는 현재 지금까지 우리가 유지해 왔던 생태적, 경제적, 사회적 시스템이 지속불가능하다는 것을 깨닫고 있습니다. 그것은 우리가 만들어왔던 사회적 시스템이 자연과 인간의 삶에 파괴적이었기 때문입니다. 지구 전체를 하나의 시스템으로 보고 필요한 변화를 인식하는 것은 하나의 조직을 살펴보는 것보다 어려울 수는 있지만 기본 원칙은 크게 다르지 않습니다. 한 예로써 기후변화에 대한 우리의 이해를 먼저 살펴보겠습니다. 온실가스의 주요 성분인 이산화탄소의 인위적인 배출량은 산업 시대 전반에 걸쳐 기하급수적으로 증가하였습니다. 오늘날 대기 중 이산화탄소 수준은 지난 50만 년 동안보다 35% 더 증가했으며, 이런 이유로 과학자들은 인간의 행동이 지구 기후 변동의 가장 위험한 원인 중의 하나라는 것에 동의합니다. 현재 전 세계의 이산화탄소 배출량은 매년 약 80억 톤에 이릅니다. 이것은 나무, 식물, 플랑크톤과 같은 천연 바이오매스[3]에 흡

---

3) 태양광을 받아서 자라는 식물, 이 식물을 먹고 자라는 동물, 동식물의 사체를 분해하며 번식하는 미생물 등 한 생태계의 순환과정을 구성하는 생물(bio)의 총 덩어리(mass)를 바이오매스라 부른다.

수되거나 대양에서 용해되어 대기에서 연간 제거되는 약 30억 톤의 2.5배입니다. 대기 중 이산화탄소의 유입과 유출은 욕조의 물처럼 작용합니다. 욕조에 유입이 유출량을 초과하면 욕조가 계속 채워지게 되는데 어느 순간에는 욕조가 흘러넘칠 것입니다. 이것은 이산화탄소의 수준이 어느 순간 지구의 기후변화에 돌이킬 수 없는 치명적인 영향을 줄 것이며 인간과 다른 생물에 치명적일 수 있다는 것을 의미합니다. 욕조가 언제 넘칠지 정확히 알 수 없지만 이러한 비극적 상황을 피하기 위해서는 현재의 이산화탄소 배출을 이산화탄소가 대기에서 제거되는 속도와 같게 만들거나 이보다 낮아지도록 줄여야 합니다. 이를 달성하기 위해서는 20년 내 전 세계 이산화탄소 배출량의 60~80%를 감소시켜야 하는데 이것이 오늘날 우리가 직면하고 있는 절실한 당면과제입니다.[4]

또 다른 예를 들면 자연 상태가 아니고 인간의 관리에 의해 만들어진 공원은 지속적인 관리를 필요로 합니다. 잔디 깎는 기계에서 발생하는 온실가스 방출, 화학비료를 만들기 위한 화석연료의 사용, 농약으로 인한 곤충의 감소, 잔디밭의 유지를 위한 비용, 생태계의 교란과 파괴, 화학물질이 하천에 흘러들어감으로써 발생하는 수자원의 오염 등이 발생하게 됩니다. 학생들이 지속가능발전이라는 개념 위에서 시스템 사고를 이해하게 되면 위에서 언급한 내용들이 독립적인 것이 아니라 상호연관이 있음을 알게 되고 어떤 문제에 대해 단 하나의 원인을 찾지 않게 됩니다. 넓은 범위에서 접근하면서 반복적으로 발생하는 패턴을 살펴보는 습관을 가지게 되며 상호연관된 원인들에게 접근하면서 그 과정과 결과를 예측하기 위해 머릿속으로 상상하고 그리게 됩니다. 그렇게 되면 하나의 자원에서 나온 폐기물이 다른 자원의 에너지가 될 수 있는 수요와 공급의 순환을 발견할 수 있게 됩니다. 시스템 사고에 대해 배우면 아이들이 우리가 아름답고 평화롭게 살아가기 위해 중요한 것이 무엇인지를 더 깊고 정확하게, 그리고 지속적인 관심을 가질 수 있게 합니다.

우리는 현재 우리 주위에서 쉽게 접하는 물이나 공기, 땅, 바다, 에너지 그

---

4) 피터 센게 외. (2019). 학습하는 학교. 씨아이알, 210−211쪽.

리고 광물같이 주위에서 쉽게 볼 수 있지만 무한하지 않은 자원들이 과도하게 많이 사용되는 것과 그로 인해 그와 관련된 사람들의 이익이 점차 감소하는 것을 보고 있습니다. 그러나 그 문제들을 어떻게 해결해야 하는가에 대한 통찰력을 기를 수 있는 시간과 기회를 접하기는 어렵습니다. 부모나 교사들은 이렇게 각기 흩어져 있는 것처럼 보이는 '점'들을 연결하는 법을 아이들이 배울 수 있도록 도울 수 있습니다. 즉 아이들이 현상과 표면 아래에 있는 것들을 볼 수 있도록 즉 상호관계와 그에 따른 변화를 알 수 있도록 도와야 합니다. 그렇게 되면 아이들은 이 세계가 서로 거미줄처럼 연결되어 있고 여러 요소와 과정이 상호작용하면서 만들어지고 있음을 이해하게 되며, 그러한 점들을 연결하여 그들이 살아 나갈 세상을 더욱 밝고 희망이 있는 장소로 만들 수 있을 것입니다. 지속가능한 사회가 되면 누구도 가난 속에서 살도록 내버려 두지 않을 것이며, 누구에게나 필요한 물질이 제공될 수 있을 것입니다. 지속가능한 사회에서는 잘못된 점을 고치고 혁신하고 지구 생태계의 풍요로움을 유지할 수 있는 시간과 자원, 의지가 충만하게 될 것입니다. 그러한 사회는 물질적 소비를 늘리기보다는 삶의 질 향상에 집중할 것입니다.

2 한계초과

생태계가 한계를 초과하는 첫째 원인은 성장과 가속에 따른 급격한 변화입니다. 산업혁명 이래 인구, 식량 생산, 산업생산, 자원의 소비와 오염 등이 모두 시간이 흐를수록 더 빨리 증가하고 있습니다. 수학자들은 이렇게 증가하는 모습을 기하급수적 증가라고 부릅니다.[5] 기하급수적 증가는 이미 있는 것에 비례해서 양이 늘어나게 되는데 그 예로 효모균이 있습니다. 효모균은 10분에 한 번씩 2개의 세포로 분리되며 가령 10분에는 2개, 20분에는 4개, 30분에는 8개, 40분

---

5) 도넬라 H. 메도스 외. (2004). 성장의 한계. 갈라파고스, 59쪽.

에는 16개, 50분에는 32개, 60분에는 64개로 증식하며, 이렇게 증식하는 경우를 기하급수적 증가라고 합니다. 기하급수적 증가는 초기에는 대수롭지 않아 보이지만 어느 순간이 되면 통제할 수 없을 정도로 늘어나게 되며, 이런 성장 유형은 인간의 힘으로는 조절하기가 매우 어렵다는 특징을 갖고 있습니다. 효모가 증식되는 속도 조절을 위해 필요한 조치를 하는 시점과 조치의 필요성을 느끼는 시점 사이에는 심각한 지체현상이 발생할 수 있습니다. 지체현상의 발생과 함께 영양소 부족, 낮은 기온 등과 같은 효모의 성장을 제약하는 조건들이 생기지 않는다면 효모는 기하급수적으로 증가할 가능성이 높습니다.

1) 인구 증가와 산업 성장

1650년 세계 인구는 약 5억 명 정도였는데 해마다 약 0.3%씩 증가해서 거의 240년마다 두 배로 증가하였습니다. 1900년에는 세계 인구가 16억 명에 이르렀는데 해마다 0.7~0.8%씩 증가한 것으로 보이며 이는 약 100년마다 인구가 두 배로 증가한 것입니다. 1965년 세계 인구는 33억 명이었으며 해마다 2%로 높아져 약 36년마다 인구가 두 배로 증가하게 됩니다. 1965년 이후 사망률은 하락하였으나 평균 출생률은 그보다 더 빠르게 떨어지게 됩니다. 2000년 인구는 60억 명으로 증가하였지만 인구 증가율은 2%에서 1.3%로 떨어지게 됩니다. 세계의 인구 증가율은 조금씩 하락하는 추세나 세계 인구는 산업혁명 이후 기하급수적으로 증가해왔습니다.[6] 세계 인구가 증가하면 더 많은 식량과 광물, 에너지가 요구되며 그 수요에 따라 생산이 증가합니다. 인구가 증가하면 식량과 에너지가 소비되며, 이에 따라 오염물질과 폐기물도 증가하게 됩니다. 그리고 인구와 자본의 증가는 소비 형태의 변화나 자원 이용의 효율성이 획기적으로 향상되지 않는 한 인간의 생태발자국[7]을 늘리게 됩니다.

---

6) 2010 세계인구자료집에 따르면 세계 인구는 68억 9,200만 명이고, 2025년에 81억명, 2050년에 94억명이 될 것으로 예상하고 있다(도넬라 H. 메도스 외. (2004). 성장의 한계. 갈라파고스, 74쪽).

7) 이 용어는 마티스 베커나겔과 그의 동료들이 1977년 지구회의(Earth Council)에서 위탁받은 연구를 수행하면서 널리 알려지게 되었으며, 인간의 생태발자국이란 인류가 지구에 지

전 세계에서 평균적으로 여성 한 명이 낳는 아이의 수는 1950년대에는 5명에서 1990년대가 되면 2.7명으로 감소하였습니다. 이러한 출생률 하락은 세계인구가 두 배로 증가하는 기간이 36년에서 60년으로 늘어나게 됨을 의미하지만 그런데도 전 세계 인구는 증가하고 있습니다. 출생률 하락에 가장 직접적인 영향을 미친다고 여겨지는 요소들은 경제 규모나 풍요보다는 오히려 경제적 개선이 모든 가족 구성원의 삶, 특히 여성들의 삶에 실제로 미치는 영향력이 어느 정도인지에 달려 있습니다. 따라서 1인당 국민 총소득보다 더 중요한 예측 요소는 여성들을 위한 교육과 고용, 산아 제한, 낮은 유아 사망률, 그리고 상대적으로 소득과 기회의 평등한 분배 같은 요소들이라 할 수 있습니다.[8]

산업자본도 기하급수적으로 증가할 수 있는 부류에 속합니다. 여기서 산업자본은 제조품을 생산하는 기계와 공장 같은 실제 설비를 말하며, 여기서 만들어낸 제품을 산업산출물이라 합니다. 산업산출물 중 서비스 자본은 병원, 학교, 은행, 마트 같은 시설이나 건물 형태를 띠게 되는데 이는 보건과 교육처럼 실제 가치가 있는 생산물의 흐름을 만듭니다. 산업산출물 중 자원획득자본은 착암기, 유정, 광산장비, 수송관로, 펌프, 유조차, 정련소, 제련소의 형태를 띠는데 이들은 다른 자본들의 작동을 위해 필요한 원자재와 에너지를 생산합니다. 산업산출물 중 소비재는 옷, 자동차, 라디오, 냉장고, 주택들이 이에 해당하며, 1인당 소비재 산출량은 인간의 물질적 행복을 가늠할 수 있는 중요한 기준입니다. 지금까지 언급한 산업산출물들은 유형의 물질이지만, 우리가 일상생활에서 사용하는 화폐는 물질의 상대적 비용과 가치[9]에 대한 정보를 전달하는 것입니다. 화폐는 실물 자본과 생산품의 흐름을 매개하고 자극하며, 한 해에 생산된 최종 상품과 서비스의 모든 물질적 산출물을 화폐로 환산한 가치를 GDP,[10] 국내총생산이라고 합니다. 인구가 산업화의 과정에서 인구통계학적 변화를 겪는 것처럼 경제도

운 모든 부담을 합한 것이다. 즉 농사, 광산 채굴, 고기잡이, 삼림벌채, 오염물질 방출, 토지 개발, 생물다양성 감소와 같은 것들이 지구에 미친 영향이 포함된다.

8) 도넬라 H. 메도스 외. (2004). 성장의 한계. 갈라파고스, 83쪽.

9) 이때의 가치란 시장에서 영향력을 발휘하는 생산자와 소비자가 정한 가치를 의미한다.

10) 국내총생산: GDP는 Gross Reginal Domestic Product의 약자이다.

마찬가지로 증가와 변화의 과정을 거치게 됩니다. 산업화 이전에는 농업과 서비스 경제가 주축을 이루지만 산업화가 시작되고 자본이 증가하면 산업 분야가 가장 빠르게 증가하고, 산업 기반이 갖춰지면 서비스 분야가 증가하게 됩니다.[11]

어느 국가이든 해마다 2~3% 정도의 경제 성장을 예상합니다. 그래서 예상되는 전체 자본 가운데 일부를 떼어내 다음 해 성장을 위해서 재투자합니다. 지진, 홍수, 태풍과 같은 천재지변이나 코로나 같은 인적 재앙이 닥치지 않는 한 경제는 성장할 것입니다. 자본도 인구처럼 기하급수적으로 늘어나는 시스템 구조를 가집니다. 경제는 인구가 늘어나는 것처럼 급격하게 성장하지는 않으나 근본적으로 성장 지향적이며, 기하급수적 형태를 띠고 있습니다. 선진국에서는 성장이 고용과 경제 성장, 기술 발전을 위해 필요하다고 믿으며, 후진국에서는 성장이 가난을 벗어날 수 있는 유일한 방법이라고 생각합니다. 또한 환경보호와 개선을 위해 필요한 자원들을 공급하기 위해서는 성장이 필요하다고 믿는 사람들도 많습니다. 그러나 성장에는 한계가 있습니다. 지구는 한정된 공간이며, 자동차, 주택, 공장을 포함한 물질적인 성장은 영원히 계속될 수 없습니다. 이때 성장의 한계란 일정 기간 처리할 수 있는 양의 한계를 의미합니다. 즉 인류가 지구의 생산력과 흡수력을 초과하지 않는 한도 내에서 자원을 사용하고 폐기물(온실가스, 유독물질)을 방출할 수 있을 정도의 성장률 한계를 말합니다.[12] 여기서 말하는 생산력이란 인간에게 물질과 에너지를 제공하는 지구의 자원 생산력을 의미하며, 흡수력이란 인간이 대기와 지하수, 토양 등에 방출한 쓰레기와 오염물질들을 자정할 수 있는 능력입니다.

인구가 증가하면 빈곤도 증가하는데 1998년에는 전 세계 인구의 45% 이상이 하루 평균 2달러 미만의 소득으로 생존해야 했습니다. 1930년 이후 전 세계의 산업산출물이 14배 증가하면서 사람들은 부유해졌지만 그렇다고 해서 가난이 없어지지는 않았습니다. 현재 세계에서 경제 성장은 대개 부유한 국가들에 국한되며, 그 열매는 부유한 국가들의 고소득층이 차지합니다. 유엔개발계획에

---

11) 도넬라 H. 메도스 외. (2004). 성장의 한계. 갈라파고스, 85－90쪽.
12) 도넬라 H. 메도스 외. (2004). 위의 책. 42－47쪽.

따르면 1960년 가장 부유한 나라들에 사는 세계 인구 20%의 1인당 소득은 가장 가난한 나라들에 사는 20%의 1인당 소득보다 30배 많았습니다. 그러나 1995년이 되면 그 비율이 82배로 늘어났습니다. 20세기에 경제가 성장하면서 세계는 부유한 나라와 가난한 나라의 차이를 더 엄청나게 벌려놓았습니다. 성장은 부유한 나라와 가난한 나라 사이의 차이를 계속 벌렸으며 앞으로도 성장이 지속되는 한 그 차이는 좁혀지지 않을 것입니다.

비약적인 경제 성장에도 불구하고 부유한 나라와 가난한 나라의 차이를 끊임없이 벌어지게 하는 구조는 무엇일까요? 그것은 부유한 자들이 더 많은 것을 가지도록 권력과 자원이 제공되는 많은 사회 제도들 때문입니다. 이는 공정한 시합을 할 수 있는 평등한 규칙[13]을 만들지 않는 사회라면 어디에서든 찾아볼 수 있습니다.[14] 지속가능한 세계를 만들기 위해서는 가난과 인구 증가를 악순환시키는 고리를 반드시 끊어내어야 합니다,

만약 투자를 계속하면서 생산물과 노동력에 대한 공정한 대가를 지불하고 산출물이 가난한 사람에게, 특히 여성에 대한 교육과 고용 그리고 산아 제한에 직접 그리고 훨씬 더 많이 할당된다면 인구와 가난의 순환 고리가 바뀔 수도 있습니다. 사회가 개선된다면 인구 증가율을 낮출 수 있으며 산업자본에 더 많은 투자를 할 수 있게 해서 더 많은 상품과 서비스를 생산할 수 있게 합니다. 그리고 상품과 서비스의 소비가 늘어나면 인구 증가율은 훨씬 더 낮아지게 될 것입니다. 그러나 불평등이 문화 전반에 퍼져 있는 나라, 자원이나 공공복지에 투자할 의지가 부족한 나라, 국가 금융정책의 실패로 구조조정을 당해야 하는 나라들에서는 국민의 삶을 개선할 여지가 없습니다. 아래에 인구와 성장에 관한 근본적인 몇 가지 질문들이 있으며, 이 질문들에 대한 대답은 공정하고 지속가능한 세계로 가는 방법을 제시할 수 있습니다.

---

13) 평등한 규칙의 예로는 차별금지법, 누진소득세율, 곤경에 처한 사람들을 지원하는 사회안전망, 부유세, 정치를 자본의 영향력에서 분리하는 민주제도 등이 있다.
14) 도넬라 H. 메도스 외. (2004). 성장의 한계. 갈라파고스, 91-95쪽.

- 물질의 소비와 한계는 어디까지일까?
- 지구의 생태계는 현재 어느 정도의 압박에 시달리고 있는가?
- 우리가 추구하는 성장은 어떤 성장이며, 누구를 위한 성장인가?
- 성장의 대가는 무엇이며 누가 그 비용을 담당해야 하는가?
- 성장을 위한 가장 직접적이고 효과적인 방식은 무엇인가?
- 성장을 위해 나누어야 할 의무는 무엇인가?[15]

2) 지구의 자원 기반과 폐기물 처리 능력

인구와 경제는 지구가 생산하는 공기와 물, 식량, 화석연료 등으로 지탱하지만 그러한 자원들은 지구에 쓰레기와 오염물질을 방출합니다. 지구는 지표 아래 매장된 광물들과 지하수를 담는 대수층, 토양에 함유된 영양분들과 같은 자원을 가지고 있습니다. 그리고 대기와 지표를 흐르는 물, 쓰레기 매립지들은 인간이 방출한 쓰레기와 오염물질들을 흡수하는 구실을 합니다.

현재 지구의 많은 중요한 자원들이 줄어들고 있으며 방출된 쓰레기와 오염물질들을 처리할 수 있는 자정능력도 한계에 도달하거나 한계치를 초과하고 있습니다. 지금과 같은 인구 증가 추세가 계속되고 이러한 인구 증가에도 불구하고 현재와 같은 물질의 공급과 삶의 질을 유지하려면 더 많은 자원과 에너지가 필요하게 될 것입니다. 그렇게 되면 지구에서 재생 가능한 자원의 채취가 증가하고 재생 불가능한 자원들은 점점 고갈되며 지구의 폐기물 처리 용량은 한계에 도달하게 됩니다. 그리고 인간이 만들어내는 쓰레기와 오염물질이 현재의 증가 추세로 계속 진행된다면 지구는 현재와 같은 상태를 유지할 수 없게 될 것입니다. 일부 자원들의 감소와 폐기물 처리능력은 이미 심각하게 손상되었으며 이러한 자원을 얻기 위한 원가 상승, 오염처리 비용 부담 증가 등의 문제가 발생하고 있습니다. 그러나 문제는 현재와 같이 많은 자원을 소비하고 폐기물을 처리한다

---

15) 도넬라 H. 메도스 외. (2004). 성장의 한계. 갈라파고스, 101쪽.

고 해서 사람들의 생활수준이 높아지는 것이 아니라는 것입니다. 그러므로 인구 증가율을 낮추고 소비 습관을 바꾸고 자원을 더욱 효율적으로 사용할 수 있는 기술을 개발함으로써 생태발자국을 지구가 감당할 수 있는 한도 아래로 감소하는 방법들을 모색해야 합니다. 그러나 아직 인간의 생태발자국은 지구의 자원과 흡수력에 부담을 주지 않을 정도로 충분히 줄어들지 못하고 있으며, 이를 줄일 수 있는 변화를 선택하지도 않고 있습니다.

경제 성장을 위해 필요한 투입물은 크게 두 범주로 나눌 수 있습니다. 첫 번째 범주는 모든 생물학적 활동과 산업활동을 지원하는 물질적 요소들로써 토지, 광물, 금속, 에너지, 그리고 폐기물들을 적절하게 흡수하는 지구 생태계입니다. 이들은 서로에게 영향을 끼치며 총량이 얼마인지는 분명하지 않습니다. 어떤 요소는 다른 요소를 대체할 수 있으나 대체 불가능한 요소들도 있습니다. 자원, 매장량, 소비, 생산에 대한 정의는 일관성이 없는데 그 이유는 과학적 측량이 불완전하고 그런 자원들을 가진 나라들이 정치적, 경제적 목적을 위해 그 수치들을 왜곡하거나 숨기기 때문입니다. 두 번째 범주는 사회적 필수요소들입니다. 지구의 생태계가 지금보다 더 많은 인구와 산업을 지탱할 수 있다고 해도 실제로 경제가 성장하고 인구가 성장하려면 평화, 사회안정, 평등, 개인의 안정, 정직하고 현명한 지도자, 교육, 개발된 사고 도전하려는 의지, 지속적인 기술 진보를 위한 국제적 네트워크와 같은 사회적 요소들의 영향력이 크게 작용합니다. 이러한 사회적 요소들은 지구의 생태계가 가진 물질적 요소를 평가하는 것만큼이나 수치로 평가하기는 어렵습니다.

현재 인구와 경제의 유지를 위해 필요한 물질과 에너지는 모두 지구에서 추출되고 있으며, 추출된 물질들은 사용하고 나면 재생되거나 쓰레기나 오염물질이 되고, 에너지는 사용하고 나면 쓸모없는 열로 방출됩니다. 재생과 재활용은 소비의 결과로 발생한 쓰레기와 오염물질의 양을 감소시킬 수는 있지만 완전히 없애지는 못합니다. 앞서 말했듯이 지구가 자원을 생산하고 폐기물을 처리할 수 있는 능력에는 한계가 있으며, 크게 단기적 한계와 장기적 한계로 나눌 수 있습니다. 예를 들면 원유 저장탱크에 들어 있는 원유의 양은 단기적 한계에 해당하

고 지하에 묻혀 있는 채굴 가능한 원유는 장기적 한계입니다.[16]

경제학자 허먼 데일리(Herman Daly)[17]는 지속가능한 물질과 에너지 처리량의 한계를 정의하기 위한 세 가지 기준을 제시했는데 그는 이를 재생 가능한 자원, 재생 불가능한 자원, 오염물질의 지속가능한 방출량으로 나누었습니다. 첫째, 재생 가능한 자원이란 토양, 물, 숲, 물고기와 같은 것으로서 이 자원들의 지속가능한 사용량은 지구가 그것들을 재생산해내는 양보다 더 많을 수 없습니다. 둘째, 재생 불가능한 자원이란 화석연료, 순도 높은 광석, 지하수 등으로서 이러한 자원들의 지속가능한 사용량은 재생 가능한 자원이 지속할 수 있는 범위 안에서 재생 불가능한 자원을 대체할 수 있는 양보다 더 많을 수 없다는 것입니다. 셋째, 오염물질의 지속가능한 방출량은 지구가 손상을 입지 않고 오염물질을 재순환시키고 흡수하거나 정제할 수 있는 양보다 더 많을 수 없습니다. 그에 따르면 재생 가능한 자원의 매장량을 떨어뜨리거나 오염물질의 처리량을 늘리거나 재생이 가능한 대체재 없이 재생 불가능한 자원의 매장량을 떨어뜨리는 어떤 활동도 지속가능할 수 없으며 그런 활동은 단시간 내에 중지되어야 한다는 것입니다.[18]

(1) 식량, 땅, 토양: 재생가능자원

전 세계 1인당 곡물생산량은 1985년 최고점에 도달했다가 그 뒤로 천천히 하락하고 있습니다. 그러나 이론상으로는 아직도 전 세계의 인구를 먹여 살릴 수 있는 식량은 충분합니다. 수확 후 소비될 때까지 변질 또는 상하지 않고 공평하게 모든 사람에게 분배된다면 80억 명의 세계 인구를 최소 수준에서 충분히 먹여 살릴 수 있습니다. 곡물의 경우 실제 손실량은 농작물과 지역에 따라 차이가 있는데 대개 10~40%까지 다양합니다. 그러나 전 세계의 식량은 공평하게 분배되고 있지 않으며, 많은 곡물이 동물 사료로 사용되므로 현실에서는 기아에 시달리는 사람들이 계속 존재합니다. 이렇게 기아에 시달리는 사람들은 주로 여

---

16) 도넬라 H. 메도스 외. (2004). 성장의 한계. 갈라파고스, 106－107쪽.

17) 허먼 데일리. (2016). 성장을 넘어서: 지속가능한 발전의 경제학. 열린 책들.

18) 도넬라 H. 메도스 외. (2004). 성장의 한계. 갈라파고스, 106－110쪽.

성과 아이들인데 개발도상국의 경우 어린이 3명 중 1명이 영양실조 상태입니다. 그러나 현재의 기아는 지구의 물질적 한계 때문에 지속되는 것이 아니며, 지금보다 더 많은 식량을 생산할 수도 있습니다. 그러나 식량 생산이 아닌 다른 목적 (주거지, 홍수 방지)으로 토지를 이용하거나, 비료와 농약의 과다 사용과 같은 문제들로 인해 1인당 곡물생산량은 1985년 이래 하락하고 있습니다.[19]

지구에서 잠재적으로 경작이 가능한 땅은 20~40억 헥타르(ha)[20]로 추정되며 그 가운데 15억 헥타르의 땅에서 지난 30년간 농작물이 경작되었습니다. 이때 식량 생산의 증가는 대개 농지가 확장된 것이 아니라 소출량이 증가한 것입니다. 가장 비옥한 토지가 가장 먼저 개발된다고 보았을 때 비옥한 토지는 줄어들고 있으며 현재는 불모지를 경작지로 개발하는 추세에 있습니다. 유엔환경계획의 1986년 자료에 따르면 인류는 지난 1,000년 동안 약 20억 헥타르의 경작지를 폐허로 만든 것으로 추산됩니다.[21] 전 세계에서 농지를 도로나 택지로 전용한 면적이 얼마나 되는지 정확하게 파악할 수는 없으나 이 때문에 재생이 가능한 두 가지 자원의 원천이 점점 악화하고 있습니다. 첫째는 경작지의 토질(깊이, 부식물, 비옥도)이 크게 악화하고 있습니다. 이 부분은 화학비료로 대체하여 토양이 악화하는 것을 감출 수는 있으나 화학비료는 지속가능한 농사를 방해하는 요소로서 토양의 비옥도가 악화하는 신호들이 외부로 드러나는 것을 지연시켜 결국에는 토양의 한계를 초과하게 만듭니다. 둘째는 토지 그 자체로서 수백만 헥타르의 땅이 황폐화하고 버려지지만 경작지는 일정한 수준만을 유지하고 있으며, 이는 농작물을 생산할 수 없는 불모지가 점점 증가하고 있음을 의미합니다. 인구는 기하급수적으로 증가하는데 경작지 면적이 그대로라면 1인당 경작면적은 감소할 수밖에 없습니다. 인간이 농업 자원을 지속불가능할 정도로 남용하는 것은 가난을 벗어나기 위한 노력, 인간 주거지의 확대, 과도한 목축과 경작, 무지, 단기적 경제이익을 위한 생산 증대, 자연환경과 같은 요인들이 서로

---

19) 도넬라 H. 메도스 외. (2004). 성장의 한계. 갈라파고스, 114-118쪽.
20) 1헥타르는 가로와 세로가 각각 100m인 정사각형의 넓이, 10,000㎡를 가리킨다.
21) 도넬라 H. 메도스 외. (2004). 성장의 한계. 갈라파고스, 118쪽.

복합적으로 작용하기 때문입니다.[22]

　이러한 문제들을 해결하기 위한 지속가능한 농업은 가능할 뿐 아니라 이미 여러 곳에서 시행되고 있습니다. 전 세계 수백만 명의 농부들은 생태계를 건강하게 만드는 농사 기술을 사용함으로써 황폐한 토양에 다시 생기를 부여하고 생산량도 증가시키고 있습니다. 이와 함께 토지를 덜 사용하고 화석연료 남용과 오염을 줄이면서 땅을 자연으로 돌려주어 식물이나 동물이 자랄 수 있도록 함께 노력할 필요가 있습니다. 사람들은 식량이 부족해서 굶주리는 것이 아니라 식량 구매를 위한 경제력이 없으므로 굶주리게 됩니다. 그러므로 비용을 많이 들여 더 많은 식량을 생산하는 것으로는 그들을 도울 수 없습니다. 현재 재배되는 농작물만으로도 전 세계 인구가 굶주림에 시달리지 않을 수 있지만 지금까지는 지속가능한 농업을 위한 인간의 노력과 의지가 부족하였습니다. 오늘날 세계의 많은 곳에서 식량을 생산하는 토양과 토지가 위기를 맞고 있으며 농업경제가 침체하거나 쇠퇴하고 있습니다. 현재 우리가 마주하고 있는 지속불가능한 농업 상황을 바꾸지 않는다면 점점 증가하는 세계 인구는 점점 줄어드는 농업 자원에만 의지해야만 할 것이고 기아에 시달리는 인구는 점점 더 증가하게 될 것입니다.

(2) 물: 재생가능자원

　물은 물이 흘러가는 수역에서만 이용할 수 있는 한정된 자원입니다. 어떤 수역은 계절적 요인에 따라 건기 동안의 물 저장 능력에 따라 이용 한계가 정해지며, 또 다른 수역은 지하수가 다시 채워지는 속도나 눈이 녹는 속도, 삼림과 토양의 물 저장 능력에 따라 그 한계가 정해지기도 합니다. 또한 상류나 지하수가 얼마나 오염되었는가에 따라 한계가 정해질 수도 있습니다. 물은 대체할 수 있는 자원이 거의 없으며 인간의 삶에 필수 불가결한 가장 중요한 자원이므로 시간이 지날수록 물 문제는 심각해질 것입니다. 물은 다른 자원들, 예를 들면, 식량, 물고기, 야생생물, 에너지 등의 생산을 제한하며, 세계적으로는 명백하게 자체 한계를 초과하는 수역들이 많아지고 있습니다. 가난한 국가이든 부유한 국

---

22) 도넬라 H. 메도스 외. (2004). 성장의 한계. 갈라파고스, 119-123쪽.

가이든 1인당 취수량[23]은 점점 감소하고 있으며, 그 이유는 취수 비용의 증가와 함께 물 부족 현상으로 인한 것입니다.[24]

현재 매년 육지로 유입되는 민물의 양은 47,000km^{3}이며, 전 세계의 한 해 취수량은 그중 5% 정도인 2,290km^{3}입니다. 그러나 실제로 지표를 흐르는 물을 모두 사용할 수는 없는데 그 이유는 계절에 따라 흐르는 물의 양이 다르기 때문입니다. 해마다 홍수로 약 29,000km^{3}의 물이 바다로 흘러 들어가며, 그중 강물과 지하수를 합쳐 인간이 수자원으로 사용할 수 있는 물의 양은 11,000km^3 정도입니다. 홍수로 유실되는 물을 줄이기 위한 노력으로 댐을 건설한 결과 20세기 말에는 인간이 사용할 수 있는 물을 한 해 약 3,500km^3 증가시켰습니다. 그러나 댐 건설은 긍정적 측면과 함께 부정적 측면도 발생시키게 됩니다. 즉 농경지를 수몰지대로 만들고 댐의 물 증발량이 늘어나면서 댐 주변의 생태계를 변형시킵니다. 또한 댐은 시간이 흐르면서 틈이 생기게 되고 효율성도 조금씩 떨어지게 됩니다. 댐 건설 외에도 바닷물을 담수화하거나 운하 건설처럼 수자원의 한계를 극복하려는 방법들이 있으나 막대한 에너지 사용과 건설 비용이 투입된다는 단점이 있습니다. 지표를 흐르는 물이 모두 인간이 거주하는 곳으로 모이는 것도 아닙니다. 예를 들면, 아마존강 유역을 흐르는 물은 세계 유수량의 15% 정도이지만 세계 인구의 0.4%만이 그 물을 사용할 수 있습니다. 지표 위를 흐르는 물 가운데 2,100km^{3}는 인간이 쉽게 접근할 수 없는 지역으로 흐르는 것으로 추산되고 있습니다.[25]

지속가능하게 흐르는 물이 11,000km^{3}이고 댐으로 저장하는 물 3,500km^{3}를 더한 후, 사람들이 접근하기 어려운 곳에 흐르는 물 2,100km^{3}를 빼면 매년 인간의 손길이 닿을 수 있는 곳으로 지속가능하게 흐르는 물의 양은 12,400km^{3}입니다. 이것이 인간이 한 해에 사용할 수 있는 담수 공급량의 최대 한계입니다. 그

---

[23] 취수량이란 수원지에서 끌어 쓰는 물의 양이며, 취수란 호수, 강 또는 해수 등을 정수 처리하기 위하여 양수하는 것을 말한다.

[24] 도넬라 H. 메도스 외. (2004). 성장의 한계. 갈라파고스, 127-128쪽.

[25] 도넬라 H. 메도스 외. (2004). 위의 책. 127-130쪽.

가운데 도중에 증발하거나 농작물 재배나 상품 생산에 사용되는 물은 한 해 2,290km³이며, 오염으로 더러워지거나 사용하지 못하는 물은 4,490km³입니다. 이 두 종류의 물을 모두 합하면 6,780km³로서 한 해 지속가능한 전체 담수 한계 수량의 절반을 넘습니다.

유엔이 예측한 바와 같이 2050년 세계 인구가 90억 명으로 증가하게 된다면 세계 인구가 한 해에 사용하는 물의 양은 10,200km³가 되며, 이는 전 세계의 지속가능한 담수량의 82%에 해당합니다. 그렇게 된다면 세계는 2100년이 되기 전에 심각한 물 부족 사태를 맞이하게 될 것입니다. 그러나 현재도 전 세계의 10억 명이 안전한 식수를 마시지 못하고 있으며, 세계 인구의 절반이 가정에 기본적 위생시설을 갖추지 못하고 있습니다. 2025년에는 전 세계 인구의 2/3가 물 부족 압박을 받을 것으로 예상되며, 물 부족과 수질 오염은 전 세계에 공중보건 문제를 발생하면서 경제와 농업 발전을 제한하고 생태계를 크게 훼손할 것입니다. 이러한 문제들은 세계의 식량 공급을 위험에 빠뜨리고 전 세계 여러 지역에 걸쳐 경제 침체를 불러올 가능성이 클 것으로 예측됩니다.[26]

지하수가 대수층[27]에 다시 채워지는 속도보다 빠르게 물을 퍼 올리면 더 이상 지속적으로 물을 공급할 수 없습니다. 따라서 대수층의 물을 사용하기 위한 경제 활동은 지하수가 다시 채워지는 속도에 맞게 조절되어야 합니다. 그러나 지나친 취수행위가 지속되어 바닷물이 지하로 침투하거나 토지 침식으로 대수층이 파괴된다면 인간의 활동은 조금씩 중지되어 갈 것입니다. 처음에는 이러한 물 부족 현상이 주로 특정 지역에서만 나타나겠지만 결국에는 전 세계 문제가 될 것이며 그 직접적 결과는 농작물 가격의 상승이 될 것입니다.

"곡물 1톤을 생산하려면 물 1,000톤이 필요하다. 따라서 곡물을 수입하는 것은 물을 수입하는 것이나 마찬가지이다. 이란과 이집트는 전통적으

---

26) 도넬라 H. 메도스 외. (2004). 성장의 한계. 갈라파고스, 132-133쪽.
27) 대수층(aquifer)은 물을 충분히 함유, 방출하는 경제적으로 개발가능한 암석층 또는 토양층이다.

로 밀 최대 수입국이었던 일본보다 더 많은 밀을 수입하고 있다. 두 나라
는 전체 곡물 소비량의 40% 이상을 수입에 의존하고 있다. 모로코는 한
해 소비되는 전체 곡물의 절반을 수입한다. 알제리와 사우디아라비아는
곡물 수입량이 70%를 넘는다. 예멘은 거의 80%에 이르며, 이스라엘은
90%가 넘는다."[28]

물이 부족한 사회에서는 바닷물을 담수화하거나 물을 효율적으로 사용할
수 있는 기술을 개발하거나 물 사용을 최소화하는 경제 활동을 추구할 수 있습
니다. 일부 국가는 이웃의 수자원을 무력 동원으로 강제로 약탈할 수도 있습니
다. 그러나 이러한 방법들을 동원할 수 없는 국가나 사회에서는 물 사용을 규제
하든지 배급제가 불가능하면 기근에 시달리게 될 것입니다. 그러나 식량과 마찬
가지로 물도 지속가능하게 사용할 수 있는 아래와 같은 방법들이 있습니다.

- 사용 용도에 따라 다른 수질을 사용한다. 예를 들면, 화장실의 변기나 잔디
  밭에 사용하는 물은 식수 말고 싱크대로 배수되는 물을 정화한 중수도[29]
  용수를 사용한다.
- 물이 적게 배출되는 수도꼭지와 변기, 세탁기를 사용한다.
- 물이 새는 곳을 고친다. 미국 도시들이 새는 송수관을 통해 그냥 흘러버
  리는 물이 전체의 약 1/4에 이른다.
- 기후에 맞는 작물을 재배한다.
- 도시지역에서는 빗물을 저장한다. 지붕에 있는 물탱크와 빗물 집수 설비
  를 이용해서 빗물을 저장할 수 있다. 댐을 건설하는 것보다 훨씬 적은 비
  용으로 그에 맞먹는 양의 물을 얻을 수 있다.

---

28) 도넬라 H. 메도스 외. (2004). 성장의 한계. 갈라파고스, 134–135쪽.
29) 중수도는 상수도와 하수도의 중간 형태를 이르는 말로써, 종래 상수도에 의해 급수되고 있
   는 많은 용수 중에서 반드시 음용수와 똑같은 정도의 청정을 필요로 하지 않는 용도에 적
   합한 수질의 물을 급수하는 것을 의미한다.

물의 지속가능성은 기후의 지속가능 없이는 이루어질 수 없습니다. 이는 곧 에너지의 지속가능성과 연결되므로 인류는 현재 하나의 거대한 상호연결 시스템을 마주하고 있습니다.

(3) 삼림: 재생가능자원

삼림은 그 자체가 지구에 생명을 불어넣는 역할을 하므로 지구의 모든 생명체에게 필수 불가결한 자원입니다. 삼림은 홍수를 조절하며 물을 저장해 가뭄을 막으며, 비가 내려 땅이 침식되는 것을 막고 경사지의 흙이 쓸려 내려가지 않도록 지지하는 구실을 하며, 강과 해변, 관개수로, 댐 저수지에 흙이 쌓이는 것을 막습니다. 삼림은 생명 종들에게 서식처를 제공하는데 지구 전체 표면의 7%를 덮는 열대 삼림에서만 살아있는 전체 종의 50%가 서식하고 있습니다. 삼림은 거대한 탄소 덩어리를 흡수하고 보관해서 대기에 포함된 이산화탄소량을 조절하고 온실 효과와 지구 온난화가 더 이상 진전되지 않도록 막는 역할도 합니다.[30]

인간이 농사를 짓기 전 지구에는 60~70억 헥타르의 삼림이 있었으나 현재는 인간들이 조림한 삼림 2억 헥타르를 포함해서 39억 헥타르의 삼림밖에 남지 않았습니다. 전 세계 자연림의 절반 이상이 1950년 이후에 훼손되었으며 훼손된 자연림 대부분은 열대 지방의 삼림입니다. 온대 지방의 삼림은 유럽과 북아메리카가 산업화하던 시기부터 파괴되기 시작했습니다. 지구의 원시림 가운데 1/5 (13억 헥타르)만이 넓은 지역에 걸쳐 상대적으로 훼손되지 않은 자연림 상태를 유지하고 있는데, 이 중 절반은 러시아, 캐나다, 알래스카에 있는 아한대 삼림이며, 나머지 삼림의 대부분은 아마존강 유역의 열대 우림입니다. 그러나 많은 지역이 이미 벌목이나 광산 채굴, 농업 개간과 같은 인간 활동 때문에 위협받고 있습니다. 2000년 열대 지방 전체 삼림 면적을 21억 헥타르로 추정한다면 매년 삼림 손실률을 2,000만 헥타르라고 가정할 때, 95년이 지나면 원시림은 사라질 것입니다.

인구 증가와 경제 성장이 삼림 자원의 수요를 증가시켜 삼림의 파괴 규모

---

30) 도넬라 H. 메도스 외. (2004). 성장의 한계. 갈라파고스, 137−138쪽.

가 커지게 된다면 좋은 품질의 목재를 구하기 위해서 점점 더 먼 곳까지 이동해야 하고 따라서 벌목 비용은 점점 더 증가할 것입니다. 1950년과 1996년 사이에 세계의 종이 소비는 6배 증가하였습니다. 그러나 삼림 제품을 재활용하거나 효율적으로 사용함으로써 목재의 수요를 줄이려는 추세도 있습니다. 이러한 추세가 지속된다면 세계는 삼림 자원의 채취를 줄이면서 필요한 나무제품의 수요를 맞출 수 있을 것이며, 아래와 같은 방법들을 활용할 수도 있습니다.

- **종이의 재활용**: 미국의 경우 제조하는 종이의 절반 정도가 재활용 종이이며, 네덜란드의 경우 96%에 이른다. 전 세계 종이와 판지의 41%가 재활용되는데 네덜란드를 모델로 삼는다면 종이 재활용률은 두 배 이상 증가할 것이다.
- **제재소의 효율성 증가**: 현대적 장비를 갖춘 제재소는 통나무 원목의 40~50%를 경제성 있는 목재로 제재하지만 개발도상국은 원목의 25~30%만 경제성 있는 목재로 제재한다. 이것만 개선되어도 원목 한 그루로 생산할 수 있는 목재는 두 배로 증가할 것이다.
- **연료의 효율성 증가**: 삼림에서 베어내는 나무의 절반 이상이 가난한 사람들의 조리와 난방용으로 쓰인다. 그들은 대개가 화목 난로나 덮개 없는 난로처럼 효율성이 매우 낮은 난로를 사용한다. 효율성이 좋은 난로나 연료를 사용한다면 삼림을 덜 훼손하고 대기오염도 줄이면서 필요한 만큼의 연료를 얻을 수 있다.
- **효율적 종이 사용**: 전 세계에서 생산한 종이와 판지의 절반은 포장지나 광고지로 사용된다. 광고 우편물과 과도한 포장에 들어가는 종이는 줄일 수 있다.
- **벌목에 따른 삼림 손실 비용의 원가 반영**: 벌목에 따른 삼림의 손실 비용을 벌목세로 징수하면 목재 가격은 그 비용을 포함해서 실제 목재 생산에 들어간 원가를 반영한 가격으로 상승하게 되고 벌목할 때 지급되는 모든 정부 보조금을 없앨 수 있다.

(4) 해양 자원: 재생가능자원

세계 어업의 역사는 기술과 시장이 다가오는 한계에 대해서 얼마나 부적절하게 대응했는지를 잘 보여줍니다. 세계 어업은 과거 어획량을 유지하기 위해 다른 나라 어민들의 국내 수역 접근을 막고, 국내 어업에는 보조금을 지원했으나 어획량 규제를 위한 국제 사회의 합의가 늦어지면서 해양 자원의 한계를 부정하는 방향으로 움직였습니다. 그러나 수자원 규제 움직임은 대다수 거대 어장으로 확대되었으며 공해(公海)라는 개념은 이제 사라지고 있습니다. 수자원 부족과 어획 규제가 강화되면서 전 세계 자연산 물고기의 어획량은 증가세를 멈추었습니다. 1900년대에는 전 세계 상업용 바닷물고기 어획량이 연간 8,000만 톤 정도였습니다. 이때 유엔식량농업기구는 전 세계 바다를 통틀어 전통적 어획 방식으로 해마다 1억 톤 이상의 물고기를 잡는 것은 더 이상 지속가능하지 않다고 보았습니다.

물고기 양식업은 같은 기간 동안 급속도로 성장했는데 1990년에 연간 1,300만 톤에서 현재는 거의 4,000만 톤의 물고기가 양식으로 생산되고 있습니다. 이는 전 세계에서 소비되는 물고기의 1/3수준입니다. 그렇다면 이러한 물고기 양식업의 성장은 시장과 기술이 현재 어업의 문제를 해결할 수 있음을 보여주는 단적인 사례일까요? 그렇지 않습니다. 바다는 과거 인간의 식량원이었으나 이제는 음식물 쓰레기를 버리는 장소가 되어가고 있으며, 물고기 양식업이 환경을 망가뜨리고 있기 때문입니다.

첫째, 물고기 양식은 한 형태의 식량을 다른 형태의 식량으로 바꾸는 것이므로 공짜로 제공되는 식량원이 아닙니다. 양어장의 물고기는 대개 곡식이나 물고기용 사료들을 먹고 성장하므로 각 단계에서 손실이 발생합니다. 둘째, 물고기 양식은 물고기를 시장에 내다 팔아서 높은 수익을 올리기 위해 인공으로 기르는 사업입니다. 예를 들면, 양식 연어와 새우는 가난한 사람들이 먹는 음식이 아니라 값비싼 상품이며, 이러한 양어장으로 인해 연안 어업이 파괴되면서 연안에 서식하는 어류들이 사라지게 됩니다. 따라서 가난한 사람들은 점점 더 물고기를 맛볼 수 없게 됩니다. 셋째, 물고기와 새우를 비롯한 여러 해양 생물종의 양식은 커다란 환경파괴를 유발합니다. 양식 어종이 야생의 바다로 빠져나가고, 음식물 쓰레기와 항생물질들이 바닷물에 퍼지고, 바이러스가 수중으로 확산되고, 연안 습지가 파괴되는 것은 모두 이러한 양식업과 상호연관되어 있습니다.

2002년 유엔식량농업기구는 세계 공해(公海) 어업의 약 75%가 적정 어획량의 한계 수준에 이르렀거나 초과했다고 추정했습니다. 전 세계 19개 어업구역 가운데 9곳이 지속가능한 어획량이라고 추정되는 최저 한계를 넘어섰습니다. 유럽연합은 그들 어선 선단의 어획량을 줄이려고 애쓰고 있습니다. 그러나 유럽연합의 선단은 점점 유럽해역에서 벗어나 자기들보다 가난한 개발도상국 해역으로 이동하면서 그 지역 사람들의 귀중한 일거리와 단백질을 빼앗고 있습니다. 자원을 고갈시키는 시장 참여자들은 매우 합리적이어서 시장이라는 시스템에서 보상을 얻으려고 합니다. 문제는 사람에게 있는 것이 아니라 시스템에 있습니다. 재생속도가 느린 공동의 자원을 전혀 규제하지 않는 시장 시스템은 한계 초과와 공유지의 파괴로 나아갈 수밖에 없습니다. 예로써 포경산업을 든다면 아래와 같은 상황입니다.

"포경산업은 최고의 투자수익을 올리기 위한 사업으로 보는 것이 적절합니다. 지속가능한 정도로 고래 어획량을 유지할 때는 10%의 수익을 올릴 수밖에 없지만 10년 내 고래가 멸종하더라도 15%의 수익을 올릴 수 있다면 그들은 10년 내 고래를 멸종시킬 것입니다. 그런 다음 그 자본은 또 다른 자원을 없애는 곳으로 이동해 갈 것입니다."[31]

연구에 따르면 남획은 재생 가능한 자원을 사적으로 소유했을 때 그래서 '공유지의 비극'이라는 행동양식을 경험할 기회가 전혀 없을 때 발생하는 경우가 많습니다.[32] 한계 초과는 자원 비축량이나 어획량 규모, 증가율과 같은 자원에

---

31) 도넬라 H. 메도스 외. (2004). 성장의 한계. 갈라파고스, 358쪽.
32) 에를링 막스니스, 공유지의 비극만이 아니다: 지속가능한 개발을 위한 피드백과 정책의 오

대한 정보가 불확실하고 왜곡되고 전통적인 관리 결정 규칙과 맞지 않으므로 발생합니다. 그 결과 자원을 수확하는 자본에 과도한 투자를 하게 되고 따라서 자원이 남획됩니다. 전통적 시장과 기술은 전 세계 해양 어업을 붕괴 직전까지 몰고 갔습니다. 더 이상 어떤 기술도 어업을 이전과 같이 복원할 수는 없을 것입니다. 한계를 생각하지 않고 사용되는 기술은 인간 사회를 한계 초과로 이끄는 도구일 뿐입니다. 그러나 시장과 기술 발전이 적절한 규제와 함께 한계 안에서 사용된다면 어업은 지속가능하게 될 것입니다.[33]

(5) 생태계 서비스

토양과 물, 삼림은 우리의 삶을 지탱하는 원천입니다. 그러나 금전적 가치로 평가할 수 없으므로 우리가 명확하게 인식하지 못하는 원천들도 있습니다. 그중 하나는 생명체에 필요한 에너지를 이동시키고 순환하게 하는 자연의 생명종과 생태계입니다. 이러한 생명의 원천들이 수행하는 역할을 '생태계 서비스'[34]라고 합니다. 예를 들면, 공기와 물의 정화, 토양의 영양분 재생, 수분 작용, 해충 방제, 태풍과 기후 안정화, 농업, 의학, 산업제품 제공, 생명 유전자 풀(gene pool),[35] 재생 및 복원력 등입니다. 이러한 생태계 서비스의 가치는 단순하게 경제로 측정할 수 있는 범위나 금전적 가치를 초과합니다.

오늘날 과학자들은 지구에 얼마나 많은 종의 생물이 있는지 정확하게 알지 못합니다. 다만 그 숫자가 적게는 300만 종, 많게는 3,000만 종일 것이라는 추측만 할 뿐입니다. 그 가운데 약 150만 종 정도만 이름이 붙여지고 분류되어 있습니다. 이 세상에 얼마나 많은 생물종이 있는지 알지 못하므로 생물종들이 얼마나 이 세상에서 사라졌는지도 알 수 없습니다. 그러나 이 세상의 생물종 수가

해. 시스템 역학 리뷰, 16호 No.4, 325-348쪽(도넬라 H. 메도스 외. (2004). 성장의 한계. 갈라파고스, 358쪽, 재인용).

33) 도넬라 H. 메도스 외. (2004). 성장의 한계. 갈라파고스, 352-359쪽.

34) 도넬라 H. 메도스 외. (2004). 위의 책. 151쪽.

35) 유전자 풀이란 어떤 집단을 이루는 모든 개체군이 공통적으로 가지고 있는 대립 유전자 전체를 의미하며 집단의 유전적 특성을 결정한다.

급격하게 줄어들고 있다는 것은 명백한 사실입니다. 생물학자들은 현재 세계 곳곳에서 대량멸종이 진행되고 있다고 말합니다. 그 이유는 생물들이 살아가는 서식지가 급격하게 파괴되거나 사라지고 있다는 것입니다.

> "살아있는 지구 지수(Living Planet Index)는 전 세계 자연 생태계의 상태를 알려주는 지표 가운데 하나이다... 그것은 삼림, 민물, 해양에 사는 생물종의 수와 관련이 있다. 이 지수는 1970년과 2000년 사이에 전체 생물종이 약 37% 감소했음을 보여준다."[36]

대부분의 멸종은 가장 생물종들이 많이 서식하고 있는 곳에서 일어나는데 열대 지방의 삼림과 산호초 지대, 습지대가 바로 그런 곳입니다. 전 세계 산호초 지대의 30%가 치명적인 위기에 처해 있는데 1997년 산호초 지대 조사 당시 산호초의 95%가 붕괴하였으며 수없이 많은 생물종들이 사라진 것을 알게 되었습니다. 습지대는 물고기 종들이 알을 낳을 뿐만 아니라 여러 생물학적 활동이 일어나는 곳입니다. 습지대는 지구 지표면의 6%를 차지하는데 이러한 습지대의 절반 정도가 준설, 매립, 배수, 수로 건설로 사라졌습니다. 게다가 오염으로 망가진 습지대는 통계에 포함되지도 않았습니다. 오늘날 전 세계 포유류 4,700종의 24%와 어류 25,000종의 30%, 10,000종에 가까운 조류의 12%가 멸종위기에 처해 있다고 추정됩니다. 지금까지 알려진 270,000종의 식물들 가운데 34,000종도 같은 처지에 놓여 있습니다.

세계자연보호기금은 지구상에 있는 생물종의 수가 얼마나 줄어들고 있는지 측정하기가 어렵다는 점을 인정하고 생물학적 자원의 감소를 수량화하기 위해서 '살아있는 지구 지수'를 개발했습니다. 세계자연보호기금은 생물종의 수가 줄어드는 것을 추적하는 대신에 서로 다른 여러 종의 개체군들의 크기를 추적합니다. 이러한 추세의 평균값을 구해서 대표적인 종의 개체군의 크기가 그동안 얼

---

36) 도넬라 H. 메도스 외. (2004). 성장의 한계. 갈라파고스, 150쪽.

마나 달라졌는지 수량화합니다. 세계자연보호기금은 이 방법을 써서 종의 개체군 크기가 평균적으로 1970년 이래로 1/3 이상 감소했다고 보고했습니다. 이것은 생태계 서비스를 제공하는 원천이 지속불가능한 상태로 고갈되고 있음을 나타냅니다.

(6) 화석연료: 재생불가능자원

인간이 사용하는 에너지는 1950년부터 2000년까지 연평균 3.5%씩 증가했으며, 그중 화석연료가 가장 중요한 에너지 공급원을 차지하고 있습니다. 석탄은 1992년에 전체 소비 연료의 70% 이상을 차지하면서 정점에 이르렀으며, 석유는 1980년대 초 전체 에너지 소비량의 40%를 차지하면서 정점에 이르렀습니다. 석유 생산의 정점이 언제일까에 대한 견해 차이는 있지만 석유가 가장 한정된 주요 화석연료라는 것에 대해서는 이견이 없습니다. 세계 에너지 소비량은 전쟁, 경기 후퇴, 가격 불안정, 기술 변화와 관계없이 상승세를 유지했습니다. 그리고 이러한 에너지 대부분은 선진국들이 사용했습니다. 그러나 전 세계 인구의 1/4 이상이 전기를 사용하지 못합니다. 2/5는 아직도 옛날부터 전해오는 동식물의 폐기물을 기초생활 에너지로 사용하고 있습니다. 2009년 현재 전기를 사용하지 못하는 인구는 15억 명이며, 2030년에도 전기를 사용할 수 없는 사람들은 13억 명에 이를 것으로 예상됩니다. 목재와 농작물 찌꺼기, 동물의 배설물을 음식 조리와 난방 연료로 사용하는 사람들의 수도 증가할 것입니다.[37]

1970년에서 2000년 사이 세계 경제는 석유 7,000억 배럴, 석탄 870억 톤, 천연가스 1,800조m^3를 태웠습니다. 그러나 같은 기간에 새로운 유전이나 탄광, 천연가스 매장지는 한 곳도 발견하지 못했습니다. 지표 아래에 매장된 화석연료를 탐사해서 이미 확인되었으나 아직 채굴하지 않은 매장량을 늘리기 위해서는 개발 자본[38])이 들어가며 생산자본[39])을 투입해서 땅속에 매장되어 있는 원유를

---

37) 도넬라 H. 메도스 외. (2004). 성장의 한계. 갈라파고스, 155–157쪽.
38) 이때 개발자본이란 시추장비, 비행기, 위성, 정교한 초음파 측심기와 탐사기 등의 구입 또는 사용에 소요되는 자본이다.
39) 생산자본이란 채굴, 양수, 정제, 수송장치를 포함하는 경비이다.

채굴하고 그것을 가공하여 연료를 저장하는 곳까지 수송해야 합니다. 이렇게 가공된 연료를 태워서 유용한 열을 발생시키는 과정에서 연소 자본[40]이 소요됩니다. 화석연료는 재생 불가능한 자원이며, 그것들을 연소하면 이산화탄소와 수증기, 이산화황, 기타 여러 가지 물질들이 발생합니다. 그리고 다시는 화석연료의 형태로 되돌아가지 않으며, 폐기물과 오염물질을 방출하게 됩니다. 지구가 화석연료를 만드는 능력과 화석연료에서 방출되는 폐기물을 처리하는 능력 가운데 어느 것이 먼저 한계에 다다를지는 아무도 모릅니다.[41]

　　1970년대에 석유수출국기구가 원유 가격을 급격하게 올리기 직전만 하더라도 화석연료의 매장량 한계는 지구의 지속가능성을 가로막는 가장 큰 장애물이라고 생각하는 사람들이 많았습니다. 그러나 오늘날 인류가 가장 우려하는 것은 기후변화문제입니다. 그래서 지구의 폐기물 처리능력이 더 큰 문제로 다가오고 있습니다. 현재 지표면 아래에는 엄청난 석탄이 매장되어 있지만 석탄이 연소하면서 발생시키는 엄청난 양의 이산화탄소를 대기가 처리할 수 없으므로 석탄 사용은 한계가 있을 수밖에 없습니다. 석유는 매장량의 한계나 오염 발생 문제가 사용을 제한하는 요소입니다. 석유를 태우면 온실가스[42]와 같은 여러 가지 오염물질들이 발생하며 화석연료들 가운데 가장 먼저 고갈될 것으로 예상됩니다. 역사적으로 인간 사회를 지배하던 어떤 에너지원이 다른 에너지원으로 바뀌는데 평균 50년이 소요되었습니다. 그동안 세계는 기후변화 또는 화석연료 사용의 제한 때문이든 간에 고통을 겪을 수도 있습니다. 천연가스는 여러 방면에서 석유를 대체할 수 있는 좋은 자원이라 할 수 있습니다. 모든 화석연료 가운데 천연가스는 온실가스인 이산화탄소를 포함해서 에너지 단위당 오염물질을 가장 적게 방출합니다. 그러나 2000년을 기준으로 천연가스의 매장량 대비 생산량 비율은

---

40) 연소자본이란 용광로, 자동차, 전열기 등을 의미한다.

41) 도넬라 H. 메도스 외. (2004). 성장의 한계. 갈라파고스, 157−162쪽.

42) 온실가스는 대부분의 태양복사를 투과시키고 지표면에서 방출되는 장파복사를 흡수하거나 재방출하여 온실효과를 유발하는 물질을 말한다. 즉 이산화탄소, 메탄, 아산화질소, 수소불화탄소, 과불화탄소 등의 가스이다. 온실가스의 대기 방출은 기온을 상승시켜 북극 툰드라 지대의 얼어있던 땅을 녹게 한다. 툰드라 지대가 점점 사라면서 갇혀 있던 메탄가스가 방출되는데 메탄가스는 지구의 기온을 훨씬 더 높게 상승시킬 수 있는 잠재적인 온실가스이다.

65년으로서 이것은 2000년 천연가스 소비량만큼 계속해서 천연가스를 사용한다면 현재 확인된 천연가스 매장량으로는 2065년까지만 사용할 수 있습니다.[43]

환경친화적이고 기술적으로 가능하며 경제성도 있는 지속가능한 에너지 개발에는 두 가지 방식이 있습니다. 그중 하나는 에너지 효율성을 지금보다 더 높이는 방식으로 당장이라도 실행 가능한 방법입니다. 다른 하나는 태양광을 이용하는 에너지 재생 방식입니다. 태양은 현재 인간이 매일 사용하고 있는 에너지보다 만 배가 넘는 에너지를 내뿜습니다. 에너지 효율성은 에너지를 덜 사용하고도 그전과 동일 효과를 발휘하는 것을 의미합니다. 그렇게 되면 비용을 덜 들이고도 인간의 물질적 삶의 질이 전과 같거나 더 좋아지는 것을 뜻합니다. 재생가능 에너지원이라고 해서 환경에 해를 끼치지 않거나 무한정으로 존재하는 것은 아닙니다. 태양광 전지 가운데 일부는 유독성 물질을 함유하고 있으며, 풍차는 그것을 설치할 땅과 그곳까지 갈 수 있는 도로가 필요하며, 수력발전을 위한 댐은 땅을 침수시키고 자연스럽게 흘러가는 물줄기를 엉망으로 만듭니다. 그러나 이런 재생 가능한 에너지원이 지속가능한 사회를 만들기 위한 에너지 기반인 것은 분명합니다. 왜냐하면 쉽게 접근할 수 있고 풍부하며 종류도 다양하면서 그로 인해 발생하는 오염의 피해는 화석연료나 핵에너지보다 훨씬 낮고 덜 해롭기 때문입니다. 오염을 최소화하면서 지속가능한 에너지원을 개발해서 효율적으로 사용할 수 있다면 인류가 지구의 한계를 넘어서지 않고도 필요한 에너지를 충분히 얻을 수 있을 것입니다.[44]

(7) 물질: 재생불가능자원

전 세계 인구의 8%만이 자동차를 소유하고 있습니다. 수백만 명의 사람들은 일반인들이 살기 힘든 집에서 생활하며 심지어 거주하는 집도 없습니다. 앞으로 세계 인구가 더욱 증가하여 그들이 주택, 보건, 교육, 자동차, 냉장고, TV를 소유하려면 철근, 콘크리트, 구리, 알루미늄, 플라스틱과 같은 물질들이 필요

---

43) 도넬라 H. 메도스 외. (2004). 성장의 한계. 갈라파고스, 163－168쪽.
44) 도넬라 H. 메도스 외. (2004). 위의 책. 168－172쪽.

할 것입니다. 지표 아래에서 나온 물질들이 인간 경제로 흘러 들어갔다가 다시 땅으로 돌아오는 과정을 화석연료의 이동 경로와 같이 도식화할 수 있습니다. 그러나 금속이나 유리 같은 물질들은 화석연료와 달리 사용된 뒤에는 연소가스로 바뀌지 않습니다. 이 물질들은 고형 폐기물로 어딘가에 버려져 쌓이거나 재생되어 사용되기도 하지만 용해되거나 증발하거나 토양이나 강, 바다, 대기로 흩어지게 됩니다. 새로운 금속이나 자원을 찾아내고 폐기물을 처리하기까지 물질을 가공하고 제작하고 사용하고 처리하는 전 과정에 걸쳐 지구는 끊임없이 오염됩니다. 그러나 그렇게 해서 만든 것 중에는 쓸데없는 것들이 많으며 필요성만 따지자면 그렇게 많은 물질이 필요하지도 않습니다. 좋은 삶이란 지구를 조금이라도 덜 오염시키고 파괴하는 것입니다.[45]

1970년대의 오일쇼크는 에너지 집약적인 금속의 가격을 크게 상승시켰고, 1980년대 경제가 하강 국면에 빠지면서 중공업 분야가 침체하게 되고 기본적 금속 수요를 급속도로 감소시켰습니다. 이러한 상황에서도 물질들의 가격은 지난 수십 년간 꾸준하게 하락했는데 이는 공급이 수요를 초과했음을 가리키는 증거라 할 수 있습니다. 물질들을 다 사용하고 난 뒤 분리해서 재활용하는 것은 지속가능한 세계로 한 발자국 나아가는 길입니다. 자연에서 물질이 순환하는 방식처럼 인간 경제에서도 물질은 밀폐순환(closed cycle)을 합니다. 즉 자연에서는 한 과정에서 나온 폐기물이 또 다른 과정으로 투입됩니다. 특히 생태계를 구성하는 영역 중 토양의 경우 자연이 버린 폐기 물질들을 분해해서 그 가운데 유용한 요소들을 분리해내고 그것들을 다시 살아있는 생물들에게 되돌려 줍니다. 인간 경제도 이러한 재생 영역을 발전시키고 있지만 아직 노력이 많이 필요합니다. 예를 들면, 소비자가 버리는 1톤의 쓰레기는 제조 단계에서 그것을 생산하기 위해 5톤의 쓰레기를 배출하며, 제품의 재료가 되는 물질을 추출하는 과정에서 20톤의 쓰레기를 배출합니다. 이러한 쓰레기의 방출을 줄이는 가장 좋은 방법은 제품의 수명을 늘리고 가급적 자원의 채굴을 줄이는 것입니다. 좋은 설계와 수

---

45) 도넬라 H. 메도스 외. (2004). 성장의 한계. 갈라파고스, 174−176쪽.

리, 재사용을 통해 제품의 수명을 늘리는 것은 사용한 제품을 재생하는 것보다 효과가 더 높습니다. 그것은 재생을 위해 제품을 부수고 갈고 녹이고 정화해서 다시 가공하지 않아도 되기 때문입니다. 어떤 제품이든 평균 수명을 두 배로 늘리면 그 제품을 만들기 위해 들어가는 물질과 에너지, 쓰레기, 오염물질의 방출을 절반으로 줄이고 그 물질의 고갈도 그만큼 늦추게 될 것입니다. 인간 사회에 가장 유용한 물질들은 대개 지각에 밀집된 형태로 드물게 분포하는 경우가 많습니다. 그 물질들을 개발하는 비용, 즉 에너지와 자본은 물론 환경에 미치는 영향과 사회분열에 따른 비용을 모두 포함한 비용은 아래와 같이 점점 커질 수밖에 없습니다.[46]

- 채굴되는 광석의 품질이 떨어질 때 단위 산출물당 에너지 사용량은 증가하는데 이때 에너지의 가용성이나 에너지 사용이 환경에 미치는 영향에 대한 문제가 발생한다.
- 낮은 품질의 광석을 생산하면서 물 사용량이 증가하고 그에 따른 환경 피해와 광석 생산량 대비 물 사용량의 가용성 문제가 발생한다.
- 광석 생산보다 생물다양성, 자연보호구역 지정, 문화적 중요성, 농업과 식량 안보와 같은 다른 목적으로 토지를 사용하려는 사회의 우선순위의 변화가 발생한다.
- 광석 제품의 증가와 금속이 대기, 물, 토양, 동식물에게 끼치는 부차적 결과에 대해 생태계가 처리할 수 있는 한계가 존재한다.

현재 가장 처치 곤란한 오염물질은 핵폐기물과 유해 폐기물, 그리고 온실가스처럼 지구의 생물화학적 작용을 위협하는 폐기물들입니다. 이 폐기물들은 현재의 기술 수준으로서는 화학적으로 격리하거나 독성을 제거하기가 매우 어려울 뿐 아니라 우리의 감각으로 인지하기도 어렵고 경제나 정치적으로 배출을 규제

---

46) 도넬라 H. 메도스 외. (2004). 성장의 한계. 갈라파고스, 176-181쪽.

하기도 매우 어렵습니다. 지금까지 핵폐기물 문제를 해결한 나라는 없습니다. 핵
폐기물은 근본적으로 독성 그 자체일 뿐 아니라 유전자에 돌연변이를 일으킬 수
있다는 점에서 모든 생명체에 치명적으로 유해합니다. 또한 잘못 이용되는 경우
순식간에 테러의 도구로 바뀔 수도 있습니다. 자연적으로 핵폐기물을 무해하게
만드는 방법은 없으며 저절로 분해되기까지는 수백 년 또는 수천 년이 걸립니
다. 원자력 발전의 부산물인 핵폐기물은 언젠가 인류가 그것들을 안전하게 처리
할 수 있는 다른 장소를 마련할 수 있는 새로운 기술과 제도를 개발해 내기만을
기다리면서 지금도 땅속이나 원자로 안에 든 물속에 계속해서 축적되고 있습니
다. 그러나 원자력 에너지를 대량으로 안전하게 사용할 수 있는 날이 올 것이라
는 기대는 한갓 꿈에 지나지 않을지도 모릅니다.[47]

　　또 다른 매우 심각한 문제를 일으키는 폐기물 가운데 하나는 인간이 합성
해서 만들어낸 화학물질들입니다. 그것들은 이전까지 지구상에 존재하지 않았던
물질이므로 자연에서 그런 물질들을 분해하고 무해한 것으로 만들 수 있는 유기
체는 아무도 없습니다. 현재 합법적으로 시장에서 널리 사용되고 있는 산업용
화학물질들은 65,000종이 넘습니다. 그것들 가운데 독성 시험 데이터를 가지고
있는 물질은 일부뿐입니다. 날마다 새로운 화학물질들이 시장에 출시되는데 대
개는 그 물질들이 보유하고 있는 독성에 대해서는 철저한 시험을 거치지 않습니
다. 오늘날 인류가 반드시 해결해야 할 지구의 한계는 온실 효과 문제 및 지구의
기후변화문제로 보여집니다.

- 지구는 1860년 이래 섭씨 0.6도에서 ±0.2도 온도가 상승했다.
- 일부 지역에서만 집중적으로 폭우나 폭설이 내리는 경향이 많아졌다.
- 1900년 이래 해수면이 10~20cm 높아졌다. 북극이나 남극 아닌 곳에 있
  던 빙하들이 점점 녹아내리고 있다. 북극해의 여름 결빙 지역도 점점 줄
  어들고 있으며 얼음 두께도 점점 얇아지고 있다.

---

47) 도넬라 H. 메도스 외. (2004). 성장의 한계. 갈라파고스, 184-191쪽.

- 인간 활동, 특히 화석연료 사용과 삼림파괴와 같은 활동은 대기권의 온실가스 농도를 높이는 데 일조한다. 온실가스는 열을 지구에서 외계로 빠져나가지 못하도록 가두는데 그것은 온실가스의 분자 구조와 분광 흡수 파장의 특성 때문이다. 이렇게 지구를 빠져나가지 못한 열은 지구의 온도를 비정상적으로 상승시킨다.
- 지구의 온도가 상승하면 바다는 더 넓어지고 해수면은 더 높아진다. 지구 온난화로 남극과 북극의 빙하가 대량으로 녹는다면 해수면은 엄청나게 높아질 것이다. 지난 50년간 관찰된 지구 온난화는 대부분 인간 활동 때문에 일어난 변화다.
- 대기권의 이산화탄소 농도가 기하급수적으로 증가하고 있다. 이산화탄소 농도는 수십 년간 측정되었으며, 과거의 이산화탄소 농도는 남극과 북극의 만년설에 구멍을 뚫어 얼음장에 들어있는 기포를 측정해서 확인할 수 있다.

수십 년 동안 과학자들은 화석연료를 태울 때 발생하는 이산화탄소가 대기에 얼마나 많이 축적되는지 측량해 왔습니다. 태양에너지가 안으로 들어올 수는 있지만 밖으로 나가지는 못하는 온실효과처럼 이산화탄소가 열의 발산을 막아서 지구의 온도를 상승시키기 시작한 것은 100년도 넘은 것으로 알려져 있습니다. 지난 30년간 여러 가지 인간 활동으로 발생한 다른 온실가스-메탄, 아산화질소, 염화불화탄소-들도 대기 속에 기하급수적으로 축적되고 있다는 사실이 점점 명백해지고 있습니다.

가장 중요한 문제는 오늘날 대기권에 축적된 이산화탄소와 메탄의 농도가 지난 16만 년 동안 축적된 것보다 훨씬 높다는 사실입니다. 이것은 인간이 지구가 처리할 수 있는 것보다 훨씬 빠르게 대기권에 온실가스를 방출하고 있음을 의미합니다. 이는 지구의 대기에 심각한 불균형을 초래하고 있으며 이러한 불균형은 점점 더 급격하게 악화하고 있습니다. 점차 인간 활동이 환경에 미치는 부정적 영향과 오염은 인간 사회의 발전 때문이 아니라 비효율과 부주의 때문에 치러야 할 대가로 인식되고 있습니다. 이러한 사실을 깨닫는 기업들이 늘어나면서 그들은 자신들이 방출하는 폐기물과 자원 사용을 줄일 수 있는 방법을 찾기 시작했습니다. 기업들이 제조공정에서 생산과정에서 발생하는 폐기물의 방출을 줄이는 폐기물 처리 방법을 모색하거나, 폐기물의 방출과 자원 사용을 최소화할 수 있도록 생산공정을 설계하는 청정생산으로 나아가고, 한 공장에서 나온 산업 폐기물을 다른 공장의 원재료로 사용하는 산업생태학으로 나아가고 있습니다. 인간 경제 안에 흘러 다니는 모든 제품의 평균 수명이 두 배로 증가하고, 재생해서 사용하는 물질들이 지금보다 두 배로 증가하여 제품을 생산할 때 들어가는 물질의 양이 지금의 절반으로 감소한다면 오늘날 인간 경제가 처리하는 물질의 양은 지금보다 8배가 감소할 것입니다. 여기에 더하여 에너지를 효율적으로 사용하고, 재생에너지 사용을 증가하며, 토지, 목재, 식량, 물의 낭비를 줄이고, 삼림을 복원한다면 온실가스를 비롯한 많은 오염물질의 증가를 막을 수 있습니다.[48] 인간 사회가 오염방지와 자연보존, 인류의 보건, 자원의 효율적 이용과 재사용 등과 같은 방법과 기술을 개발하기 위해 노력한다면 어떠한 일이 일어나게 될까요? 물론 여기에는 많은 시간이 걸리고 자본이 필요하며 많은 물질과 에너지가 투입되어야 합니다. 연구에 따르면, 지속가능한 세계의 인구는 약 80억 명으로 추산되며, 이는 유럽의 저소득 국가들 수준의 복지를 유지할 수 있는 것으로 가정됩니다.[49]

> "지구에 있는 모든 사람들이 오늘날 북아메리카인들이 누리는 것과 같은 생태 기준을 누린다면 현재의 기술 수준에서 필요한 물질의 총량을 충족시키기 위해서는 지구가 3개는 있어야 할 것이다. 더욱 앞으로 40년간 늘어날 인구와 경제적 생산량을 아무 문제없이 수용하려면 지구가 6개에서 12개 정도 추가로 더 있어야 한다.[50]

48) 도넬라 H. 메도스 외. (2004). 성장의 한계. 갈라파고스, 191–202쪽.
49) 도넬라 H. 메도스 외. (2004). 위의 책. 50쪽.
50) 도넬라 H. 메도스 외. (2004). 위의 책. 203쪽.

지구의 폐기물 처리 능력 가운데 많은 것이 점점 한계에 다다르고 지구의 가용 자원 가운데 많은 것이 자취를 감추면서 인간의 생태발자국이 지속가능한 수준을 넘어섰다면 우리는 좀 더 근본적으로 변해야 합니다. 그러나 국제 사회는 아직 생태계의 한계 초과에 대한 총체적인 문제의식이 부족합니다. 물질을 효율적으로 처리하기 위해 절실한 기술 변화에 대한 압박은 이제 시작되고 있습니다. 생태계의 한계 초과 문제를 피하려고 하는 이유는 대개 정치 문제들과 관련 있습니다. 대체로 부자 나라 국민의 생태발자국은 가난한 나라 국민의 생태발자국보다 훨씬 더 큽니다. 예를 들면 독일인 한 명의 생태발자국은 모잠비크인 한 명보다 10배나 더 큽니다. 인간의 생태발자국을 줄이기 위해서는 무엇보다도 모든 사회가 자신들이 가장 먼저 개선해야 할 부분들을 고쳐나가는 것이 합리적입니다. 남반부는 가장 개선하기 쉬운 것이 인구이며, 서방 국가들은 자신들이 누리는 풍요로움을 조금씩 줄이는 노력을 하고, 동유럽국가들은 기술 사용을 가장 먼저 개선할 필요가 있습니다.

풍요는 TV 시청 시간, 자동차 운전 시간, 집에서 쉬는 시간과 같이 에너지 소비율이 얼마나 높은가로 정해집니다. 인간이 풍요로움을 누리기 위해 발생하는 생태발자국은 이러한 소비와 관련된 물질, 에너지, 배기가스의 방출이 지구 환경에 주는 충격이나 처리량을 나타냅니다. 예를 들면, 한 사람이 하루에 커피를 3잔 마신다고 할 때 머그잔에 마시느냐 아니면 플라스틱이나 종이컵에 마시느냐에 따라 그 사람이 만드는 생태발자국의 크기는 크게 달라집니다. 머그잔을 사용하면 컵을 씻는데 약간의 물과 비누가 들고 파손되는 잔만 바꾸어주면 됩니다. 그러나 폴리스틸렌이라는 합성수지로 만든 일회용 컵을 사용하고 버린다면, 그 행위는 일회용 컵을 만들고 그것을 사용하는 곳까지 운반하는 들어간 모든 석유와 화학물질을 방출하는 것을 의미합니다.[51]

---

51) 도넬라 H. 메도스 외. (2004). 성장의 한계. 갈라파고스, 204-210쪽.

3 생태발자국(ecological footprint)과 공유지의 비극

1) 생태발자국

인류는 10만 년 전부터 지금까지 지구에 거주하면서 약 만 년간 땅을 일구고 도시를 건설했으며, 약 300년 전부터 인구와 자본이 기하급수적으로 증가하였습니다. 산업혁명을 거치면서 증기기관, 컴퓨터, 도시, 국제무역협정을 비롯하여 수많은 변화와 함께 기술과 제도 혁신으로 경제가 성장하였습니다. 특히 지난 수십 년간은 산업문화가 끊임없이 확장하면서 사람들은 끊임없는 물질적 성장을 기대하게 되었습니다. 그 결과 사람들은 성장에 한계가 있을 것이라고는 전혀 생각하지 않습니다. 사람들은 산업문화가 기술력과 자유시장의 작동, 경제성장이 모든 문제, 심지어 성장이 초래하는 문제들까지도 해결할 수 있는 해법이라고 무한 신뢰함으로써 한계의 가능성을 부인하려고 합니다.

마티스 베커나겔과 그의 동료들은 인간의 생태발자국을 측정해서 그것을 지구의 수용 능력과 비교하였는데, 이때 생태발자국이란 인간에게 천연자원[52]을 제공하고 그들이 버리는 폐기물(지구가 배출하는 배기가스, 즉 이산화탄소) 흡수를 위해 필요한 토지 면적이라고 정의 내렸습니다.[53] 베커나겔은 이 연구에서 2002년 현재 지구의 사용 가능한 면적을 비교했을 때 인간의 자원 사용량은 지구의 수용 능력보다 이미 20% 초과한 상태라고 결론을 내렸으며, 그의 주장에 따르면 지구는 1980년대에 마지막으로 지속가능한 수준에 있었습니다. 그들의 자료에 따르면 전 세계 1인당 곡물생산량이 최고점에 이르렀던 때가 1980년대 중반이었으며, 이후 곡물 생산은 더 이상 인구 증가를 따라잡을 수 없게 됩니다.[54] 현재 열대 우림의 숲은 더 이상 유지될 수 없을 정도로 심각하게 남벌되고 있으며, 바다의 물고기 수확도 남획으로 인해 감소 추세에 있습니다. 태풍,

---

52) 여기서 자원이란 곡물, 사료, 목재, 물고기, 도시로 수용된 토지 등을 의미한다.
53) 마티스 베커나겔 외. (2002). 인간 경제의 생태적 용량 초과 추적. 과학원 회보 99호, No.14, 9266–9271쪽.
54) 도넬라 H. 메도스 외. (2004). 성장의 한계. 갈라파고스, 18–20쪽.

지진 등과 같은 자연재해와 이에 관련된 비용은 날이 갈수록 증가하고 있으며 식수와 화석연료에 대한 수요가 급증하면서 자원 배분과 이로 인한 갈등과 분쟁도 높아지고 있습니다. 이러한 가운데 인간의 생태발자국은 지금도 끊임없이 증가하고 있습니다. 인간의 생태발자국은 이미 지속불가능한 상태에 들어섰다고 파악되는 지금도 증가하고 있지만 이에 대한 우리의 인식은 매우 부족한 상태에 있습니다. 따라서 인간의 생태발자국을 지구의 수용 능력이 허용하는 범위 아래로 끌어 내리는 데는 앞으로도 많은 시간이 걸릴 것으로 보입니다. 아래는 1992년 '인류에게 보내는 세계 과학자들의 경고'라는 보고서의 내용이며, 이 보고서는 전 세계 70개국의 노벨상 수상자 102명을 포함한 1,600명이 넘는 과학자들이 서명하였습니다.

> "인간과 자연계는 바야흐로 서로 충돌과정에 있다. 인간 활동은 자연환경과 핵심 자원들에 심하게 그리고 대개는 돌이킬 수 없을 정도로 손상을 입힌다. 현재 진행되는 인간의 활동들 가운데 많은 것들을 억제하지 못한다면 인간 사회와 지구, 동물계가 모두 심각한 위험에 처할 것이며 현재 살고 있는 세계는 지금까지 우리가 알고 있는 방식으로 생명을 유지할 수 없는 세상으로 바뀔 수 있다. 현 상황이 초래할 충돌을 피하고자 한다면 당장 근본적인 변화가 심각하다."[55]

우리가 살고 있는 이 지구가 지속가능한 세상이 되기 위해서는 전 세계 저소득층들의 생활 수준은 높이면서 인간 전체의 생태발자국은 줄여야 합니다. 그러나 세계의 정치와 경제를 책임지는 집단 중 자신들의 생태발자국은 줄이면서 저소득층들이 성장할 수 있는 공간을 마련하는 정책을 지지하는 집단은 거의 없으며, 선진국일수록 이러한 경향은 더욱 강합니다. 인간의 물질적 성장에는 한계가 있다는 것은 지구가 가진 세 가지 특징만 보더라도 명백하게 드러납니다. 즉

---

55) 우려하는 과학자동맹. (1992). 인류에게 보내는 세계 과학자들의 경고. Cambridge, MA, 02238.

지구가 가진 자원은 언젠가 고갈될 것이라는 점, 그런데도 인간은 끊임없이 성장을 추구할 것이라는 점, 그리고 다가오는 자원고갈과 기술의 한계에 대한 인간의 대응 지체로 인해 갈등과 분쟁이 발생할 것이라는 점입니다.[56]

도넬라 메도스 등은 '성장의 한계'에서 현재 지구의 지속불가능한 상황을 분석하면서 아래와 같이 주장합니다. 첫째, 오늘날 인류는 지구의 한계를 초과한 상태에 있으나 앞으로 현명한 정책을 시행한다면 그 피해와 고통을 크게 줄일 수 있다고 말합니다. 둘째, 저자들은 21세기에도 인류가 올바른 길을 가고 있다고 주장하는 정치인들의 주장이 얼마나 잘못된 것인지 반박하는 데이터와 분석을 제공하고 있습니다. 셋째, 인간의 행동과 선택이 장기적으로 어떤 결과를 가져왔는지 뒤돌아보면서 지구의 수용 한계를 초과함으로써 발생한 피해를 줄이기 위한 정치적 지원활동을 촉구하고 있습니다. 넷째, 저자들은 성장의 원인과 결과를 장기적 관점에서 이해하기 위해 1972년 이래 어떤 일들이 어떻게 진행되었는지를 보여주고 있습니다. 마지막으로 메도스 등은 오늘날 인간 경제가 지구가 수용할 수 있는 한계를 넘어서고 있으며 이러한 한계 초과가 앞으로 수십 년간 가속화될 것이 불을 보듯 뻔하다는 것입니다. 그리고 현재 시행되는 정책들이 지구 생태계의 한계를 예상하고 대처하는데 무기력한 모습을 보임으로써 결국 지구 전체를 무너뜨릴지도 모른다는 것을 걱정합니다.

메도스 등의 주장에 따르면 규모에 상관없이 지속가능 한계를 벗어나게 하는 원인은 세 가지 중 하나입니다. 첫째는 성장, 가속, 급격한 변화입니다. 이러한 변화는 석유 사용이나 인구의 증가, 금융이나 정치적 변화, 그리고 개인의 소비 욕구 증가에 따른 심리적 변화 등이 해당합니다. 둘째는 시스템이 어떤 한계나 장벽에 맞닥뜨릴 때입니다. 즉 시스템이 가진 고유한 특성이 공간적, 물리적, 생물학적 한계를 결정할 수 있다는 것입니다. 셋째는 시스템이 적정 한계를 벗어나지 않게 하려는 생각과 행동이 지체되거나 잘못된 방향으로 갈 경우입니다. 이러한 지체는 무관심, 잘못된 데이터, 뒤늦은 대응, 관료주의, 잘못된 이론 등

---

56) 도넬라 H. 메도스 외. (2004). 성장의 한계. 갈라파고스, 24-25쪽.

에 의해 생깁니다. 예를 들면 물고기를 잡는 어선들은 현재 잡히는 물고기에만 관심을 기울일 뿐 물고기의 번식률에는 관심이 없으며, 아파트를 짓는 건설업자들은 건설경기와 자신이 짓는 아파트 분양률에만 관심을 기울일 뿐 지역사회와 교통에 미치는 영향 등은 생각하지 않는다는 것입니다.[57]

이처럼 지속가능 한계를 벗어나는 원인이 서로 복잡하게 얽혀 있지만 현재 우리는 지속가능한 한계를 초과함으로 인해 발생하는 위험을 줄이는 데 필요한 문화, 습관, 제도 등을 갖추지 못하고 있습니다. 따라서 피해가 발생하게 되면 그것을 복구하는 데 수백 년 또는 수천 년이 걸릴 수 있습니다. 그러나 그 결과가 반드시 대재앙으로 나타나는 것은 아니라고 말합니다. 즉 지구 생태계의 한계 초과는 두 가지 상반된 결과로 나타날 수 있는데 하나는 일종의 붕괴이며, 다른 하나는 방향 전환과 보완, 주의 깊게 서서히 속도를 줄이는 것입니다. 만약 지금이라도 방향을 전환할 수 있으면 사람들에게 바람직하고 지속가능하며 풍족한 미래를 보장할 수 있을 것입니다. 메도스 등은 인구와 생태발자국의 증가에 대한 원인과 결과를 도출하기 위해 지금까지 네 가지 도구를 사용해 왔습니다. 첫째는 생태계에 대한 과학과 경제이론입니다. 둘째는 전 세계의 자원과 환경에 대한 자료입니다. 셋째는 앞서 제시한 두 가지 사실에 관한 정보를 통합하고 그것이 암시하는 바를 추정하는 컴퓨터 모형들입니다. 넷째는 사람들이 어디서 무엇을 보고 생각할지를 규정하는 우리가 가진 세계관입니다. 이러한 세계관은 여과기의 역할을 하게 되는데, 즉 사람들이 기대했던 세계의 본질과 자신이 얻은 정보를 서로 일치시키며, 자신이 가진 기대를 거스르거나 충족하지 못하는 정보를 무시하게 됩니다. 서로 같은 세계관을 가진 사람들끼리는 굳이 설명할 필요도 없지만 서로 다른 세계관을 가진 사람들은 서로를 이해하기가 매우 어렵게 됩니다.[58] 여기서 메도스 등이 주장하는 가장 중요한 부분은 사물을 전체 시스템 안에서 바라보는 시스템적 관점이며, 이때 시스템적 관점은 마치 산꼭대기에서 아래를 내려다보듯이 시스템을 바라보는 것입니다. 즉 인구통계, 경제, 환경

---

57) 도넬라 H. 메도스 외. (2004). 성장의 한계. 갈라파고스, 35-37쪽.
58) 도넬라 H. 메도스 외. (2004). 위의 책. 39-40쪽.

을 구성하는 많은 요소를 서로 수없이 연결된 하나의 지구 체계로 본다는 것입니다. 그 연결 고리들에서 볼 수 있는 축적, 흐름, 반응, 한계 등을 조사함으로써 시스템이 미래에 어떻게 움직일지, 그리고 인간들은 시스템의 움직임을 바꾸기 위해 어떤 조치를 취할 것인지를 살펴야 합니다.

2) 공유지의 비극59)

공동체의 공유재는 우리가 공유하고 의존하고 책임지는 장소와 사물로 공공장소, 해양 생물, 대기, 토지 등을 포함합니다. '렌트카를 청소하는 사람은 없다'60)라는 미국 속담처럼 어떤 상황에서 공공자원은 다시 보충되는 것보다 더욱 빠르게 고갈되거나 오염됩니다. 이러한 일이 일어날 때 개인의 이익이 전체의 이익과 의도하지 않게 불균형을 이루는 공유지의 비극이 발생합니다. 예를 들면, 우리가 거주하는 주변 지역에는 복지센터, 돌봄센터, 청소년센터 등이 존재하는데 이들은 모두 정부와 지방자치단체의 예산이라는 경제적 지원, 즉 공공자원에 의존합니다. 그러나 경기침체나 세수 부족으로 예산이 줄어든다면 공공단체의 지도자들은 예산을 할당받기 위한 압박을 느끼게 될 것이며, 서로 협력함으로써 함께 생존을 추구하기보다 다른 단체들보다 더 많은 지원을 얻기 위해 경쟁하게 될 것입니다. 그렇게 되면 자원 쟁취를 위한 경쟁으로 인해 충돌이 발생할 가능성이 커지고 모두가 위험에 빠지게 됩니다. 그 결과는 소수의 단체를 제외한 모두에게 손해가 되고 결국은 그 소수도 예산의 감소나 고갈에 따라 사라지게 될 것입니다. 학교도 마찬가지로 학생과 예산이라는 공유자원은 유한하므로 학교는 학생들에게 새롭거나 더 나은 교육 서비스를 제공하려 노력하기보다는 그들의 경쟁학교로부터 더 많은 학생과 자원을 빼앗는 것에 초점을 맞추는 경향이 있습니다.61)

---

59) 지하자원, 공기, 초원, 호수와 같은 개방적인 자원을 개인이 이익에 따라 행동하면 자원의 고갈을 일으킨다는 경제과학적 상황을 설명한다.
60) No one washes a rental car
61) 피터 센게 외. (2019). 학습하는 학교. 씨아이알, 803쪽.

    승자와 패자가 분명하고 자원을 승자가 모두 차지하는 빈익빈 부익부와는 달리 공유지의 비극은 결국 모든 사람을 패자로 만듭니다. 공유지의 비극은 또한 공공재를 재생시키는 능력의 파괴라는 재앙을 포함하게 됩니다. 천연자원은 고갈되면 공장에서 제품을 생산하는 것처럼 단시일에 만들어지거나 재생되지 않습니다. 과도한 자원의 남용으로 인한 고갈은 가난한 지역뿐만 아니라 부유한 지역에 이르기까지 모든 면에 영향을 미칩니다. 이러한 공유지의 비극은 해결하기 어려운 문제를 동반하기도 하는데 그 이유 중 하나는 때때로 선의의 집단들이 불필요하게 서로 갈등을 일으키거나 충돌하는 상황이 발생하기 때문입니다. 이러한 공유지의 비극을 해결하는 방법은 크게 네 가지가 있습니다.

    첫째는 협력하는 것입니다. 개별기관들이 자원들을 차지하기 위해 경쟁하기보다 자원들을 모아 함께 사용할 수 있도록 협력하는 것입니다. 둘째는 일정 기간 사용을 금지하는 것입니다. 중세 시대의 삼포제[62]와 같이 제한된 공유자원이 다시 채워지기 위한 시간이 필요하다면 그 기간에는 사용을 금지하는 것입니다. 셋째는 보충하는 것입니다. 제한적인 공유자원을 보충하는 방법을 모색함으로써 고갈을 막는 것입니다. 넷째는 재생하는 것입니다. 공공재를 계속 활용하기 위해 재생하는 방법입니다. 개별기관이나 행위자가 재생을 위해 서로를 신뢰하게 되고 공동의 노력을 투자한다면 매우 유익한 삶의 방식이 될 수 있습니다. 자신들이 착취당하거나 빼앗길 위험이 없다고 생각하면 공유지에서 채취하거나 가져가는 것보다 더 신속하게 자원을 재생하는 방법을 모색함으로써 자원이 순환될 수 있는 사이클을 개발할 수 있을 것입니다.

    공유지의 비극을 막기 위해서 여러분이 속한 학교나 조직이 노력하거나 학습하고 있음을 어떻게 알 수 있을까요? 그것은 여러분이 속한 학교나 조직이 현실 상황에 대한 명확한 이해 위에서 바라는 미래를 향해 효과적인 행위를 하게 된다는 것을 의미합니다. 그것을 우리는 다음과 같은 질문을 통해서 파악할 수

---

62) 삼포제는 마을의 공유지를 세 부분으로 나누어 1년차에 한 세트의 작물을 심고, 2년차에 다른 작물을 심고, 3년차에는 휴경지로 두는 윤작체제를 말한다. 삼포제를 도입하며 중세 농부들은 더 많은 작물을 심고 생산량을 더 늘릴 수 있었다.

있습니다.

- 여러분이 속한 학교는 학교가 처한 현실 상황에 대하여 명확하게 이해하고 있나요?
- 여러분은 동료 교사들과 그들이 어떻게 느끼는지, 무엇을 생각하는지, 무엇을 바라는지에 대해서 서로 대화하나요?
- 학교에서 현실에 대한 이해가 공유되고 그로부터 새로운 지식을 창조하나요?
- 여러분이 속한 환경은 지속적 배움을 지지하나요?
- 여러분은 공유된 이해를 기반으로 지식을 만들어 가고 있나요?
- 교직원과 학부모들은 학교의 자료 이용이 가능한가요?
- 여러분이 추구하는 우선 사항은 무엇인가요?
- 여러분의 에너지는 자신이 바라는 미래를 위해 집중되어 있나요?
- 여러분은 현실과 이상 사이를 어떻게 줄일 수 있을지 말할 수 있나요?

현재 우리가 살고 있는 사회는 생태계를 전례 없는 속도로 파멸시키고 있으며, 생태계의 환경을 급속도로 변화시키고 있습니다. 세계야생생물기금(World Wildlife Fund)에 따르면 오늘날의 경제를 부양하기 위해서는 현재 지구가 가진 자원의 1.3배가 필요하다고 주장합니다. 그리고 만약 현재의 중국이 미국 수준의 물질적 소비와 낭비에 도달한다면 2개의 지구가 필요하며, 인도가 그렇게 되려면 3개의 지구가 필요합니다. 그러나 우리에게 지구는 하나뿐이므로 현재 우리가 살아가는 삶의 방식인 착취-생산-낭비하는 패턴을 바꾸거나 늦추어야 합니다.[63] 이러한 도전은 경쟁과 실업, 물가 상승과 금리라는 경제적 구조하에서 상호의존적 형태를 유지합니다. 현재 우리는 산업혁명 이래 인류가 만들어낸 문제들을 어떻게 해결해야 하는가에 대해 잘 알지 못합니다. 그러나 우리가 촉

---

63) 피터 센게 외. (2019). 학습하는 학교. 씨아이알, 826쪽.

발한 생태계 파괴, 환경오염, 지구 온난화와 같은 의도치 않은 결과에 대해 고민하기 시작했습니다.

　오늘날 우리가 일상에서 사용하는 재화와 서비스, 그리고 농작물 재배는 전 세계적으로 밀접하게 관련되어 있습니다. 우리나라의 경우 식량자급률이 낮은 밀가루와 같은 곡물은 우리가 이를 구매하기까지 많은 거리를 이동합니다. 우리가 생활의 편리를 위해 사용하는 자동차와 전기제품들은 몇백만 년이 지나도 분해되지 않는 우라늄이나 석탄과 같은 화석연료를 연소시킴으로써 발생하는 전기를 이용하며 온실가스를 생산합니다. 이러한 배출은 빙하를 녹이고 지하수를 고갈시키며 홍수, 태풍과 함께 예기치 않은 기상재해를 유발하며 해수면을 상승시킵니다. 이처럼 세계 환경의 상호의존성은 커지고 있지만 이에 대한 우리의 이해는 아직도 낮은 단계에 머물러 있습니다. 예를 들면, 아이들은 과일을 마트에서 계절과 상관없이 구매 가능하다고 생각하므로 사과, 배, 수박, 귤, 바나나, 오렌지, 망고, 파인애플 등이 특정한 시기와 계절에 생산되는 농산물이라는 의식이 없습니다. 그렇다면 이러한 의식과 생활방식이 앞으로도 계속 지속가능한 것일까요? 우리는 이를 단지 패스트푸드(fastfood)에서 사용되는 고기 생산과 그 운반 과정만 생각해봐도 알 수 있습니다. 고기의 수요 증가는 삼림을 파괴하고, 축산 확대로 인해 발생하는 메탄으로 온실가스를 증가시키며, 고기를 전 세계로 운반하는 선박으로부터 발생하는 이산화탄소를 증가시킵니다. 이 과정을 앞으로도 무한정 지속하면서 우리가 생존을 지속할 수 있을까요? 누구라도 여기에 대해서는 지속불가능하다고 생각할 것입니다. 이처럼 당연히 예견되는 지속불가능성을 지속가능한 발전으로 변화하기 위해서는 우리가 사용하는 에너지, 우리가 생산하는 제품 및 폐기물의 처리, 토지의 사용방식, 자연과 생태계를 바라보는 시각 등에 대한 변화가 필요합니다.

　4차산업혁명으로 개발하는 어떠한 단일 기술도 한 가지 기술만으로는 기후변화를 해결할 수 없습니다. 이윤만을 추구하는 산업구조의 심각한 불균형을 이해하고 이에 대처하기 위한 시스템을 개발하는 것은 교육에 달려 있습니다. 즉 교육의 목적이 이미 우리가 알고 있는 것을 아이들에게 가르치는 것에서 벗어나 학생과 함께 건강하고 지속가능한 삶의 방식을 개발하고 창조하는 데 필요한 역량을 함께 배우는 방법으로 변화한다면 가능할 것입니다. 그렇게 하기 위해서는 현실의 사회와 공동체에서 발생하는 복잡한 문제들에 이해관계가 있는 다양한 사람들과 상호연결과 접촉이 필요합니다. 예를 들면 2020년 3월 몬태나(Montana)에 사는 5~22세 아동, 청소년 16명이 주 정부를 상대로 소송을 제기했습니다. 소송 내용은 몬태나주가 화석연료 개발을 적극 독려하며 기후변화를 가속화 함으로써 주 헌법에 명시된 '깨끗하고 건강한 환경을 누릴 권리'를 침해했다는 것입니다. 미국 전체 석탄 매장량의 1/3을 보유 중인 몬태나주는 6개 광산에서 연간 약 3,000만 톤의 석탄을 생산합니다. 청소년들은 소송에서 몬태나주 환경정책법은 몬태나주가 환경 정책을 검토할 때 온실가스 배출량을 비롯한 기후변화의 영향을 고려하지 않음으로써 화석연료 기반 에너지 시스템이 일으키는 환경오염 피해를 무시하였으므로 주 헌법이 보장하는 환경권을 위반한 행위라고 지적하였습니다. 이러한 기후 소송은 기후변화가 일으키는 부정적인 영향을 사전 예방하고 대중에 알리는 것을 목적으로 하며, 우리나라에서도 2020년 3월 청소년 19명이 정부의 소극적 온실가스 감축 목표가 헌법에 보장된 기본권을 침해한다며 청구한 헌법소원을 시작으로 총 5건의 기후 소송이 제기되었습니다.[64]

기후 위기의 심각성은 날이 갈수록 커지고 있습니다. 세계기상기구(WMO)는 2023년 지구 표면의 평균온도가 산업화 이전(1850~1900)보다 1.45도 상승했으며 해수면 온도 역시 예외적으로 높은 수치를 기록했다고 밝혔습니다. 남극 해빙 면적은 여름이 끝나가는 2월의 최소치(179만㎢)와 겨울이 끝나가는 9월의 최대치(1,696㎢) 모두 역대 최대 수준이었다는 것입니다. 그러나 국제 사회의 대응 속도는 급속한 기후변화를 따라잡지 못하고 있습니다. 2023년 제28차 유엔기후변화협약(UNFCCC) 총회에서 공개된 '세계 탄소 예산보고서'에 따르면 2023년 화석연료 사용으로 배출된 온실가스는 전년보다 1.1% 증가한 368억 톤CO_2(이산

---

64) 정부에 소송 건 청소년들, 1심 승소에 전 세계 요동. (2024.04.07.).
https://www.ohmynews.com/NWS_Web/Series/series_premium_pg.aspx?CNTN_CD=A0003017942

화탄소 환산치)이며 이는 사상 최고치를 경신한 것이었습니다.

세계 경제체제는 한계에 도달했을 때 그 영향을 피드백 받기까지 시간 지체가 있으므로 스스로 지속가능한 수준을 초과할 가능성이 큽니다. 실제로 세계 경제에 큰 영향을 끼치는 지구의 자원 기반과 폐기물 처리능력이 이미 한계를 초과한 상태입니다. 기술과 시장은 불완전한 정보를 기반으로 작동하며 늘 지체 현상이 일어납니다. 따라서 경제의 한계 초과를 부추기는 구실을 할 수 있습니다. 인구와 경제가 지구의 물질적 한계를 초과하면 남는 것은 두 개의 길밖에 없습니다. 즉 자원 부족과 위기가 증폭되면서 어쩔 수 없이 붕괴의 길로 갈 것이냐 아니면 인간 사회의 신중한 선택에 따라 생태발자국을 강제로 줄이는 방향으로 갈 것이냐의 갈림길입니다.

Chapter

08

지속가능발전과 경제학

1 성장과 발전의 의미

경제학적인 관점에서 지속가능한 발전은 환경의 수용력을 넘어서는 성장은 하지 않고 발전하는 것입니다. 여기서 발전은 질적인 향상을 의미하고, 성장은 양적인 증가를 뜻합니다. 따라서 지속가능한 발전이란 성장(자원 투입의 확장) 없는 발전(자원의 효율성 향상)입니다.[1] 컴퓨터를 예로 들면 컴퓨터 수의 증가와 같은 양적 증가를 성장이라 할 수 있고, 컴퓨터가 처리하는 연산속도와 같이 기술적 수준에서의 질적 향상을 발전이라고 할 수 있습니다.

1992년 세계은행은 개발과 환경(Development and Environment)이라는 제목으로 '세계 개발 보고서'를 발간하였습니다. 이 보고서는 공중보건 분야, 즉 수질 악화와 공기 오염이 미치는 악영향에 주의를 환기하는 등 환경문제에 많은 공헌을 했으나 가장 핵심적인 문제를 다루지는 못했습니다. 환경 악화의 주요 원인을 빈곤으로 파악했기 때문에 더 많이 성장하면 된다는 식의 해결책을 제시했습니다. 이는 개발도상국(이하 개도국)의 성장뿐만 아니라 선진국의 성장 방향도 함께 제시한 것이나 마찬가지였습니다. 왜냐하면 개도국이 성장하기 위해서는 당연히 선진국 시장에 수출해야 하고, 선진국으로부터 투자받아야 하기 때문입니다. 선진국이 개도국에 외국인 투자와 시장을 제공하기 위해서는 당연히 선진국

---

1) 허먼 데일리. (2016). 성장을 넘어서: 지속가능한 발전의 경제학. 열린책들, 29-33쪽.

도 성장할 수밖에 없습니다. 즉 성장이 지금처럼 계속 증가하면서 환경도 개선될 수 있는 것처럼 제시하였습니다. 즉 문제의 원인인 빈곤은 개도국에 있고 해결책은 선진국에서 찾아야 한다는 것입니다. 그러나 만약 성장이 물질적 한계를 가지고 있다면 어떻게 가난한 사람들을 빈곤에서 구제할 수 있을까요? 대답은 지극히 간단합니다. 인구를 통제하고 부와 소득을 재분배하며, 자원의 생산성을 기술적으로 향상하면 됩니다. 하지만 대부분 국가는 인구 통제와 재분배는 정치적으로 불가능하다고 여깁니다. 이를 비유하자면 바다에 출항하는 어선의 수에서 바다에 남아있는 물고기의 수로 초점을 바꾸어야 한다는 것입니다. 발전이라는 단어가 구체적으로 뜻하는 바가 있다면 그것은 개도국들의 소비수준과 생활방식이 선진국처럼 되는 것입니다. 그러나 현존 최고의 기술 수준을 생각한다고 할지라도 생태적 수용력을 초과하지 않으면서 현재 선진국의 소비수준과 생활방식을 80억 명이 사는 세계 전체로 일반화할 수는 없습니다. 육류의 소비를 1kg 늘리려면 10kg의 곡물을 인간에게서 가축으로 이동시켜야만 합니다. 그만큼 초원에 가해지는 압력은 증가하고 삼림이 목초지로 전환되어야 합니다.[2]

1) 엔트로피 법칙

경제학에서 최적화란 처리량(throughout)[3]을 생태계가 가진 재생력과 흡수력 이내로 제한하는 것이 최적의 규모를 달성하기 위한 필요조건입니다. 이는 경제를 포함하는 생태계에 의해 유지될 수 있는 규모 이상으로의 성장은 안 된다는 의미입니다. 이를 살펴보기 위해서는 니콜라스 제오르제스쿠로젠(Nicholas Georgescu – Rogen)의 '엔트로피[4] 법칙과 경제적 과정'(The Enthrophy Law and the Economic Process)을 참조할 필요가 있습니다. 제오르제스쿠로젠의 주요 핵심 아이디어들은 '엔트로피 모래시계'라는 비유에 응축되어 표현됩니다. 그 주요

---

2) 허먼 데일리. (2016). 성장을 넘어서: 지속가능한 발전의 경제학. 열린책들, 19 – 29쪽.
3) 처리량이란 원자재 투입으로 시작돼 생산된 상품으로 전환되고 마지막으로 폐기물로 처리되는 유량이다.
4) 엔트로피(entrophy)는 우주 내부 어떤 시스템에서 생기는 유용한 에너지가 무용한 에너지로 변화하는 양의 척도이다.

내용은 아래와 같습니다.

"첫째, 모래시계는 고립된 시스템이다. 어떤 모래도 들어오지 못하며 나갈 수도 없다. 둘째, 유리 안에서 새로운 모래가 생겨나지 못하며, 파괴되지도 않는다. 물론 이것은 열역학 제1법칙: 물질/에너지의 보존법칙을 비유적으로 표현한 것이다.

셋째, 위쪽 부분에서 모래가 계속 흘러내리고 아래쪽 부분에 계속 축적된다. 모래가 아래로 떨어지면서 그것이 가지고 있는 잠재력을 소모하고 그를 통해 일을 수행한다. 그래서 고 엔트로피 혹은 가용하지 않은(다 써버린) 물질/에너지로 전환된다. 위쪽 부분에 있는 모래는 아직 떨어질 수 있는 잠재력을 가지고 있다. 즉 저 엔트로피 혹은 가용한(혹은 유용한) 물질/에너지 상태다. 이것이 바로 열역학 제2법칙이다. 다시 말해 고립된 시스템에서 엔트로피(또는 써버린 상태)는 증가한다. 엔트로피가 물질세계에서 시간의 화살이므로 모래시계 비유는 적절하다."[5]

위의 비유를 확대해 위쪽 부분의 모래를 태양 안에 있는 저 엔트로피 에너지 저량이라고 간주하겠습니다. 태양에너지는 유량[6]으로 지구에 도달합니다. 이 흐름의 양은 모래시계 중앙의 잘록한 부분에 의해 규정됩니다. 즉 모래가 떨어지는 속도 혹은 태양에너지가 지구에 흘러 들어오는 비율을 제한합니다. 고대 지질시대에 떨어지던 모래가 아래쪽 부분의 안쪽 표면에 달라붙어서 바닥에 완전히 떨어지기 전에 아래쪽 부분 상단에 머물게 되었다고 가정해 보죠. 이것을 지구에 건네준 저 엔트로피 물질/에너지 지참금이라고 비유적으로 부르겠습니다. 왜냐하면 우리가 원하는 비율로 사용할 수 있는 비축물이기 때문입니다. 우리는 그 표면에 구멍을 뚫어 거기에 갇힌 모래를 아래쪽 부분의 바닥으로 내려

---

5) 허먼 데일리. (2016). 성장을 넘어서: 지속가능한 발전의 경제학. 열린책들, 58-61쪽.
6) 유체(流體, fluid)는 고체와 달리 외부의 작은 힘에도 견디지 못하고 쉽게 변형되면서 움직이는 액체나 기체 상태를 말한다. 유량(流量, flow rate)은 유체가 단위 시간 동안에 흐르는 양이다.

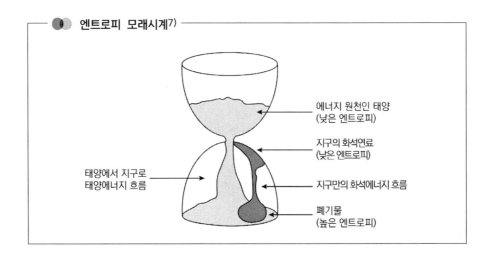

엔트로피 모래시계7)

에너지 원천인 태양
(낮은 엔트로피)

지구의 화석연료
(낮은 엔트로피)

태양에서 지구로
태양에너지 흐름

지구만의 화석에너지 흐름

폐기물
(높은 엔트로피)

보낼 수 있습니다. 고정된 유속으로 도달하는 태양에너지와는 달리 이 지구상의 저 엔트로피 물질/에너지 원천은 우리가 원하는 속도로 사용할 수 있습니다. 우리는 내일의 햇빛을 오늘 사용할 수는 없지만 지구에 저장된 것은 파낼 수 있다는 의미에서 내일의 석유를 오늘 사용할 수 있습니다. 우리 앞에 놓인 두 개의 저 엔트로피 원천은 중요한 비대칭성을 가집니다. 태양 원천은 풍부한 저량, 제한된 유량의 성격을 가집니다. 반면 지구 원천은 제한된 저량, 풍부한 유량의 성격을 띠게 됩니다. 농경사회에서는 풍부한 태양의 유량을 먹고 살았으나, 산업사회에 들어서면서 지구의 제한된 보유고에서 뽑아낸 보충제에 크게 의존하게 되었습니다. 이러한 의존성을 되돌린다는 것은 커다란 진화론적 전환을 의미합니다.

제오르제스쿠로겐은 이와 관련해 진화가 과거에는 태양에너지를 바탕으로 활동하는 우리의 체내기관들(심장, 폐 등)이 서서히 적응해 나가는 과정을 의미했다면, 현재는 지구의 저 엔트로피에 의존하는 체외기관들(자동차, 비행기 등)의 급속한 변화에 적응하는 나가는 과정이라고 주장합니다. 그는 오늘날의 산업사회에서 사회적 충돌이 발생하는 이유를 체외기관들의 불균등한 소유와 체외기관들

7) Eriksson and Andersson. (2010). The entropy hourglass.
https://www.researchgate.net/figure/The-entropy-hourglass-Eriksson-and-Andersson-2010_fig1_278569717

을 만드는 원천인 저 엔트로피 보유고에 대한 불균등한 소유에 있다고 보았습니다. 문제는 모래시계와는 달리 제오르제스쿠로겐이 제시한 모래시계는 뒤집을 수 없다는 것입니다. 즉 경제는 환경에 의존한다는 것입니다.[8]

2) 성장경제와 정상상태 경제

존 스튜어트 밀(John Stuart Mill)은 이미 1857년에 '정상상태'라는 이름으로 아래와 같은 생각을 했습니다. 그는 정상상태를 인구와 물적 자본은 제로성장 상태이지만, 기술과 윤리는 계속 향상하는 상태라고 정의했습니다.[9] 경제학적 시각에서 지속가능한 발전이란 성장경제에서 정상상태 경제로의 이행을 의미합니다. 여기서 사용되는 성장이란 의미는 상품을 생산하고 소비하는 경제 활동을 영위하게 해주는 물질/에너지 처리량의 물질적 규모가 증가하는 것을 가리킵니다. 성장은 처리량의 물질적 규모가 수량적으로 증가하는 것입니다.

성장경제는 두 가지 근본적인 한계에 빠질 것입니다. 하나는 생물물리학적 한계이고, 다른 하나는 윤리사회적 한계입니다. 성장경제의 생물물리학적 한계는 유한성, 엔트로피(entropy), 그리고 생태적 상호의존성에서 발생합니다. 물질적 차원에서 보면 경제는 유한하고 폐쇄된 우리 생태계의 개방된 하위체계입니다. 생태계는 경제에 저 엔트로피 원자재를 제공하는 공급자이며 동시에 고 엔트로피 폐기물을 처리하는 수령자이기도 합니다. 경제라는 하위체계의 성장은 상위 숙주라고 할 수 있는 생태계의 고정된 크기에 의해 제약받습니다. 즉 저 엔트로피 투입의 원천으로서, 그리고 고 엔트로피 폐기물의 매몰지로서 복잡한 생태적 연계와 의존성에 의해 제약받습니다. 이들 기본적 제약 요소들은 상호작용하며, 엔트로피는 완벽한 재활용이 불가능합니다. 성장경제에서는 유한성, 엔트로피, 생태적 상호의존성을 무시합니다. 처리량의 개념이 그들의 세계상, 즉 고립된 교환가치의 순환이라는 사고 틀에서 제외되어 있기 때문입니다. 경제학자들은 교환가치 순환의 최적화 이외에는 아무것도 고려하지 않습니다. 그러나 물

---

8) 허먼 데일리. (2016). 성장을 넘어서: 지속가능한 발전의 경제학. 열린책들, 58 – 61쪽.
9) 허먼 데일리. (2016). 위의 책. 15쪽.

리적 차원을 도외시하는 것은 생리학을 공부하는 사람이 소화기관은 전혀 언급하지 않고 순환계만 다루는 것이나 마찬가지입니다. 경제가 환경으로부터 원자재를 추출하고 폐기물을 돌려준다는 사실은 경제학자들을 포함해서 모두가 아는 사실입니다.

성장경제의 윤리사회적 한계는 다음과 같습니다. 오늘날의 기본적 사회적 필요가 미래의 기본적 사회적 필요에 대해 항상 우선순위를 갖지만, 미래의 기본적인 사회적 필요가 현재의 과도한 사치보다는 우선권을 갖도록 한다면, 아마 현재와 미래 사이의 균형에 대해 깊은 안목과 함께 실제적 원칙을 세울 수 있을 것입니다. 경제 성장은 인구 증가와 함께 거주 공간, 원자재 확장과 폐기물 매몰 등이 필요하게 됩니다. 그러나 다른 생명체들도 공간, 즉 그들의 안식처가 필요합니다. 따라서 인간 이외의 생물종들이 갖는 내재적 가치와 인간의 서식지 점령에 대해서 일정 정도의 제한이 부과되어야 합니다. 이와 함께 케인스는 절대적 욕구[10]는 끝이 있지만 상대적 욕구[11]는 끝이 없다고 주장하면서 그 이유를 일반적 수준이 높으면 높을수록 상대적 욕구도 더 높아지기 때문이라고 설명했습니다.[12] 즉 상대적 지위의 자기 상쇄 효과로 인해 총성장은 우리가 지금까지 생각했던 것만큼 인간 복지를 증진하는 데 생산적이지 못하다는 것입니다. 마지막으로 상품 시장의 수요 측면에서 성장은 탐욕과 소유욕에 의해 유발되고 수십억 달러 규모의 광고시장은 이를 강화하는 역할을 합니다. 공급 측면에서 기술기반의 과학주의는 무한한 팽창의 가능성을 선포하지만 심각한 단점을 가지고 있습니다. 즉 좋은 목적과 나쁜 목적 사이의 차이에 대한 구별이 없다는 것입니다. 권력 팽창과 제한 없는 목적은 마치 고삐 풀린 망아지처럼 맹목적 성장으로 귀결되고 맙니다. 이는 결국 생태계의 질서를 파괴함은 물론 도덕적, 사회적 질서를 파탄 낼 것입니다. 물리학에서 빛의 한계 속도나 소립자의 한계 크기에 대

---

10) 절대적 욕구는 다른 사람들의 조건과 무관하게 느끼는 욕구이다.

11) 상대적 욕구는 욕구를 충족함으로써 우리가 다른 사람보다 우월하다고 느끼게 해주는 욕구이다.

12) 허먼 데일리. (2016). 성장을 넘어서: 지속가능한 발전의 경제학. 열린책들, 73쪽.

한 고려가 없었다면, 경제학에서는 지구 수용력의 생물물리학적 한계나 욕망 충족에 대한 윤리사회학적 한계가 없었습니다. 예를 들면, 가장 큰 성장 실패는 군비경쟁입니다. 군비경쟁은 안보를 강화하기는커녕 더 약화하는 것으로 귀결됩니다. 그리고 개인 생명에 대한 위협과 손실에서 전체 생태계 파괴로 인한 생명체 멸종위기로 그 위험성을 높였습니다. 과도한 인구 성장, 유독성 폐기물, 산성비, 기후변화, 열대 우림의 파괴, 그리고 이러한 다양한 환경침탈로 인해 우리가 잃게 된 생태계의 다양한 서비스는 성장 실패의 대표적 사례라 할 수 있습니다.[13]

물리적인 의미에서 처리량이란 사실 저 엔트로피 원자재가 상품으로 전환되고 궁극적으로 고 엔트로피 폐기물로 전환되는 과정입니다. 즉 처리량이란 소모로 시작해서 오염으로 끝납니다. 그러나 정상상태 경제에서는 총처리량이 일정합니다. 발전이란 주어진 한도의 처리량을 사용하는 가운데 일어나는 질적인 개선을 일컫습니다. 따라서 경제의 상위 체제인 지구라는 행성이 성장 없이 발전할 수 있듯이 정상상태 경제는 발전할 수 있지만 성장할 수는 없습니다.

이러한 정상상태는 결코 정지된 상태를 의미하지는 않습니다. 죽음과 탄생, 감가상각과 생산을 통해 지속적인 쇄신이 이루어지고 사람과 인공물의 저량(stock)[14]에도 질적 향상이 일어납니다. 저량(stock)이 더 긴 수명을 갖게 된다면 같은 양의 자원을 가지고 더 많은 양의 저량(stock)을 운영할 수 있지만 내구성을 연장하는 기술의 발전 속도보다 자원의 질적 감소가 더 빨리 진행된다면 저량(stock)은 줄어들 것입니다.

정상상태 경제에서의 또 다른 특성은 상시적인 처리량이 사람들의 표준적인 삶을 오랫동안 유지하거나, 1인당 자원 사용이 좋은 삶을 영위하는 데 충분할 정도로 유지되면서도 생태적으로 지속가능한 수준에서 제한되어야 한다는 것입니다. 처리량의 생태적 지속가능성은 시장의 힘으로 보장되지는 않습니다. 시장의 물가는 개별 자원들이 서로에 대비하여 희소성을 측정하나 환경적 측면에

---

13) 허먼 데일리. (2016). 성장을 넘어서: 지속가능한 발전의 경제학. 열린책들, 67−76쪽.
14) 저량(貯量, stock)은 저장, 비축, 존재량을 의미하며, 어떤 특정 시점에 경제조직에 존재하는 재화 전체의 양을 말한다.

서 저 엔트로피 자원의 절대적 희소성을 측정하지는 않습니다. 완전 시장으로부터 우리가 기대하는 최상의 것은 '파레토 최적의 자원 배분'[15]입니다. 즉 다른 사람에게 피해를 주지 않으면서 더 나은 복지를 제공할 수도 없는 상황입니다. 문제는 이러한 배분을 자원 처리량의 규모에 상관없이 달성할 수 있다는 사실이며, 이는 지속불가능한 규모에서도 가능하다는 의미입니다. 그러나 생태적인 지속가능성의 기준은 윤리적인 공정성의 기준과 마찬가지로 시장에 의해 해결될 수 없습니다. 시장은 오로지 배분의 효율성에 맞춰져 있기 때문입니다. 최적의 배분과 최적의 규모는 별개의 문제입니다.

정상상태 경제에서의 극대화란 인간의 삶을 대상으로 합니다. 이는 좋은 삶을 영위하는 데 충분한 자원의 표준량을 사용하며 살아가는 인간 삶의 기간으로 측정됩니다. 너무 많은 사람이 특히 고 소비성향의 사람들이 한꺼번에 살아간다면, 생태적 자원을 많이 소비할 수밖에 없으며, 그 결과 생태계의 수용력을 저하하고 미래 생명의 누적 총계를 감소시킬 것입니다. 최적화의 대상이 인간의 삶이기는 하지만 정상상태 경제는 지속가능한 수준에서 상시적 처리량에 제약을 둠으로써 생물종들이 삶을 극대화할 수 있는 방향으로 떠나는 긴 여정이라 할 수 있습니다.[16]

2 환경 거시경제학

거시 경제학의 문제점은 경제가 고립된 체계인 것처럼, 즉 환경과 물질 혹은 에너지 교환이 전혀 없는 것처럼 간주하는 것입니다. 거시 경제학 체계에서는 기업과 가계가 아래의 그림처럼 폐쇄적인 고리를 이루고 있고 교환가치는 그 고리 안에서 순환됩니다. 그러나 이 순환은 완전히 폐쇄적인 순환 고리가 될 수

---

15) 파레토 최적의 자원 배분이란 하나의 자원 배분 상태에서 어느 누구에게 손해가 가지 않게 하면서 최소한 한 사람 이상에게 이득을 가져다주는 변화이다.
16) 허먼 데일리. (2016). 성장을 넘어서: 지속가능한 발전의 경제학. 열린책들, 63−65쪽.

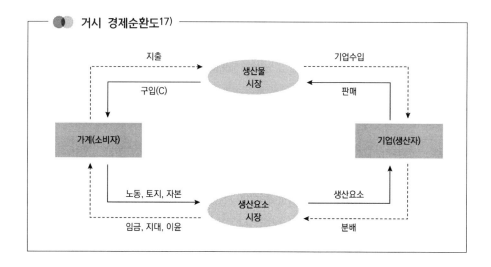

거시 경제순환도[17]

지출 → 생산물 시장 ← 기업수입

구입(C) 판매

가계(소비자) 기업(생산자)

노동, 토지, 자본 → 생산요소 시장 ← 생산요소

임금, 지대, 이윤 분배

없습니다. 그 이유는 생산물을 만들기 위해서는 자원, 물질과 같은 에너지가 필요한데 이 순환 고리를 따라 실제로 흐르고 있는 것은 추상적 교환가치일 뿐이기 때문입니다. 위의 그림에 보이는 추상적 교환가치의 고립된 체계가 환경에 전혀 의존하지 않기 때문에 자연 자원의 고갈과 환경오염은 전혀 문제가 되지 않습니다.

여기서 필요한 변화는 거시경제를 추상적인 교환가치의 고립된 순환 체계나 물질 균형, 엔트로피, 유한성에 의해 제약되지 않는 영역인 것처럼 묘사하지 않고 유한한 생태계의 개방된 하위체계로 묘사하는 것입니다. 거시경제가 고립된 시스템이 아니라 개방된 하위체계로 간주한다면 그것과 상위체계(환경) 사이의 관계는 어떻게 설정되어야 할까요? 즉 하위체계는 전체 시스템에 대비해 어느 정도 커야 할까요?[18]

거시경제는 생태계의 개방된 하위체계이고 생태계에 완전히 의존합니다. 생태계는 저 엔트로피 물질/에너지의 투입 원천이고 고 엔트로피 물질/에너지 산출의 매몰지 역할을 하기 때문입니다. 전체 생태계와 경제 하위체계 사이의 경계선을 넘나드는 물질적 교환이 환경 거시경제의 주체를 구성하는 것이죠. 규모

---

17) 출처: https://slidesplayer.org/slide/15077792/
18) 허먼 데일리. (2016). 성장을 넘어서: 지속가능한 발전의 경제학. 열린책들, 89−94쪽.

● 만재 흘수선(Plimsoll Line)[19]

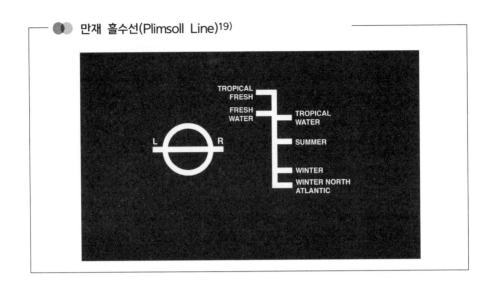

라는 용어는 인구×1인당 자원 사용으로 측정되는, 생태계 내 인간의 물질적 규모 혹은 크기를 의미합니다. 이때 미시경제가 경제 내에서 주어진 자원 흐름의 최적 배분이라면, 거시경제는 생태계 대비 전체 경제의 최적 규모를 뜻합니다.

　미시적 배분이란 비유적으로 표현하자면 한 배 위에서 주어진 무게를 최적화하여 배분하는 문제입니다. 무게의 상대적 위치를 가장 좋은 방식으로 결정했다고 해도 그 배가 수용할 수 있는 절대적 무게의 총량이라는 문제는 여전히 남습니다. 하중의 절대적인 최적 규모라는 문제의식은 만재 흘수선(Plimsoll line)이라는 해양 제도에 비유할 수 있습니다.

　수위가 배의 만선을 가리키는 만재 흘수선에 도달하면 배가 안전하게 운송할 수 있는 수용력의 한계에 이르렀음을 나타냅니다. 물론 무게가 잘못 배분되었다면 수위가 일찍 만재 흘수선에 이를 것입니다. 하지만 절대적 하중이 증가하면 최적화하여 하중을 배분하였다 할지라도 결국 만재 흘수선에 도달할 것입니다. 아무리 최적화하여 화물을 실었다 하더라도 너무 무거우면 배는 가라앉습

---

19) TF: 열대 담수 한계선, F: 담수 한계선, T: 열대 한계선, S: 하절기 한계선 W: 동절기 한계선
　출처: https://intlreg.org/2019/11/30/do－you－know－what－plimsoll－lines－on－ships－are/

니다. 환경 거시 경제학의 주요 임무는 만재 흘수선에 비유될 수 있는 경제 제도를 설계하는 일입니다. 즉 경제의 하중, 절대적 규모가 우리의 생물권인 방주를 침몰시키지 않도록 유지하는 것입니다.

시장은 경제 하위체계 내에서만 작동하며 소비자에게 필요한 정보를 제공함으로써 배분(효율성)문제를 해결합니다. 그러나 시장은 최적의 분배(공정성)와 최적의 규모(지속가능성) 문제를 해결하는 일은 잘하지 못합니다. 경제학자들은 효율적 배분과 공정한 분배의 목표가 독립적이라는 점을 인정합니다. 또한 가격 요소가 효율성을 제고시켜 준다면 소득 재분배정책은 형평성 제고에 적합하다는 데 일반적으로 동의합니다. 그러나 이러한 소득분배의 주요 결정 요인은 효율성이나 공정성과는 상관이 없는 재산소유권과 관련된 역사적 조건들입니다. 따라서 배분과 분배라는 두 가치가 시장에서 충돌하고 있지만 이를 해결하지는 못하고 있습니다. 여기에 규모라는 가치가 들어오면서 세 가지 가치가 충돌하게 됩니다. 규모는 최대 한계를 가지며, 이때 한계는 생태계의 재생력 또는 흡수력을 의미합니다. 경제에 추가되는 물적 자본은 인류에게 주는 한계 편익[20]이 자연 자본의 희생으로 인간에게 돌아오는 한계 비용과 같아지는 지점까지만 규모(성장)를 확대해야 합니다. 이와 함께 다른 생물종들과 그들의 서식처가 생태적 붕괴 혹은 누적적 쇠퇴, 멸종을 피하기 위해 필요한 수준 이상으로 보존해야 합니다. 그리고 다른 생물종들도 인간이 부여한 도구적 가치 외에 그들 고유의 가치가 있다는 사실을 인정하고 도구적 편리성 이상으로 최대한 보호되어야 합니다.[21]

전체 생태계 대비 하위체계의 최적 규모는 환경 거시 경제학에서 중요한 문제입니다. 우리는 지구보다는 우리 자신을 더 잘 경영할 필요가 있습니다. 우리의 자기 경영은 지구를 조종하는 것보다는 아이들을 안전하게 보호하는 어린

---

20) 편익은 자신이 지불한 비용으로 얻은 대가나 만족, 경제적인 이익 등을 말한다. 한계 편익은 어떤 것을 조금 더 늘려서 얻는 편익이며, 한계 비용은 어떤 것을 조금 더 늘리면 생기는 비용이다.
기회비용은 여러 대안들 중 하나의 대안을 선택할 때 선택하지 않은 대안들 중 가장 좋은 것, 즉 차선의 가치를 말한다.
21) 허먼 데일리. (2016). 성장을 넘어서: 지속가능한 발전의 경제학. 열린책들, 94−100쪽.

이집 운영에 더 가까워야 합니다. 중앙계획 경제조차도 운영하지 못하는 우리의 명백한 한계를 직시하고 좀 더 겸손해질 필요가 있습니다. 생태계의 보이지 않는 손의 혜택을 받고 싶은 사람들은 시장의 보이지 않는 손이 배분과 관련해서는 훌륭히 작동하지만 거시경제 규모에 한계를 부과하지는 못한다는 점을 인정해야 합니다. 우리의 제한된 경영 능력은 경제적 만재 흘수선을 제도화하는 데 사용되어야 합니다. 만재 흘수선은 거시경제 규모를 제한함으로써 보이지 않는 손이 작동할 수 있게 합니다. 배분을 위해서는 새로운 희소 재화들이 제로 가격을 가지고 있으면 안 됩니다. 문제는 규모가 매우 작아 새로운 희소 재화가 무료이고 적절한 배분 가격도 여전히 제로상태로 남아 있을 수 있던 시대에 우리가 더 행복했었을지도 모른다는 사실입니다.

신발을 생산하든 아이스크림을 소비하든 어떤 행위이든 규정되어야 하고 해당 행위의 비용함수[22]와 비용편익 분석[23]이 정의되어야 합니다. 행위의 규모가 성장함에 따라 한계 비용은 증가하고 한계 편익은 감소한다고 믿을 만한 합리적 근거들이 주어지게 되는데 미시 경제학에서는 사안이 되는 행위의 규모는 한계 비용[24]과 한계 편익[25]이 같아지는 지점까지만 확대되어야 한다는 것입니다. 즉 최적 규모로 정의되는 조건이라 할 수 있습니다. 그러나 거시 경제학에는 최적 규모라는 것은 없다고 말합니다. 따라서 전체 경제 규모의 성장을 규정하는 비용편익 함수는 없습니다. 얼마나 많은 사람이 살든, 그들이 얼마나 많이 소비하든 전혀 문제가 되지 않습니다. 그들 간의 비율과 상대적 가격만 적정하면 되기 때문입니다. 그런데 모든 미시적 경제행위가 최적의 규모를 가지는데 왜 이런 미시적 행위들의 총합은 최적의 규모를 갖지 않을까요? 은행의 이자율과 같은 속도로

---

22) 비용함수(cost fuction)는 어떤 생산량에서의 최소 생산 비용을 대응한 함수이다. 즉 내가 만든 모델이 실제 정답과 얼마나 다른지를 측정하는 수단이다.
23) 비용편익 분석은 여러 대안 가운데 가장 효과적인 대안을 찾기 위해 각 대안이 초래할 비용과 편익을 비교 분석하는 기법이다.
24) 한계 비용(marginal cost)이란 기업이 상품 한 단위를 더 생산하는데 추가로 부담하는 비용이다.
25) 한계편익은 기업이 상품 한 단위를 더 소비하거나 판매함으로써 얻을 수 있는 편익의 증가분이다.

지구 표면이 늘어나듯이 생태계가 무한정 성장할 수 있다면 총 경제도 그럴 수 있습니다. 그러나 어떤 한 나라의 수출이 수입보다 클 수 있지만 모든 나라들의 수출 총합은 수입 총합과 다를 수 없습니다. 그것은 마치 모든 구경꾼이 더 잘 보기 위해서 발돋움한다면 그 효과가 상쇄되는 것과 같기 때문입니다.[26]

1) 소득과 소비

중상주의 시대에는 경제학자들이 국제 무역을 통해 부를 축적할 것을 국가에 호소하였습니다. 무역은 경쟁적이었으므로 비용을 낮게 유지해야만 했습니다. 그리고 비용 중에는 노동이 주를 차지했으므로 임금을 낮추어야 했습니다. 임금을 낮게 유지하는 방법은 인구 증가나 기술적 실업을 통해서 노동자들을 초과 공급하는 것입니다. 그러므로 한 나라가 부유하기 위해서는 시민들 다수가 가난해야만 합니다. 그렇게 해서 낮은 비용으로 생산한 물품은 국제 무역으로 이득을 보아야 하는데, 이는 국제 수지 흑자를 위해 애써야 한다는 의미입니다. 그러나 이는 누가 봐도 모든 나라가 달성하기는 불가능한 목표입니다. 왜냐하면 한 나라의 흑자는 다른 나라의 적자이기 때문입니다. 여기서 제기하는 첫 번째 문제는 현재의 발전 개념[27]을 세계의 모든 나라에 일반화하는 것은 불가능하다는 사실입니다. 과학의 가장 기본적인 법칙은 다음과 같은 불가능성의 진술입니다. 물질 에너지를 창조하거나 파괴하는 것은 불가능합니다. 빛의 속도보다 빠르게 여행하는 것은 불가능합니다. 영구기관을 만드는 것은 불가능합니다. 그리고 미국 방식의 자원 소비를 80억 인구에게 실행하는 것은 불가능합니다. 만약 달성된다고 하더라도 매우 단시간에 끝나버릴 것입니다. 어떤 나라의 1인당 자원 소비수준을 모든 나라에 확대해서 일반화할 때 지속가능하지 못하다면 과도하게 발전된 국가로 정의할 수 있습니다. 반대로 어떤 나라의 1인당 자원 소비수준으로 국가들이 소비한다고 할 때 지속될 수 있는 기준보다 낮은 경우는 저발전 국가로 정의될 수 있습니다.

---

26) 허먼 데일리. (2016). 성장을 넘어서: 지속가능한 발전의 경제학. 열린책들, 113－117쪽.
27) 미국과 비슷한 수준의 1인당 실질 GNP와 그와 결부된 자원 흐름 수준을 말한다.

장기적인 관점에서 볼 때 저개발국가들이 자원을 추출하면 선진국들에 대한 그들의 의존도가 높아질 가능성이 큽니다. 왜냐하면 저개발국가들이 수출시장으로서 선진국에 계속 의존하게 되기 때문입니다. 또한 가장 풍부하고 가장 쉽게 취할 수 있는 자원이 먼저 추출될 것이므로 풍부하지 않거나 취하기 어려운 매장 층은 나중에 개발될 것입니다. 예를 들면, 쿠웨이트는 매우 높은 1인당 GNP(Gross Domestic Product: 국민총생산)[28]를 가집니다. 그런데 이는 소득일까요? 자본 소비일까요? 상식은 우리에게 후자라고 말하지만 GNP는 그것을 단순하게 현재 소득으로 취급합니다. 따라서 GNP가 아닌 다른 기준으로 발전 개념을 재정립해야 합니다. 우리가 GNP를 고수하게 되면 국가들이 일반적으로 달성 불가능한 발전 개념에 빠지게 됩니다. 따라서 GNP는 모든 나라가 달성할 수 있는 방식으로 반드시 재정립되어야만 합니다.[29]

소득은 엄밀한 이론적 개념보다는 한 나라가 빈곤에 빠지지 않으면서 최대로 소비할 수 있는 수량을 찾아가는 실천적 가이드입니다. 우리가 GNP 전체를 소비해 버리면 결국 우리 자신이 궁핍해진다는 사실을 잘 알고 있습니다. 만약 우리가 GNP 전량을 다 소비해 버린다면 우리는 기계, 빌딩, 도로 등의 감가상각을 메울 수 있는 자금이 바닥나게 됩니다. 그래서 우리는 감가상각을 제외하고 국민순생산(NNP: Net National Product)을 구하게 됩니다. NNP는 재생산이 가능한 자연자본(삼림, 어족 자원)의 감가상각을 제대로 계산하지 못합니다. 그리고 비재생 자연 자원의 재고(석유, 가스)도 제대로 계산하지 못합니다. 결과적으로 NNP가 점점 더 국가들의 신중한 행위를 위한 가이드로서 역할을 못하고 있습니다. 그래서 수정이 필요한데 수정할 내용은 감각상각 원칙을 생산으로 고갈되는 자연자본 스톡(stock)의 소비까지 포함하도록 단순히 확장하는 것입니다. 또 다른 수정은 우리의 총생산과 총소비로 인해 야기될 수 있는 원치 않는 부작용으로부터 우리를 방어하는 데 요구되는 방어적 비용 혹은 유감스러운 경비

---

28) 국민총생산은 한 국가의 국민들이 일정기간에 생산하고 분배하고 지출한 재화 및 서비스의 총액이다.
29) 허먼 데일리. (2016). 성장을 넘어서: 지속가능한 발전의 경제학. 열린책들, 193−201쪽.

를 제외하는 방법입니다. NNP에서 방어적 비용으로 간주 되는 부분을 수정하기 위해서는 먼저 그 규모를 평가해야 합니다. 그리고 그 값을 제외한 후 최대 지속가능한 소비 혹은 소득의 추정치를 구해야 합니다. 그렇게 한다면 수정된 소득개념을 다음과 같이 정의할 수 있습니다. 지속가능한 사회적 국민순생산 (SSNNP: Sustainable Social Net National Product)은 국민순생산(NNP) 빼기 방어적 비용(DE: Defensive Expenditure) 빼기 자연자본의 감가상각(DNC: Depreciation of National Capital)이 됩니다.

방어적 비용은 인공 개체 및 구조물의 폭발적 증가, 그리고 인간들의 편의를 위해 이용되는 동식물 개체 수의 폭발적 증가 등 점점 더 상호 간섭적이고 자기 모순적인 행위들이 널리 퍼지는 현상을 반영합니다. 방어적 비용은 다음 다섯 가지의 광범위한 범주들로 설명할 수 있습니다. ① 온갖 환경보호 비용과 환경파괴 보상비용 같은 경제 성장의 일반 과정에서 환경 자원의 과잉 착취로 인해 초래되는 방어적 비용, ② 높아지는 통근 비용, 주거비용, 레크레이션 비용 같은 공간적 집중, 생산 집중, 그리고 도시화로 야기되는 방어적 비용, ③ 점점 증가하는 범죄, 사고, 사보타주, 기술적 실패에 대비한 보호 비용같이 산업시스템의 성숙으로 초래되는 위험 증가와 관련된 방어적 비용, ④ 교통사고, 그와 관련된 수리비, 의료비처럼 차량 운송의 부정적인 부작용이 초래하는 방어적 비용, ⑤ 마약 중독, 흡연, 그리고 음주로 초래되는 비용으로서 건강에 해로운 소비, 행동양식, 그리고 열악한 노동환경과 삶의 환경에서 발생하는 방어적 비용입니다. 국민소득 회계가 처음으로 제도화되었던 때와는 비교하기 힘들 정도로 심각하게 변해있는 현 상황에서 신중한 행위를 위한 믿을 만한 가이드로서 소득개념을 유지하기 위해서는 수정작업이 공식적 지위와 형식적 인정을 부여받을 수 있어야만 합니다.[30]

우리는 소득과 자본을 혼동하지 말아야 하며, 서비스의 가치를 서비스를 제공하는 물품의 가치에 더하지 않습니다. 서비스는 소득으로 간주해야 하고 서비

---

30) 허먼 데일리. (2016). 성장을 넘어서: 지속가능한 발전의 경제학. 열린책들, 185–191쪽.

스를 제공하는 것은 자본으로 간주해야 합니다. 그리고 물질적 자본은 항상 가치가 절하되고 그것의 지속적 유지와 대체는 비용이라는 사실을 인정해야 합니다. 자본을 그대로 유지하기 위한 비용을 국민순배당의 일부로서 계산하지 말아야 합니다. 모든 물질적 생산은 자본을 그대로 유지하기 위한 비용입니다. 세계가 비어있을 때는 처리량이 무한한 원천에서 무한한 매몰로의 흐름으로 간주되었습니다. 그리고 물질들이 희소하지 않았기 때문에 비용으로 생각되지도 않았습니다. 그러나 꽉 차 있는 유한한 세계에서 처리량 그 자체는 비용이 되고 더 이상 그것은 편익으로 파악되지 않습니다.

자본은 소비자와 생산자의 재화로서 기금 혹은 스톡(stock)이라는 두 가지 형태를 띠게 됩니다. 스톡(stock)은 구조화되지 않은 사물 혹은 균일한 물질의 재고로 조금씩 사용됩니다. 예를 들면, 휘발유처럼 완전히 소진될 때까지 전혀 영향을 받지 않습니다. 기금은 구조화된 유기적 전체로서 예를 들면, 자동차처럼 모든 부분이 함께 포함되어야 하고 전체적으로 상각됩니다. 스톡은 소진되고 기금은 소모됩니다. 둘 다 대체되어야 합니다. 서비스는 욕구가 충족될 때 경험하는 만족감에서 발생하는 심리적 소득(psychic income)입니다. 서비스는 축적으로 창출됩니다. 스톡과 기금의 양과 질은 서비스의 강도를 규정합니다. 서비스는 일정 기간에 걸쳐 산출되므로 흐름의 크기처럼 보이지만 진정한 유량과는 달리 축적될 수 없습니다. 처리량은 자연의 원천으로부터 나오는 물질과 에너지의 엔트로피와 같은 물질 흐름으로서 인간 경제를 거쳐 다시 자연의 매몰로 되돌아갑니다. 바로 이 흐름이 스톡과 기금으로 축적되는 것이고 여기서부터 스톡과 기금이 대체되고 유지됩니다.

서비스는 최종 편익이고 처리량은 최종비용입니다. 축적은 구조화된 형태로 고정된 처리량이며, 우리의 목적에 적합한 모양과 수량으로 존재하는 재고입니다. 그리고 우리의 만족을 위해 요구되는 지속 기간도 가지게 됩니다. 결국 이렇게 고정적인 처리량은 엔트로피에 의해 소모 또는 소진되면 폐기물로서 환경으로 돌아가게 됩니다. 스톡과 기금의 대체는 또 다른 처리량의 축적을 요구합니다. 처리량의 흐름은 저 엔트로피 환경 자원의 소모에서 시작해 고 엔트로피 폐기물이라는 환경오염으로 끝납니다. 따라서 축적이 중심적 개념이 되어야만 합니다. 한편으로 편익을 낳고 다른 한편으로 비용을 부과하는 것이 바로 축적이기 때문입니다. 주어진 축적 수준 내라면 우리는 틀림없이 최대 서비스와 최소 처리량을 원할 것입니다. 그 대안으로 생태적으로 지속가능한 처리량이 주어진다면 우리는 최대 저량과 저량 단위당 최대 서비스를 원할 것입니다.

GNP는 자연 생태계 서비스를 고려하지 않습니다. 지질학적 스톡(stock)의 고갈, 환경적 기능의 훼손, 우리가 의존하고 있는 다른 종들의 생태기금 고갈 등 자연 스톡과 기금의 변화는 GNP에 포함되지 않습니다. 수천 년간 축적된 광물질의 고갈과 생태적 생명 지원 자본의 소모가 스톡과 기금의 변화에 계산되지 않으며, 생산된 재화가 제공해 주는 현재 서비스 가치에서 환경기능의 현재 서비스 손실도 계산되지 않습니다. 실제로 오염의 영향에 대비해 우리를 방어하려는 노력은 상품과 서비스에 대한 새로운 수요로 이어지고 이는 GNP 증가로 이어지게 됩니다. 그러므로 우리는 다음과 같은 내용이 필요합니다. 첫째는 축적으로 창출되는 서비스의 가치를 측정하기 위한 편익 계정입니다. 이때 축적은 회계 기간에 임차되는 것들뿐만 아니라 소비자들에 의해 사용되는 것과 생산에서 사용되는 것도 포함되며 자기충족적이며 만족스러운 특성을 가집니다. 둘째는 고갈, 오염, 짜증나는 종류의 노동이 낳는 비효용의 가치를 측정하기 위한 비용 계정입니다. 비용과 편익 계정의 분리를 통해 우리는 축적의 심화가 가져다주는 추가적 편익이 추가적 비용을 들일 가치가 있는지 그 여부를 물어봐야 합니다. 셋째는 스톡과 기금의 축적 재고와 그것의 소유권 분배를 의미하는 자본 계정입니다. 이러한 자본 계정에는 스톡과 기금뿐만 아니라 광산, 유정, 생태계 인프라와 같은 자연자본도 포함됩니다.

현재 우리는 지질학적, 생태적 자본 감소로 인해 재원이 제공되는 소비와 지속가능한 생산으로 재원이 제공되는 소비를 구별하지 않고 현재 소비를 계산합니다. 예를 들면 쿠웨이트는 2022년 기준 약 41,000달러의 1인당 GNP를 기록하고 있는데, 그중 상당한 부분이 지질학적 자본 감소에 바탕을 둔 사용료입니다. 가장 현명한 것은 축적의 수준을 생태적으로 지속가능한 양에 맞추려고 노력하는 것입니다. 자족과 지속가능성은 축적의 수준을 정하는 기준이 됩니다. 효율성은 축적된 스톡과 기금의 기본 단위당 산출되는 서비스의 극대화를 통해 달성될 수 있습니다. 동시에 유지와 대체를 위해 요구되는 스톡 혹은 기금의 기본 단위당 처리량을 최소화해야 합니다. 편익에는 임차된 자산의 서비스뿐만 아니라 현행 방식에는 제외된 자가 사용자산의 서비스까지 포함되어야 합니다. 비용에는 자연자본의 고갈, 현재 환경 서비스의 손실, 그리고 노동의 비효용까지 포함되어야 합니다. 현행 GNP 회계 방식에서는 모두 무시되고 있으며 더 나쁜 사실은 암묵적으로 편익으로 취급되고 있습니다. 결국 GNP는 처리량을 극대화하고 결과적으로 고갈과 오염의 비용을 극대화하는 것이나 마찬가지라는 것입니다.[31]

경제이론과 실천에서 현재 위기의 핵심은 우리가 지구의 지속가능한 재활 역량을 넘어선 수준으로 지구의 자원을 소비하고 있다는 사실입니다. 결국 시간이 지나면 우리는 지구의 역량을 멈추게 할 것입니다. 우리는 현재 자연자본을 소득이라고 부르면서 소비해 버리고 있습니다. 국가들이 인구와 1인당 자원 소비 모두에 대해 염려해야 하지만 개발도상국들은 인구에 좀 더 신경을 쓰고, 선진국들은 1인당 자원 소비에 더 신경을 쓰는 것이 맞습니다. 만약 개발도상국들이 자원을 열심히 절약하더라도 선진국에서 과소비를 통해 몽땅 먹어 치운다면 개발도상국들이 무슨 이유로 인구 조절에 나서게 될까요? 반대로 절약된 자원이 개발도상국의 엄청나게 많은 가난한 인구들이 전과 다를 바 없이 비참한 수준의 생존을 이어나가는 데 급급한 정도로만 사용된다면 선진국이 과소비를 통제한들 무슨 의미가 있을까요?

알프레드 마셜(Alfred Marshall)에 따르면, 인간은 물질적인 것을 창조하지 못하며, 인간의 노력과 희생이 만드는 것은 물질의 형태나 배열을 바꿔 자신의 욕구 충족에 더 알맞게 개조하는 것입니다. 그리고 인간의 물질적 생산품 생산은 자신에게 새로운 효용을 제공하는 물질의 재배열이기 때문에 생산품을 소비한다는 것 또한 그 효용을 파괴하는 물질적 흐트러짐일 뿐이라고 주장합니다.[32]

---

31) 허먼 데일리. (2016). 성장을 넘어서: 지속가능한 발전의 경제학. 열린책들, 202–215쪽.
32) 허먼 데일리. (2016). 성장을 넘어서: 지속가능한 발전의 경제학. 열린책들, 120쪽.

즉 물질/에너지의 창조라는 관점에서 보면 인간의 행위로 물질/에너지에 더해지는 이러한 효용은 생산품이 아니며, 소비로 인해 파괴되는 것도 불가능하다는 것입니다. 다만 노동 주체와 자본재에 의해 물질/에너지에 유용한 구조가 더해질 뿐이라는 것입니다.

경제학자들은 노동과 자본에 의해 전해지는 이러한 유용한 구조를 부가가치라고 부릅니다. 소비과정에서 써버리는 것, 즉 소비되는 것은 이러한 부가가치입니다. 부가가치를 다시 소비하려면 노동 주체와 자본에 의해 새로운 가치가 다시 더해져야 합니다. 가치가 더해지는 대상이 바로 자연 자원의 흐름이며, 이는 궁극적으로 파괴 불가능한 자연의 구성요소로서 간주됩니다. 이런 관점에서 보면 인간이 소비하는 가치는 인간이 더하는 가치보다 클 수 없습니다. 그래서 소비 더하기 저축은 국민소득과 같고, 국민소득은 모든 부가가치의 합과 같습니다. 이때 가치가 더해지는 대상은 본래 의미의 원자로서 상상할 수 있는 희소성이란 없습니다. 따라서 가치가 더해지는 대상은 비활성적이고 상호교환이 가능하며 그냥 남아도는 어떤 것입니다. 부가가치가 경제적 회계의 핵심에 자리 잡은 것과는 달리 가치가 더해지는 대상은 수동적인 원료로 여겨지고 있으므로 그것이 관심을 못 받는 것은 어쩌면 당연한 현실입니다.

여기서 가치가 더해지는 대상은 자원(resources)이라고 할 수 있는데, 자원은 노동과 자본이 더해 주는 형태(가치)를 완전히 수동적으로 받는 수령자일 뿐입니다. 이 세계에서는 노동과 자본에 의해 부가된 가치가 당연히 모든 생산된 가치의 원천이며, 결과적으로는 모든 소비된 가치의 원천입니다. 전체 채굴산업 부문(광산, 유정, 채석 등)이 GNP의 5~6%밖에 차지하지 않으므로 지금까지 원료의 중요성은 과소평가 되었습니다. 그러나 부가가치의 95%는 채굴부문의 5%와 독립적이지 않으며 매우 의존적입니다. 즉 원료에 기반을 두고 있으며, 이는 5%가 나머지 95%를 떠받쳐주는 기반이라는 의미입니다. 가치는 무에서 만들어지지 않습니다. 가치를 부가하는 것은 더하기보다는 곱하기에 가깝습니다. 우리는 원료의 가치에 노동과 자본을 곱해야 하지만 0에 무엇을 곱해도 값은 0이 됩니다. 일반적으로 생산은 자본과 노동 간의 함수로 취급되며 자원은 완전히 배제됩니다. 위의 예들에서 공통으로 가지는 경향은 경제적 행위가 자원에 의존하고 있다는 사실을 경시한다는 것입니다. 경제적 행위를 존재하도록 하는 자연계는 무시하는 반면, 인간의 기여가 갖는 상대적 중요성과 독립성을 과장하고 있습니다.[33]

부가가치 순환에 바탕을 둔 모든 교과서에 실려있는 이러한 시각은 열역학 제1법칙에 완전히 부합합니다. 물질/에너지는 생산되지도 소비되지도 않으며 오로지 전환될 뿐입니다. 그러나 이러한 시각이 심각하게 간과하고 있는 것이 있습니다. 그것은 열역학 제2법칙을 무시하고 있다는 점입니다. 물질은 생산에서 질서 있게 배열되고 소비에서 흩어지며 다시 생산에서 재배열되기를 반복합니다. 제2법칙에 따르면 이러한 물질 구성요소의 재배열과 재활용은 에너지를 취하는데 이 에너지 자체는 재활용될 수 없으며 물질 구성요소가 매번 순환될 때마다 에너지가 회수 불능 상태로 사라진다는 것입니다. 우리가 물질/에너지를 소비하지 않는다는 것은 참이지만 그 과정에서 우리는 물질/에너지를 재배열하는 역량을 소비하는 것입니다. 즉 재활용이 불가능한 상태로 사용한 후 버리게 됩니다.

물질/에너지는 질적으로 균일하지 않으며, 물질/에너지가 부가가치를 체현할 수 있는 역량도 균일하지 않습니다. 이러한 물질/에너지는 외부로부터 물질과 에너지를 받아들여 외부로 소멸해 나가는 부분을 보충해야 합니다. 이때 외부란 환경을 의미합니다. 여기서 환경이란 의미는 유한하고 성장하지 않으며 물질적으로 폐쇄된 복합적인 생태계이면서 동시에 성장하지 않는 태양에너지의 유한한 흐름에 대해 열려있는 시스템입니다. 물질/에너지를 상위체계로부터 취하고 거기에 가치를 더하며, 그 부가가치를 써버리고 폐기물을 돌려보내는 과정은 환경을 변화시킬 수밖에 없습니다. 우리가 돌려보내는 물질/에너지는 우리가 취했던 시점의 물질/에너지와 같지 않습니다. 폐기된 물질/에너지는 원래의 물질과 질적으로 다릅니다. 유기체의 신진대사 과정과 마찬가지로 저 엔트로피 물질/에너지가 들어오고 고 엔트로피 물질/에너지가 나가는 것입니다. 우리는 재배

---

33) 허먼 데일리. (2016). 성장을 넘어서: 지속가능한 발전의 경제학. 열린책들, 120−125쪽.

열을 통해 우리가 더한 가치뿐만 아니라 원래부터 자연이 부여해 준 기존의 배열까지도 재생 불가능한 형태로 사용해 버립니다. 또한 자연이 제공해 준, 배열을 더 진행할 수 있는 활력 그 자체도 함께 소모해버립니다. 우리는 물질에 더해진 가치만을 소비하는 것이 아니라 우리가 경제 하위체계로 수입해 들여오기 이전에 이미 존재했던, 자연이 더해 준 가치까지도 소모합니다. 재배열의 역량이 하위체계 내에서 소진되면 상위체계에서 저 엔트로피 물질/에너지를 들여옴으로써 그 역량을 복구할 수 있습니다. 그리고 고 엔트로피 물질/에너지는 상위체계로 다시 내보내게 됩니다.

이러한 관점에서 보면 가치가 더해지는 대상은 물질/에너지입니다. 인간의 경제적 행위를 통해 더해지는 가치를 가장 잘 수용하고 체화할 수 있는 역량을 지닌 물질/에너지가 우선 있어야 합니다. 대기 중 흩어진 탄소 원자는 엄청난 에너지와 다른 물질들을 소모할 때만 부가가치를 수용할 수 있습니다. 나무 안에 구조화되어 들어있는 탄소 원자는 이보다 훨씬 더 수월하게 재배열할 수 있습니다. 자연에 의해 작업이 많이 이루어져 있을수록, 더 많은 응축된 수용성 높은 자원이 부가가치를 담아낼 수 있게 됩니다. 그리고 그것을 우리의 목적에 더 잘 부합하게 재배열하는 데 더 적은 자본과 노동이 소모됩니다. 효용이나 수용의 관점에서 보면 자연이 더해 준 가치는 노동과 자본에 의해 더해지는 가치와 동등하게 평가되어야 합니다. 그러나 공급 측면이나 가격 측면에서 보면 그렇지 않음을 알 수 있습니다. 우리는 선천적 부가가치를 보조금, 즉 자연의 공짜 선물로 취급하는 경향이 있습니다. 자연의 보조금이 크면 클수록 가격은 더 싸고 소모 속도는 훨씬 빠릅니다.

과거에는 부가가치가 그 전환 주체의 공급, 즉 노동과 자본에 의해 제약되었다면 오늘날에는 가치의 부과가 자원의 가용성에 의해 제약되고 있습니다. 저 엔트로피 물질/에너지는 지식이 물질과 결합하여 인공 자본이 될 수 있게 이어주는 한정된 관문 같은 것입니다. 저 엔트로피 물질/에너지 없이 자본이란 있을 수 없습니다. 물론 새로운 지식은 새로운 저 엔트로피 자원의 발굴로 이어질 수 있습니다. 그리고 그것을 전환하는 새로운 방법의 개발로 인간의 욕구가 더 충족될 수 있습니다. 새로운 지식은 언제나 놀라움을 선사하지만 그 놀라움이 항상 좋은 방향이라고 보장할 수는 없습니다.

우리는 하위체계의 규모(전체 소비)가 증가함에 따라 야기되는 비용과 편익을 고려해야 합니다. 나무를 예로 든다면, 편익은 얻어지는 경제적 서비스(목조 주택)이며, 비용은 희생되는 생태계 서비스입니다. 즉 이산화탄소를 격리해 주고 야생생물의 서식처, 침식 방지, 지역 냉각 등을 제공해 주는 나무의 수가 줄어들게 됩니다. 규모가 증가함에 따라 한계 비용은 상승하는 경향이 있고, 한계 편익은 감소하는 경향이 있습니다. 우리가 최적 혹은 성숙한 규모에 이르게 되면 생산은 더 이상 성장이 아닌 유지를 위한 것이 되어야 합니다.[34]

후생은 인공 자본재와 자연 자본재 모두에 의해 이루어지는 욕구 충족 서비스입니다. 엄밀한 의미에서의 경제적 목표는 최적의 수준으로 자연을 인공자본으로 전환하는 일입니다. 즉 경제정책의 목표가 소비나 생산을 극대화하는 것이 아니라 최소화하는 것이 되어야 한다는 의미입니다. 이는 가능한 한 소비나 생산을 적게 하면서 우리의 자본재를 유지할 수 있게 하는 방법입니다. 그러므로 지속가능한 발전은 성장 없는 발전, 즉 환경의 재생능력과 흡수능력을 넘어선 처리량의 성장이 없는 발전으로 쉽게 정의될 수 있습니다. 그러나 오늘날 경제 하위체계가 생태계에 대비해 너무 많이 성장해 남아 있는 자연자본이 인공자본에 비해 상대적으로 희소한 상황이 되어버렸습니다. 희소성의 양상이 이전과는 반대가 된 것입니다. 삶의 향유는 인간 중심적인 방식[35]으로 해석될 수도 있고, 생명 중심적 방식[36]으로 해석될 수 있습니다.

전체 자본을 그대로 유지하는 방법은 다음 두 가지가 존재합니다. ① 인공자본과 자연자본의 합을 어떤 총가치 기준으로 일정하게 유지할 수 있다. 이 방식은 인공자본과 자연자본이 대체재 관계에 있을 때만 타당합니다. ② 구성요소

---

34) 허먼 데일리. (2016). 성장을 넘어서: 지속가능한 발전의 경제학. 열린책들, 126-131쪽.
35) 인간 중심적 방식이란 인간만을 위한, 즉 다른 종들은 도구적 가치로만 인식하는 방식이다.
36) 생명 중심적 방식이란 다른 종들이 도구적 가치뿐만 아니라 내재적 가치도 있음을 인정하는 방식이다.

를 분리해서 각각을 별개로 그대로 유지할 수 있다. 이 방식은 인공자본과 자연자본이 보완재라고 볼 때 타당해집니다. 보완재는 분리되든 합쳐지든, 고정된 비율로 그대로 유지되어야만 합니다. 왜냐하면 하나의 생산성이 다른 하나의 이용 가능성에 의존하기 때문입니다. 첫 번째 방식은 약한 지속가능성이라고 부르고, 두 번째 방식은 강한 지속가능성이라 말할 수 있습니다. 인공자본과 자연자본은 근본적으로 보완재 관계이고 아주 부분적으로 대체재의 관계에 있습니다. 그러므로 약한 지속가능성이 현재의 관행에 비하면 향상된 개념임에 틀림없지만 강한 지속가능성이 궁극적으로 적합한 개념입니다. 왜냐하면 인공자본 그 자체는 자연자본에서 나오는 자연 자원의 물질적 변환이기 때문입니다. 그런 까닭에 대체제라고 가정된 것(인공자본)을 더 많이 생산하려면 대체되는 대상 그 자체(자연자본)도 더 많이 필요하게 됩니다. 인공자본은 노동과 같이 원자재 투입에서 생산품 산출로 자원 흐름의 변환을 일으키는 매개체입니다. 인공자본과 자연자본의 보완적 관계는 다음의 몇 가지 질문을 던져보면 명확해집니다. 즉 삼림이 없다면 제재소가 무슨 소용이 있겠는가? 어족 자원이 없는 고깃배, 원유 매장량이 없는 정유공장, 대수층이나 강물이 없는 관개수로 농사 등 모두가 가능하지 않은 일입니다. 자연자본과 인공자본이 보완재 관계에 있는 것이 분명하다면 경제학자들은 어떻게 해서 그렇게 압도적으로 둘을 대체재인 것처럼 취급하게 되었을까요? 그것은 요소들이 대체재라면 어떤 것도 제약 요소(limiting factor)가 되지 않기 때문입니다. 즉 한 요소의 생산성이 다른 요소의 이용가능성에 거의 의존하지 않기 때문입니다.

세계는 인공자본이 제약 요소였던 시대에서 잔존 자연 자원이 제약 요소인 시대로 전환하고 있습니다. 현재 어획량은 어선의 숫자가 아니라 잔존 어족 자원의 양에 의해서 제약됩니다. 목재의 생산은 제재소가 아니라 잔존 삼림에 의해서 제약됩니다. 우리는 상대적으로 자연자본으로 꽉 차고 인공자본은 별로 없던 시대에서 인공자본으로 꽉 차고 자연자본은 별로 남지 않은 세계로 이행되었습니다. 이제 자연자본이 제약 요소로서 인공자본의 지위를 대체했기 때문에 우리는 그것의 생산성을 극대화하고 미래 공급을 증가시키는 정책을 채택해야만

합니다.³⁷⁾

자연자본은 자연 자원의 흐름을 낳는 저장소(stock)입니다. 자연자본은 재생자본(물고기, 나무)과 비재생자본(석유)으로 분류될 수 있습니다. 경작된 자연자본은 플랜테이션 조림, 삼림, 양식장 등 실제로는 인공적인 것이 아니지만 상당 부분이 인간의 행위로 자연 상태로부터 변경된 것들입니다. 조림 삼림의 경우 목재 생산 같은 기능들은 대체될 수 있지만 야생 서식처나 생물 다양성을 대체할 수는 없습니다. 우리가 얼마만큼 경작된 자연자본에 의존할 수 있을지는 아무도 모릅니다. 그러나 대규모로 생태계 설계를 다시 한다는 생각은 배제해야 합니다. 그것은 생태계에 대한 현재 우리의 지식이 턱없이 부족하기 때문입니다. 양적인 차원에서는 기껏해야 하찮은 수준에 그칠 수밖에 없으며 질적인 차원에서는 자칫 잘못하면 생태계를 파괴하는 위험에 빠질 수 있기 때문입니다. 능동적이든 수동적이든 비재생 자연자본은 증가할 수 없으며 서서히 줄어들 뿐입니다.

비재생 자연 자원을 최대한 재생 가능한 대체재로 전환하는 것이 기본적인 생각이며 일반적인 원칙은 비재생 자원을 소모해버리는 속도와 재생 가능한 대체물의 발전 속도를 동일하게 만드는 것입니다. 재생 가능한 자원 스톡(stock) 처분의 경우에는 자본 소비를 생산적 자산의 감가상각, 즉 영구적 산출을 생산하는 기초 자원의 희생으로 취급해야 합니다. 순소득을 얻기 위해서는 총소득에서 감가상각을 제외해야 합니다. 우리가 비재생 자원에 투자할 수는 없지만 재생가능자원에 대한 직접적인 투자를 증가하고 관련 수단들에 대한 간접적 투자를 확대하는 방식으로 비재생 자원의 처분을 관리할 수 있습니다. 즉 처리량의 생산량을 증가시킴으로써 처리량을 감소시키는 것입니다. 이러한 처리량을 줄이기 위한 투자에는 두 가지가 있습니다. 가장 확실한 것으로서 인구 성장을 늦추기 위한 투자를 들 수 있습니다. 여성 문맹률 감소와 사회보장체계에 대한 투자와 더불어 피임 교육과 피임기구 확대는 이런 종류의 투자 기회를 제공합니다. 두 번째는 처리량 사용의 효율성을 높이는 방식입니다. 생명 유지와 생명 확대

---

37) 허먼 데일리. (2016). 성장을 넘어서: 지속가능한 발전의 경제학. 열린책들, 132−151쪽.

서비스 제공에 쓰이는 자본, 즉 자연자본과 인공자본 모두의 효율성을 높이는 방식입니다.

　　우리의 욕구를 충족시키기 위해 세계를 이용하는 효율성은 다음의 두 가지에 달려 있습니다. 인공자본 단위당 우리가 얻을 수 있는 서비스의 양, 그리고 자연자본을 인공자본으로 전환한 결과로 잃게 되는 자연자본 단위당 우리가 희생시키는 서비스의 양이 그것입니다. ① 부자들의 낮은 한계효용 사용에서 가난한 사람들의 높은 한계효용 사용 쪽으로 자원을 재분배하면 전체 사회적 효용이 증가할 것이라는 생각은 합당합니다. ② 자원처리량 단위의 체류시간입니다. 유지 효율성은 상품들을 오래 사용할 수 있게 하고, 복구가 가능하고 재활용할 수 있게 디자인함으로써 증가합니다. ③ 자연자본의 성장 효율성은 처리량을 통해 활용되며, 이는 가용한 자연자본의 증가로 이어집니다. 이는 기본적으로 생태계에서 착취된 생물의 내재적인 성장률에 의해 결정됩니다. 예를 들면, 소나무는 마호가니 나무보다 더 빨리 성장합니다. 두 가지가 어떤 쓸모로 이용될 때 소나무가 더 효율적입니다. 그러나 유전 공학의 출현으로 착취된 종들의 성장률을 가속화하려는 시도가 펼쳐지고 있습니다. ④ 처리량으로 착취되는 자연자본 스톡(stock)의 양을 측정하는 것으로서 이는 희생된 자연 서비스 단위당 처리량으로 표현됩니다. 예를 들면, 우리가 목재의 지속가능한 최대 산출을 얻을 수 있는 수준에서 삼림을 개발할 때조차, 우리는 어느 정도 야생 서식처, 목초지 같은 삼림의 여타 자연 서비스를 희생시킬 수밖에 없습니다. 이를 생태서비스 효율성이라고 부르는데 주로 처리량을 위해 생물군이나 생태계를 착취할 때 여타 생태서비스 손실을 최소화하려는 노력을 반영합니다.

　　인간의 점유지가 확장되면 생태계에 가해지는 스트레스가 증가합니다. 현재 생태 비용의 합리적 순서라는 것이 부재한 이유는 문제 자체에 대한 인식 부재와 생태계 기능에 대한 무지 둘 다에 기인합니다. 만약 우리가 어느 정도 지각이 있는 생명체들에게 그 내재적 가치를 부여한다면 인간 적소의 최적 규모는 인간 존재만을 고려했을 때보다는 작을 것입니다. 인간이 아닌 생명체들의 삶의 향유가 인간 삶의 향유와 동급으로 취급될 수는 없지만 더 이상 제로로 간주되지는 않습니다. 그렇지만 경제학에서는 말할 것도 없이 신학에서조차도 얼마나 많은 참새가 인간 하나의 가치를 가지는지 말하기는 힘듭니다.[38]

조정(adjustment)에는 분배에 대한 진지한 고려가 전혀 없으며 생태계가 원자재와 에너지의 유한한 환경의 원천이라는 측면의 인식도 없습니다. 문제를 다른 측면에서 접근하면 우리에게는 세 가지 고려해야 할 경제 문제가 있습니다. 배분(allocation), 분배(distribution), 그리고 규모(scale)가 그것입니다. 배분은 선택이 가능한 생산품(음식, 자전거, 의료)사용 사이에서 자원을 할당하는 문제를 가리킵니다. 배분은 유효 수효에 맞게 행해질 때 효율적으로 이루어집니다. 유효 수효는 시민들의 상대적 선호를 그들의 상대적 소득에 따라 가중치를 주어 구하는데 두 값은 주어진다고 가정합니다. 자원을 사용하여 사람들이 구매하지 않는 물건들을 많이 만드는 경우 이를 비효율적 배분이라 할 수 있습니다. 즉 비효율적 배분의 경우 구매하려는 물건은 부족하고 구매하지 않는 물건은 과잉으로 나타나게 됩니다. 분배는 서로 다른 사람들 사이에서 생산된 재화를 할당하는 문제를 가리킵니다. 배분이 효율과 비효율의 문제라면, 분배는 공정과 불공정의 문제입니다.[39] 규모는 생태계 대비 경제의 물질적 크기를 가리킵니다. 물질적 차원에서 보면 경제는 상위 생태계의 하위 시스템입니다. 규모, 즉 총자원의 사용은 인구수×1인당 자원 사용으로 측정됩니다. 이는 물질/에너지 처리량의 규모인데 이를 통해 생태계가 경제 하위체계를 지탱하며, 지속가능과 지속불가능의 문제라 할 수 있습니다.

효율적 배분이 공정한 분배를 의미하지는 않습니다. 효율적 배분 혹은 공정한 분배로, 그리고 둘 모두를 합친다고 해서 지속가능한 규모가 해결되지는 않습니다. 조정이라는 개념은 그동안 압도적으로 배분의 맥락에서만 이해되었습니다. 분배가 완전히 무시되어 온 것은 아니지만 조정정책에서는 가련한 둘째로 여겨져 왔음은 분명합니다. 규모는 조정이라는 영역에서 완전히 시야 밖으로 밀

---

38) 허먼 데일리. (2016). 성장을 넘어서: 지속가능한 발전의 경제학. 열린책들, 152-165쪽.
39) 이에 관한 자세한 내용은 손종호. (2023). '교사의 인격과 교원임용제도' 중 정의와 공정에 관한 부분(69-72쪽) 참조.

려나 있었습니다. 지속가능한 발전 관점으로 전환하기 위해서는 배분과 함께 규모와 분배를 무대의 중앙에 올려야 합니다. 조정의 첫 두 가지 양상(상대적 가격을 바로 잡는 것과 인플레이션 조절)은 배분문제를 푸는 열쇠이며 지속가능한 발전의 핵심입니다. 아래 매매 가능한 오염허가증 계획은 규모를 해결하기 위한 해결책이자 대안이라 할 수 있습니다.[40)]

2) 매매 가능한 오염 허가증 계획

첫째, 제한된 숫자 범위 내에서 오염시킬 수 있는 권리증을 발행합니다. 이 권리증에 해당하는 총 혹은 전체 오염량은 지구의 흡수력 이내에서 결정합니다. 즉 생태적으로 지속가능하다고 판단되는 수준 이내로 제한합니다. 첫걸음으로는 환경에 대한 만재 흡수선이 그어져야 합니다. 즉 만재 흡수선처럼 수용력 측정, 최소 안전 기준, 혹은 비용편익 연구를 바탕으로 전체 오염량의 한계가 정해져야 합니다.

둘째, 선택된 규모에 맞게 권리증의 수가 결정되면, 그다음에는 다양한 사람들에게 초기 분배가 이루어져야 합니다. 시민들과 기업, 그리고 공공자산으로 집단에 따라 동등하게 분배되어야 합니다. 그런 후 정부에 의해 개인에게 판매되거나 경매 등의 형태로 거래될 수 있습니다. 생태적으로 지속가능한 규모에 관해 사회적 결정을 내리고 윤리적으로 정당한 분배를 하게 되면 효율성의 관점에서 시장을 통해 개인 간 거래로 재배분을 허용할 수 있는 위치에 서게 됩니다. 중요한 것은 매매로 이루어지는 어떤 형태의 배분과 재배분에 앞서, 초기 분배가 꼭 선행되어야 한다는 점입니다.

셋째, 생태적으로 지속가능한 규모에 관해 사회적 결정을 내리고, 윤리적으로 정당한 분배를 하고 나서야, 우리는 세 번째로 효율성의 관점에서 시장을 통해 개인 간 거래로 재배분을 허용할 수 있는 위치에 서게 됩니다. 배분과 규모 사이를 분리하려면 허가증의 전체 수량이 고정되어야 합니다. 그러나 허가증이

---

40) 허먼 데일리. (2016). 성장을 넘어서: 지속가능한 발전의 경제학. 열린책들, 291 – 295쪽.

거래되는 가격은 자유롭게 변할 수 있도록 허용해야 합니다. 규모가 가격에 의해서가 아니라 생태적 한계를 고려한 사회적 결정으로 결정된다는 사실은 명확합니다. 또한 분배는 가격에 의해서가 아니라 새롭게 창출된 자산의 공정한 분배 문제를 고려해서 이루어지는 사회적 결정으로 정해집니다. 시장에서 이루어지는 개인적 차원의 거래가 이러한 사회적 결정에 종속되어 이루어질 때 희소한 권리증을 효율적으로 배분할 수 있습니다.

이 계획의 요지는 오염의 전체 규모를 제한하는 것입니다. 어떤 것도 기부할 필요도 없고, 팔아서 국고 세입을 늘릴 수 있으며, 효율성의 관점에서 개인 간 재배분을 허용하자는 것입니다. 상품의 가격은 차하위 대체 상품의 가치를 반영합니다. 여기에는 관심 대상인 상품 가격에 실현된 요소들이 들어가 있어야 합니다. 실제로 시장가격으로 측정되는 기회비용[41]을 가진 상품들에는 자연은 배제되어 있습니다. 상품의 가격은 상대적으로 더 많은 인구가 취하는 한계 사회적 편익이나 상대적으로 더 많은 1인당 자원 사용량과 희생되는 한계 생태계 서비스 사이에 균형을 맞추지 못합니다. 이러한 대차대조표는 모든 자원의 사용을 평가함으로써 잠재 가격을 계산하고 부과하는 작업이 요구됩니다. 이 가격은 관습적으로 평가되어 온 상품들의 금전적 교환가치와 상응하는데 이러한 접근 방식은 우리가 생태계 파괴로 야기되는 외부 비용을 모두 알 수 있다는 대담한 전제가 필요합니다. 그리고 이 비용을 초래하는 미시적 결정들 각각에 어떻게 비용을 분담하게 할 것인지에 대한 방안도 필요합니다.

우리는 세 가지 독립된 정책 수단에 대한 세 가지 독립된 최적화 문제를 가지고 있습니다. 각각의 경우 모든 형식적인 측면에서 상승하는 한계 비용과 감소하는 한계 편익의 등가성에 의해 최적화가 규정됩니다. 그렇지만 각각의 경우에서 비용과 편익의 정의와 측정은 모두 다를 것입니다. 그것은 해결해야 할 문제의 본성이 다르기 때문입니다. 신발과 자전거의 상대적 가격은 두 상품 사이에서 자원을 효율적으로 배분하기 위한 수단일 수 있지만, 재산과 소득 불평등

---

41) 기회비용이란 선택에 따른 진정한 비용으로서 여러 대안들 중 하나의 대안을 선택할 때 선택하지 않은 대안들 중 가장 좋은 것, 즉 차선의 가치를 말한다.

의 적절한 범위의 결정에 사용될 수는 없습니다. 더욱이 지속가능한 생활을 위하여 1인당 자연 자원을 얼마나 소비해야 하는가를 결정할 수는 없는 노릇입니다. 분배와 규모는 가난한 사람들, 미래, 다른 생물종들이라는 그 본성에 있어서 근본적인 사회적인 사안들과 연결되어 있습니다. 우리는 개인이지만 우리의 개인 정체성 자체는 우리가 맺고 있는 사회적 관계의 질에 의해 규정됩니다. 따라서 우리의 관계가 변화하면 관계되는 실체의 본성도 변하게 됩니다. 그것은 우리는 다양한 물건에 대한 지불 관계로 연결된 결합체일 뿐만 아니라 가난한 사람들, 미래, 다른 종들을 위한 신뢰 관계로 연결되는 결합체이기 때문입니다.[42]

인간 경제의 규모를 나타내는 최고의 지표는 전 세계적 차원의 광합성 생산 가운데 인간이 전유[43]하는 비중일 것입니다. 1차 순생산량(NPP: Net Primary Production)은 태양에너지의 양을 나타낸 것으로 1차 생산자에 의해 이루어지는 광합성에 쓰이는 태양에너지에서 그들 자신의 성장과 재생산을 위해 쓰이는 에너지를 뺀 값을 의미합니다. 그러므로 NPP는 광합성을 하지 못하는 지구 위 모든 생명체의 기초 식량 자원입니다. 비투색(Vitousek) 등은 잠재적인 지구 NPP 중 25%가 현재 인류에 의해 사용되고 있다고 계산하였습니다. 육지의 NPP만 고려한다면 그 비중은 40%로 높아집니다. 전 세계적인 차원에서 계산된 25%를 가지고 말한다고 해도 지금 인구 수준에서 두 번만 두 배가 되면 100%가 되어 버립니다. 이것은 인간 이외의 비 가축 생물종들을 위해 남겨지는 에너지가 0%가 된다는 것을 의미합니다. 인간은 생태계가 제공하는 서비스 없이는 살아갈 수 없으므로 인류의 규모가 두 번 두 배가 되면 산술적으로는 가능하지만 생태적으로 생존 불가능한 지점에 도달하게 합니다. 게다가 육지만 따진 40%라는 수치가 우리에게는 더욱 관련이 깊습니다. 우리가 바다에서 취할 수 있는 양이 그리 획기적으로 높아질 가능성이 없기 때문입니다. 일정한 1인당 자원 소비수준을 가정한다면 인간 영역의 규모가 두 배가 되는 시간은 인구수가 두 배가 되는 시간과 동일합니다. 대략 40년 후인 2040년이 되면 그렇게 될 것입니다. 그

---

42) 허먼 데일리. (2016). 성장을 넘어서: 지속가능한 발전의 경제학. 열린책들, 101 – 109쪽.
43) 전유란 자기 혼자만 사용하기 위해 허가 없이 무언가를 차지하는 것을 의미한다.

러나 경제 성장이 현재 1인당 평균 자원 소비를 증가시키고 있으며, 그 결과 인구학적 성장률에 내포된 수준보다 더 빨리 인간 영향권의 규모가 두 배가 되는 시간을 앞당기고 있습니다. 온실효과, 오존층 고갈, 산성비 등 모든 것들이 우리가 이미 거시경제 규모의 권장 만재 흘수선을 넘어섰다는 증거를 보여주고 있습니다.[44]

어떻게 하면 이 문제를 피할 수 있을까요? 질량보존의 법칙에 종속되는 유한한 시스템에서는 인간의 경제적 통제 아래 들어오는 것이 점점 더 많아질수록 자연의 자생적 통제 아래에 남아 있는 것은 점점 더 줄어들게 됩니다. 여기에는 두 가지 이유가 있습니다. 하나는 열역학 제1법칙(물질/에너지 보존법칙)입니다. 생태계에서 물질과 에너지를 취하면 그렇게 제거되는 물질과 에너지에 아무것도 행해지지 않더라도 그 시스템의 작동을 저해할 수 있습니다. 단순한 부재가 어떤 영향을 미치기 때문입니다. 마찬가지로 물질과 에너지를 생태계로 단순하게 집어넣는 것도 그 시스템을 저해할 수 있습니다. 새롭게 무언가가 더해지기 때문입니다. 그러나 재배치되는 물질과 에너지에 어떤 질적인 변화가 없더라도 결과가 달라지지는 않습니다.

다른 하나는 열역학 제2법칙입니다. 이 법칙으로 인해 짜내는 물질/에너지가 집어넣어지는 물질/에너지와 질적으로 다르게 됩니다. 저 엔트로피 원자재가 취해지고 고 엔트로피 폐기물이 돌려보내집니다. 물질/에너지 처리량의 질적 저하는 양적 재배치와 함께 생태계에 변화를 초래합니다. 그것은 우리의 정보와 가격 변동과 같은 통제 시스템이 환경과 매몰작용의 비희소성(붕괴 불가능성)을 전제하기 때문입니다.

3) 국제 자유무역과 지속가능한 발전

수송비용은 에너지 집약적입니다. 오늘날 보통 그렇듯이 에너지에 보조금이 지급된다면 수송에도 보조금이 지급됩니다. 특화의 결과로 독립성이 상실되면 한

---

44) 허먼 데일리. (2016). 성장을 넘어서: 지속가능한 발전의 경제학. 열린책들, 110-111쪽.

공동체가 자신들의 삶을 꾸려나가는 방식에 대한 통제력도 약화됩니다. 어떤 나라가 특화를 하게 되면 그 나라는 더 이상 교역을 하지 않을 자유를 잃게 되며, 기본적인 분야에서 어느 정도 자급자족을 유지하려고 신경 쓰지 않으면 일방적으로 불리한 조건에 처하게 될 수 있습니다. 요점은 복지와 후생에는 공동체라는 차원이 존재한다는 사실입니다. 만약 자유무역이 1인당 가용상품을 증가시킨다면 무조건 좋은 것이라는 일차원적 주장에는 이 요소가 누락되어 있습니다.

자유무역으로 경쟁이 격화되면 가격은 더욱 낮아집니다. 상품의 가격을 낮추는 데는 두 가지 방법이 있습니다. 실질 효율성을 향상하는 방법과 비용을 외부화하는 방법이 있습니다. 경쟁적 환경에 있는 기업들은 비용을 모면하기 위해서 비용을 외부화하려는 유인이 있습니다. 국내적으로는 비용 외부화 방식을 금지하는 법과 제도가 존재하나 국제적으로는 그런 법 제도가 거의 없습니다. 국내법들은 나라별로 서로 다르고 그 집행 정도도 다양합니다. 낮은 표준이란 낮은 비용과 가격을 의미하므로 국제적 경쟁은 표준 낮추기 경향을 보이게 됩니다. 그렇게 되면 상대적으로 높은 표준에 바탕을 둔 공동체의 삶을 파괴하게 됩니다. 예를 들면, 미성년 노동 방지 규범을 가진 공동체는 미성년 노동을 허용하는 공동체와 자유무역을 행할 수 없을 것입니다.

국가 내에서 내부화되는 비용의 범위는 상당합니다. 작업장 안전, 최저임금, 복지 프로그램, 사회보장, 근무 시간, 미성년 노동 철폐, 의료보험, 오염통제, 사고에 대한 책임 등 이 모든 사회적 환경적 조치들은 비용을 상승시킵니다. 그러므로 낮은 표준을 가진 나라들과 자유무역을 함으로써 촉진되는 표준 낮추기 경쟁을 견딜 수 없게 됩니다. 그 결과 세계 전체의 생산 중 많은 부분이 낮은 표준을 가진 나라들 쪽으로 이동하게 됩니다. 효율성 추구에서 가장 중요한 원칙은 모든 비용을 계산하는 것입니다. 그러므로 우리는 국가 사이에 존재하는 외부 비용의 내부화 격차를 수정해 주는 보정 관세가 필요합니다. 이것을 자유무역주의자들은 보호주의라고 조롱합니다. 그러나 보호주의는 전통적으로 상대적으로 효율적인 외국 기업과의 경쟁으로부터 비효율적인 국내 산업의 보호를 의미합니다. 보정 관세는 이와는 달리 표준 낮추기 경쟁에 대항해 비용을 내부화하는 효율적인 국가정책을 보호하는 것입니다. 비효율적 산업을 보호하는 것과 비용 내부화의 효율적 국가정책을 보호하는 것은 다른 차원의 문제입니다. 한 나라의 도덕적 기준과 가치 기준을 다른 나라에 부과하는 것은 보정 관세 도입의 동기가 아닙니다. 그보다는 표준 낮추기 경쟁으로 한 나라의 표준이 훼손되지 않게 하는 것이 그 동기라고 말할 수 있습니다.

자유무역의 목표라고 알려진 지구촌이라는 말은 공허한 슬로건에 불과합니다. 어떤 경우든 지구촌은 독자적 생존이 가능한 국가 공동체들의 국제적인 연합을 통해서 달성되어야만 합니다. 경제라는 지우개로 국경선을 지우면 국가들은 약해집니다. 국내 정책을 추진하는 입지가 약해지는 것입니다. 이런 정책에는 국가들이 서명한 국제환경협정을 실행하기로 약속한 정책들도 포함됩니다. 이러한 협정들은 진정한 지구촌을 위한 진전이라 할 수 있습니다. 초국적 기업들은 국제적 위상을 가짐으로써 공동체의 국가적 의무를 회피합니다. 세계화는 세계 공동체를 위해 봉사하지 않으며, 단지 초국적 기업들의 개인주의에 불과할 따름입니다. 우리는 초국적 자본을 공동체적 제약에서 자유롭게 내버려 두든지, 아니면 그것을 통제할 수 있는 국제 정부를 창출하든지, 그것도 아니면 자본을 다시 국내화하고 국가 공동체의 통제 아래 두든지 해야 합니다.

대체로 세계 무역의 절반 정도가 산업 내 교역입니다. 즉 기본적으로 같은 상품을 동시에 수출하고 수입한다는 의미입니다. 그렇다면 규모에 상관없이 그냥 제조 방법만 서로 교환함으로써 얻을 수 있는 이득이 좀 더 많지 않을까요? 이때 우리가 포기하는 것은 우리의 독점권입니다. 이 독점권이 정보에 교환가치를 부여해 주는 것입니다. 지식은 어떤 경우에든 대부분 사회적 산물입니다. 그래서 기본적 지식의 발견 그 자체가 아닌 기본적 지식을 조금 응용한 것에 대해 소유권을 부여하는 것은 꽤 임의적이고 부당하기까지 합니다. 그래서 '지식이라는 분야는 인류의 공동재산'이라는 토마스 제퍼슨의 말은 언제나 옳습니다. 그것은 우리가 가진 지식을 급속하게 공유함으로써 얻는 이익이 그로 인해 초래될 수 있는 새로운 지식 창출 속도의 둔화라는 위험비용보다 크기 때문입니다. 지식의 교환가치는 경쟁 속에서 제로로 떨어집니다. 모든 것 중 지식과 정보가 가장 자유롭게 국경을 넘나드는 것이어야 합니다. 특히 선진국과 개발도상국 사이에 그러합니다. 그러나 오늘날 자유무역주의자들이 가장 이에 반대합니다.

비교우위가 지구적 통합을 뒷받침합니다. 리카도(David Recardo)는 각각의 나라가 비교우위를 갖는 생산물을 특화하여 상대방과 교역하면 절대 우위와 무관하게 둘 다 이익을 본다는 것을 보여주었습니다. 국가 간 자유무역과 경쟁은 상호이익으로 귀결될 수 있습니다. 그러나 리카도는 무역의 비교우위에 관한 자신의 주장을 다음과 같은 명확한 전제를 바탕으로 매우 조심스럽게 제기하였습니다. 바로 자본이 국가 공동체 간에 이동하지 않는다는 가정입니다. 노동뿐만 아니라 자본도 국내에 머물러 있어야 합니다. 오로지 재화만 국제적으로 교역되어야 한다는 것입니다. 자본이 국경을 넘을 수 없다는 사실이 바로 이 모델에서 비교우위가 절대우위를 대체할 수 있게 해주는 요소입니다. 리카도의 시대에는 어떠했는지 모르겠지만 현재 자본은 오늘날 재화보다 훨씬 더 이동성이 강합니다. 값싼 노동력과 자원을 추구하는 초국적 기업의 자본은 개발도상국에 쉽게 공장을 설립할 수 있게 합니다. 자유무역, 특화, 그리고 전 지구적 통합은 국가들이 더 이상 교역하지 않을 자유가 없다는 것을 의미합니다. 그러나 무역이 상호 이로운 것으로 유지되기 위해서는 교역하지 않을 자유가 필요합니다. 전쟁을 피하려면 각 나라는 소비를 줄임과 동시에 좀 더 자급자족할 수 있어야 합니다. 그러나 자유무역주의자들은 우리가 덜 자급자족해야 하고 더 지구적으로 통합해 소비 증가를 가장 중요한 삶의 목표 중 하나로 자리 잡게 해야 한다고 주장합니다. 이것은 우리가 상상할 수 있는 최악의 조언입니다.[45]

3 지속가능한 발전의 세계상

지속가능한 발전은 흡수 역량과 재생 역량의 환경적 제약 내에서 살아가는 것을 의미합니다. 이러한 제약들은 지구적 차원(온실가스 효과, 오존층 파괴)과 지

---

45) 허먼 데일리. (2016). 성장을 넘어서: 지속가능한 발전의 경제학. 열린책들, 267–289쪽.

역적 차원(토양유실, 삼림파괴)이 존재합니다. 국가 간 혹은 지역 간 무역은 다른 곳으로 환경 서비스(폐기물 포함)를 수출함으로써 지역적 제약을 느슨하게 할 수 있는 방편을 제공합니다. 각 나라는 흡수 역량과 재생 역량을 다른 곳에서 수입하거나 수출함으로써 자신들의 역량을 넘어선 수준으로 살아가려고 노력하는 상황입니다. 개발도상국들이 아직 자신들의 한계에 도달하지 않아서 다른 나라들의 수용력을 수입할 수 있지만 수용력 제약을 없애지는 못합니다. 자유무역은 국가들이 차례로 그 제약에 부딪히기보다는 한꺼번에 부딪히게 만드는 역할을 합니다. 즉 서로 다른 지역적 한계를 총량적 글로벌 한계로 전환시킵니다. 이는 일부이지만 해결할 수 있는 다양한 문제들의 집합에서 전혀 해결할 수 없는 하나의 거대한 문제로 전환하는 것이나 다름없습니다. 국가 차원이야말로 경제에 대해 사회적 통제를 효과적으로 할 수 있는 단위입니다. 만약 공동체의 단위가 국가라면 적정가격이 다른 나라들의 선호와 희소성을 반영해서는 안 됩니다. 적정가격은 국가 공동체별로 달라야만 합니다.

조정의 첫 두 목표인 적정가격과 가격 수준 안정화는 지속가능한 발전 시대에 필수적입니다. 지속가능한 발전을 뒷받침하는 기본적 세계상은 경제가 물리적으로 생태계의 하위 체계라는 것입니다. 하위 체계는 그것이 일부로서 속해 있는 전체 시스템의 규모를 넘어서 성장하지 못합니다. 광합성, 수분, 공기와 물의 정화, 기후 유지, 과도한 적외선 차단, 폐기물 재생 등과 같은 서비스를 지속가능하게 공급해 줄 수 있는 생태계 역량 이하로 경제 규모가 유지되어야 합니다. 성장은 우리를 지속가능한 규모 이상으로 이끌어갑니다. 현재의 인구 규모와 1인당 소비수준을 유지하기 위해 자연자본을 소비해 버리면서 우리는 그것을 소득이라고 간주합니다. 규모의 성장이 생산 수익보다 환경 비용을 더 빨리 증가시키는 시점에 우리가 도달하게 되면 처리량 규모를 더 증대함으로써 빈곤을 극복하겠다는 노력은 자멸적 성격을 갖게 됩니다. 이 지점을 넘어서게 되면, 아마 우리는 이미 지나버렸을 가능성이 큰데, 성장을 하면 할수록 더 부유해지는 것이 아니라 더 빈곤해 지게 됩니다. 대안은 규모의 성장을 멈추는 일입니다. 지속적인 자원 처리량을 수량적으로 증대하기보다는 재분배와 자원 사용의 효율성을 질적으로 향상하는 방식으로 빈곤 극복을 추구해야 합니다. 처리량을 제한하는 정책은 자동으로 이용 효율성을 높이는 방향으로 에너지를 전환할 것입니다. 어떤 경우에서든 전환 자체는 필수적입니다.

용어사전에 따르자면, 성장(growth)이란 물질적 크기에서의 수량적 증가 혹은 증식을 뜻합니다. 발전(development)은 질적 변화, 잠재성의 실현, 좀 더 완벽하고 나은 상태로의 전환을 뜻합니다. 두 가지 과정은 구별됩니다. 예를 들면, 아이들은 성장함과 동시에 발전합니다. 눈덩이나 암은 발전하지 않고 성장합니다. 경제는 성장과 발전을 동시에 또는 따로 할 수 있습니다. 경제가 유한하고 자라지 않는 생태계의 하위 체계이므로 성장은 점점 더 전체 시스템에서 경제가 차지하는 부분을 증가시키면서 전체를 다 집어삼키는 상황으로 만들고 있습니다. 따라서 경제는 성장 없이 발전만 해야 합니다. 결국 규모의 성장은 불가능하며, 그리고 이미 비용이 성장의 가치를 초과했다는 사실을 정확히 인식해야 합니다. 지속가능한 발전은 경제 규모가 생태계의 수용력 범위를 넘어서 성장하지 않고 발전하는 것입니다. 지속가능한 발전은 표준적 성장 이념에 대한 대안이며 그것과는 양립 불가능함을 인식해야 합니다.[46]

지속가능한 발전을 위한 구체적인 방법은 다음과 같습니다. 첫 번째는 자연 자본의 소비를 소득으로 산정하는 것을 멈춰야 합니다. 정의상 소득은 한 사회가 한 해 동안 소비할 수 있으면서 다음 해에도 똑같은 양을 소비할 수 있는 최대량을 의미합니다. 우리는 습관적으로 자연자본을 공짜 재화처럼 취급해 왔습니다. 사용자 비용은 비재생 자원의 고갈뿐만 아니라 지속가능한 산출 수준을 넘어서 자연자본을 착취함으로써 재생이 가능한 자연자본을 소모하는 프로젝트에도 적용하고 비용을 산정해야 합니다. 그러므로 사용자 비용은 이산화탄소를 흡수하는 대기의 역량 또는 폐기물을 제거하는 강의 역량 같은 매몰 역량을 고갈시키는 프로젝트에도 부과되어야 합니다. 국제수지 계정에서는 고갈되는 석유나 목재 같은 자연자본의 수출이 경상 계정으로 처리되어 소득으로 취급됩니다.

---

46) 허먼 데일리. (2016). 성장을 넘어서: 지속가능한 발전의 경제학. 열린책들, 295-308쪽.

이는 말하자면 그 나라들에서는 자연자본 스톡(stock)을 처분하고 해외로 이전함으로써 돈을 버는 것처럼 보였을 뿐입니다.

둘째는 노동과 소득에 대한 조세를 낮추고 자원 처리량에 더 많은 세금을 부과해야 합니다. 과거에는 정부가 성장을 촉진하기 위해 자원 처리량에 보조금을 지급하는 것이 관행이었습니다. 최근에도 에너지, 수자원, 비료, 삼림 채벌 등에 종종 보조금이 지급됩니다. 세계은행은 일반적으로 이러한 보조금 지급에 반대하고 있습니다. 그러나 자원 처리량에 대한 금융지원 폐지와 함께 환경보조금도 폐지되어야만 합니다. 그것은 환경보조금이 공동체에 부과되는 외부 비용이기 때문입니다. 우리는 어떤 식으로든 공공수입을 증가시켜야 하는데 현재의 조세체계는 매우 뒤틀려 있습니다. 거의 모든 나라들이 높은 실업률에 직면해 있으면서도 노동과 소득에 과세합니다. 현재 기업에 보내는 신호는 노동은 줄이고 가능한 한 많은 자본과 자원 처리량으로 노동을 대체하라는 것입니다. 그러나 그보다는 자원을 절약하는 것이 더 중요합니다. 그것은 자원 사용과 결부된 고갈과 오염이 초래하는 높은 외부 비용 때문입니다. 동시에 더 많은 노동을 이용하는 것이 바람직합니다. 실업을 줄이면 높은 사회적 편익을 얻을 수 있기 때문입니다.

소득세 구조는 전반적인 조세 구조의 누진적 성격을 보존하는 방향으로 유지되어야 합니다. 그래서 매우 높은 소득세에 과세하고 소득이 아주 낮은 경우에는 보조금을 지급해야 합니다. 그렇지만 공공수입 대부분은 고갈 혹은 오염을 일으키는 처리량에 부과되는 세금에서 충당되어야 합니다. 소득세는 수입보다는 재분배가 주요 목적이기 때문입니다. 처리량 세금은 수입과 더불어 처리량 최소화를 독려하는 목적을 추구해야 합니다. 세금을 많이 부과하면 사라지는 대상은 처리량이 아니라 부가가치입니다. 또한 수요에서 탄력성이 없게 된 대상에 대해 세금을 매기는 것은 배분과 관련해 효율적이기도 합니다. 선진국이 먼저 이와 관련된 조치를 취하지 않으면서 지속가능성을 위해 개발도상국에 희생을 기대하는 것은 어처구니가 없습니다. 환경적 지속가능한 발전을 육성하는 일과 관련해 세계은행 역량의 주요 취약점이 바로 선진국은 놔두고 개발도상국에 대해서만 영향력을 행사하려는 경향입니다. 선진국들에 대해서 압력을 가할 수 있는 어떤 방도를 찾아야만 합니다. 북유럽국가들과 네덜란드는 이런 일을 이미 시작하였습니다.

셋째로 단기적으로는 자연자본의 생산성을 극대화하고, 장기적으로는 자연자본의 공급을 증가하는 데 투자해야 합니다. 경제적 논리는 이 두 가지 방식을 통해 생산의 제약 요소를 극복하라고 요구합니다. 과거에는 자연자본이 엄청나게 풍부했기 때문에 제로 가격을 갖는 것처럼 취급했습니다. 그러나 이제 남아 있는 자원이 희소하면서 보완적 성격을 띠게 되면서 제약적으로 간주해야 합니다. 예를 들면, 삼림 벌채는 제재소 숫자가 아니라 남아있는 삼림에 의해 제약됩니다. 원유 생산은 채굴 능력이 아니라 땅속의 원유 매장량에 의해 제약됩니다.

단기적으로는 처리량에 대한 조세를 통해 자연자본의 가격을 올리면 자연자본의 생산성 극대화에 동기부여가 될 것입니다. 장기적으로는 자연자본에 대한 투자가 요구됩니다. 조림지, 양식장 등 우리가 경작된 자연자본이라고 부르는 자연자본과 인공자본의 혼합물이 자연자본의 재생 가능한 대체재의 한 형태가 될 수 있습니다. 예를 들면, 조림 삼림에서는 인공자본을 사용해 나무를 심고 병충해를 막으며 적절한 윤작을 합니다. 그러나 강수, 햇볕, 토양 등 보완적인 자연자본 서비스는 여전히 필요하며 궁극적으로는 제약적 요소로 남게 됩니다. 또한 경작된 자연자본은 보통 원래의 자연자본에 비해 생물학적 다양성 측면에서 감소될 수밖에 없습니다. 그러므로 이러한 측면은 비용으로 간주해야 합니다.

넷째는 자유무역, 자유로운 자본이동, 수출주도 성장을 통한 글로벌 경제통합이라는 이념을 멀리해야 합니다. 우선으로 국내시장을 위한 국내 생산을 발전시키려 추구하고, 국제 무역은 상대적인 효율성을 갖출 때만 추구함으로써 국가주의 지향으로 전환해야 합니다. 현재는 글로벌 상호의존을 마치 자명한 선인 듯 축복합니다. 세계주의자(globalist)라는 단어가 정치적으로 옳다는 뜻을 품으면서 국가주의자(nationalist)는 경멸적 의미를 띠게 되었습니다. 세계은행 헌장에는 국경 없는 하나의 세계라는 범세계주의자적인 글로벌 통합 비전이 없습니다. 즉 상대적으로 독립되어 있고 느슨하게 국제 무역에 의존하는 여러 국민 경제들을 단단하게 하나의 세계 경제 네트워크로 전환하고, 경제적으로 약한 국가들이 아주 기본적인 생존조차도 그 네트워크에 의존하게 만들어야 한다는 비전이 없습니다. 그것은 범세계주의적 지구주의는 국경선을 약화시키고 국민 공동체와 국가 내 지역 공동체의 힘도 약화시키기 때문입니다. 이와 반대로 초국가적 대기업들의 힘은 강화됩니다. 지구적 이익을 위해 지구적 자본을 규제할 수 있는 세계정부가 존재하지 않기 때문에 또한 세계정부가 바람직하지도 않을 뿐더러 그 가능성도 매우 의심스러우므로 자본을 덜 지구적으로, 더 국가적으로 만들 필요가 있습니다. 지구적 경쟁력을 향상하는 것이라면 무엇이든 닥치는 대로 조정해서 수출주도 성장을 촉진하자는 진부한 슬로건을 대체하고, 자본의 국민화와 국가 경제가 지역경제의 발전을 위해 공동체 속으로 자본을 투입하는 것이 유행되고 뜨거운 관심을 받는 개념이 되어야 합니다. 지구적 경쟁력은 일반적으로 실질 자원의 생산성을 향상하기보다는 임금을 낮추고 환경적이고 사회적인 비용을 외부화하며 소득을 올린다는 착각 속에서 저가로 자연자본을 수출하는 표준 저하 경쟁을 하자는 견해를 반영하고 있기 때문입니다.[47]

인류가 가장 중요하나 우리 인간만 중요하지는 않습니다. 한 사람이 많은 참새의 가치를 가지고 있지만 그렇다고 해서 참새의 가치가 제로라는 의미는 아닙니다. 모든 생명체는 다른 생명체에 대한 도구적 가치와 함께 그 자신의 지각에 근거한 고유의 내재적 가치를 가지고 있습니다. 우리는 습관적으로 인간 이외의 생명체들에 대해 인간의 도구적 가치라는 관점을 가집니다. 그리고 우리 자신에게는 고유의 내재적 가치를 부여하면서 동시에 서로에게 도구적 가치를 부여합니다. 하지만 우리는 다음 세대의 생명체들을 위한 도구적 가치는 전혀 계산하지 않고 있습니다. 성장은 오랫동안 무해한 것으로 간주 되었으며 우리 모두에게 풍요로운 삶을 제공하는 것으로 생각하였습니다. 그러나 사실 성장은 우리를 풍요롭게 만들기보다는 궁핍하게 만듭니다. 그것은 성장의 가치보다 비용이 더 크기 때문입니다.

다원주의자들은 목적 자체의 실재를 부정함으로써 윤리와 정책이라는 사안

---

47) 허먼 데일리. (2016). 성장을 넘어서: 지속가능한 발전의 경제학. 열린책들, 166－177쪽.

과 인간을 무관하게 만들어 버렸습니다. 경제는 저 엔트로피 원자재의 원천으로서 그리고 고 엔트로피 폐기물을 흡수하는 매몰지로서 생태계에 완전히 의존합니다. 하위 체계로서 경제 관점은 인간 적소의 최적 규모를 추구하는 방향으로 나아가야 하며, 그 수준 이상으로 진행되면 성장을 멈춰야 합니다. 우리는 최대한 사람들에게 효율적으로 배분되며 공정하게 분배되는 충분한 1인당 재산을 확보함과 동시에 시간이 지나도 같은 조건이 지속될 수 있도록 노력해야 합니다. 충분한 1인당 재산은 좋은 삶을 위해 충분하다는 말입니다. 공정한 분배는 모든 사람이 자족을 달성하는 것입니다. 이것은 모든 사람이 똑같은 부를 차지해야 함을 의미하지 않습니다. 어느 정도 재산의 불평등은 정의, 효율성, 공동체를 위해 필수적입니다.

지구가 성장하지 않으므로 지구의 하위 체계도 똑같은 행동양식에 순응해야 한다는 결론이 도출됩니다. 그것이 지속가능한 발전입니다. 지구의 수용력을 넘지 않는다면 지속가능한 발전은 어떤 규모로도 가능할 것입니다. 우리의 기본 윤리에 따른 최적의 규모는 시간에 걸쳐 좋은 삶을 위해 충분한 1인당 자원 사용 수준으로 살아가는 삶을 극대화하는 규모입니다. 현재 우리가 확실히 아는 것은 최적 규모가 지속가능해야 하고, 경제 하위 체계가 미래 삶을 줄여야 하는 상황으로 생태계에 과부하를 걸어서는 안 된다는 것입니다. 오염 배출권 계획은 규모, 분배, 배분을 명확히 구분하게 해줍니다. 1인당 자원 사용 증가의 한계, 인구 성장의 한계, 불평등 증가의 한계를 인정하는 것을 거부하면 지구 수용력을 넘는 성장과 그로 인한 지구의 파괴로 귀결됩니다. 그리고 물질적으로 충족한 조건 속에서 살 수 있는 생명의 수가 감소하게 됩니다. 또한 충분하지 못한 생활 수준으로 사는 사람들의 이른 사망으로 이어지게 될 것입니다.[48]

---

48) 허먼 데일리. (2016). 성장을 넘어서: 지속가능한 발전의 경제학. 열린책들, 395—411쪽.

09

지속가능발전교육

1 지속가능한 세계

1) 농업혁명

약 일만 년 전, 수천 년에 걸친 진화 과정을 거친 뒤, 세계 인구는 약 1,000만 명에 이르는 엄청나게 큰 규모에 도달하게 되었습니다. 당시 인류는 유목 생활을 하면서 사냥과 채집으로 생계를 유지하였으나 일부 지역에서는 매우 풍족했던 식물과 사냥감 덕분에 인구가 엄청나게 불어나는 바람에 식량이 부족해지는 상황에 직면하게 됩니다. 그래서 그들은 두 가지 조치를 취하게 되는데, 먼저 일부 사람들은 이동하는 생활방식을 더 적극적으로 확장하기 시작했습니다. 그래서 그들은 조상 대대로 살아왔던 고향인 아프리카와 중동지역을 떠나 사냥감이 풍부한 다른 세계로 이주하기 시작했습니다. 또 다른 사람들은 야생동물들을 길들이고 식물을 재배하면서 정착하기 시작했습니다. 이러한 행동은 완전히 새로운 생각이었으며 이것만으로도 인류 최초의 농부들은 그때까지는 전혀 예측할 수 없었던 방식으로 살아가는 방식을 바꾸게 됩니다. 그들은 처음으로 땅을 소유한다는 것이 무엇인지 이해하게 되었습니다. 자신의 소유물을 등에 짊어지고 다닐 필요가 없게 되자 물건을 모으기 시작했고, 어떤 사람들은 다른 사람들보다 더 많은 것을 소유하기 시작했습니다. 그래서 부와 지위, 교역, 돈, 권력 같은 개념들이 탄생하였습니다. 어떤 사람들은 다른 사람들이 생산하고 남은 식량으로 먹고 살 수 있었습니다. 그들은 도구를 제작하거나, 음악 연주, 또는 성직자, 군인, 운동선수, 왕이 될 수 있었습니다. 이제 인간들이 사는 세상에는 동업조합, 교향악단, 도서관, 군대, 경기종목, 왕조, 도시 같은 것들이 생겨나기 시작했습니다.

우리는 그들의 후손으로서 농업혁명을 인류의 위대한 진보라고 생각합니다. 그러나 인류학자들은 농업을 삶을 더 풍요롭게 만들기 위해 선택한 것이 아니라 늘어나는 인구를 수용하기 위해 어쩔 수 없이 선택한 것이었다고 생각합니다. 정착 농민들은 수렵, 채취하는 사람들보다 더 많은 식량을 확보할 수 있었으나 그들의 식량은 영양분의 질도 낮고 다양성이 떨어졌습니다. 그리고 농사를 짓기 위해서는 많은 노동이 필요했습니다. 농부들은 유목 생활에서 겪어보지 못했던 기후와 질병, 해충, 외부인의 침공 때문에 위협을 느꼈으며, 새롭게 부상하는 지배계급의 압박을 견뎌내어야만 했습니다. 또한 자신들이 사용하다 버린 폐기물들을 제거하거나 처리하지 못한 사람들은 만성적인 오염에 시달려야만 했습니다. 그런 상황에도 불구하고 농업은 인류가 식량 부족을 극복한 성공적인 대응방식이었습니다. 농업으로 인해 인구는 1,000만 명에서 1750년이 되면 8억 명으로 증가하게 됩니다. 인구가 증가하면서 부족한 것들이 생겨나기 시작했는데 그 대표적인 것들은 토지와 에너지였습니다.[1]

2) 산업혁명

산업혁명은 각 가정에서 땔감을 연료로 사용하면서 숲이 사라지게 되자 당시에 풍부하던 석탄으로 땔감을 대체하였던 영국에서 처음 시작되었습니다. 그러나 석탄의 사용에는 땅을 파내 광산을 만들고 지하수를 뽑으면서 캐낸 석탄을 수송하고 연소조절 장치를 제작하는 것과 같은 현실적 문제들이 발생했습니다. 그러나 이런 문제들은 광산과 공장에 노동력을 집중함으로써 비교적 쉽게 해결할 수 있었습니다. 그 과정에서 개발된 기술과 상거래는 인간 사회에서 종교와 윤리를 뛰어넘는 매우 중요한 위치로 올라서게 됩니다. 그래서 누구도 상상할

---

1) 도넬라 H. 메도스 외. (2004). 성장의 한계. 갈라파고스, 405-406쪽.

수 없었던 방식으로 세상이 바뀌게 되는데 이제는 토지가 아니라 기계들이 생산의 중심 도구가 되었습니다. 농업사회의 중심원리였던 봉건주의는 자본주의와 자본주의를 반대하는 공산주의에 길을 내주게 됩니다. 도로와 철도, 공장, 굴뚝이 세상의 풍경 속에 등장하고 도시들이 여기저기 생겨나기 시작했습니다. 공장노동은 농사보다 훨씬 더 힘들고 품위가 떨어지는 일이었으며, 새로운 공장 근처의 대기와 하천은 말할 수 없을 정도로 오염되었습니다. 공장에서 일하는 대다수 사람의 생활 수준은 농부들보다 훨씬 더 낮았지만 경작할 농토는 없고 공장의 일자리는 많았습니다. 아래는 산업화가 인간의 생각에 미친 영향력에 대한 설명입니다.

"자본가들은 기술을 가지고 지구를 지배하면서 사람들에게 더 공평하고 효율적이며 생산적인 삶을 제공할 수 있다고 약속했다. 그들이 사용한 방법은 단순히 개별 기업을 전통적인 위계질서나 지역사회와의 유대관계에서 해방시키는 것이었다. 그 유대가 다른 사람에게서 나온 것이든 어떤 것이든 상관없었다. 그 때문에 사람들은 끊임없이 돈을 버는 것에 대해서 생각해야 했다. 그들은 자기 주변에 있는 모든 것 ― 토지, 천연자원, 자기의 노동력 ― 을 잠재적으로 시장에서 이익을 발생시킬 수 있는 상품으로 여겨야 했다. 그들은 외부의 규제나 간섭없이 그 상품을 생산하고 사고팔수 있는 권리를 요구했다. 부족한 것들이 많아지고 시장이 점점 더 광범위하게 커지면서 인간과 자연의 나머지 부분들과의 유대는 그야말로 가장 가치가 없는 도구주의로 축소되었다.[2]

이러한 도구주의는 60억 명의 사람들에게 다양한 차원에서 물질적 욕구를 충족시키는 믿기 어려울 정도의 높은 생산력을 창조했습니다. 상품 시장과 수요는 극지방에서 열대 지방까지, 산꼭대기에서 바다 깊은 곳까지의 환경을 약탈하

---

2) 도널드 위스터. (1988). 지구의 종말(The Ends of the Earth), Cambridge: Cambridge University Press, 11−12쪽, 재인용.

면서 생산된 것입니다. 산업혁명의 성공은 지구 환경 자체의 전체 수용력 부족을 초래했으며 인류의 생태발자국은 지구의 지속가능한 수준을 뛰어넘게 되었습니다.[3]

3) 지속가능성 혁명

우리는 자원 사용과 오염방출이 지구의 지속가능한 한계를 넘었음을 알리는 신호에 세 가지 방식으로 대처할 수 있습니다. 첫째는 그 신호들을 무시하거나 제대로 인식하지 못하는 것입니다. 그래서 어떤 사람들은 한계에 대해서 걱정할 필요가 없다고 주장하면서 시장과 기술이 저절로 그 문제를 해결할 것이라고 말합니다. 또 다른 사람들은 자신들의 한계 초과 비용을 공간 또는 시간적으로 멀리 떨어져 있는 다른 사람들에게 전가할 방법을 찾기도 합니다. 예를 들면 다음과 같은 방법들입니다.

- 대기오염물질이 더 먼 곳으로 날아갈 수 있도록 굴뚝을 더 높인다. 오염물질 생산과 전혀 관계없는 사람들이 그 오염된 공기를 마실 수밖에 없다.
- 유독성 화학물질이나 핵폐기물을 먼바다로 싣고 나가서 버린다.
- 일자리 마련과 국가부채를 갚아야 한다는 명목으로 물고기나 삼림 자원을 남획한다.
- 이미 발견된 자원은 비효율적으로 사용하면서 새로운 자원을 찾으려고 애쓴다.
- 화학비료를 너무 많이 사용해서 토지생산력이 감소한 것을 정부가 보상한다.
- 자원 부족으로 인한 가격 상승을 정부의 보조금으로 막는다.
- 너무 가격이 올라 구매하기 힘든 자원을 확보하기 위해 무력을 사용하거나 위협한다.

---

3) 도넬라 H. 메도스 외. (2004). 성장의 한계. 갈라파고스, 406−408쪽.

이러한 방법들은 과도한 생태발자국으로 인해 발생하는 문제를 해결하기보다는 상황을 더욱 악화시키게 됩니다.

두 번째 반응은 한계 초과에 따른 압박을 기술과 경제적 처방으로 다소 완화하는 것입니다. 예를 들면 다음과 같은 방법들이 있습니다.

- 자동차가 1km 달리거나 전기를 1kw 사용하는 동안 발생하는 오염물질의 양을 줄인다.
- 자원을 효율적으로 사용하고 재활용하거나 재생 불가능한 자원을 재생 가능한 자원으로 대체한다.
- 하수처리나 홍수 조절, 토양을 비옥하게 하는 것처럼 자연이 수행했던 기능들을 에너지, 인간의 자본과 노동으로 대체한다.

오늘날 이런 조치의 필요성은 매우 절박하며 그중에는 환경의 효율성을 높이는 조치들도 많습니다. 그러나 이러한 조치들은 당분간 시간을 벌어 환경이 주는 압박을 완화할 수는 있지만 그러한 압박을 초래한 원인을 근본적으로 제거하지는 못합니다.

세 번째 반응방식은 근본 원인을 찾아낸 뒤 잠시 뒤로 물러나서 오늘날 인간의 사회경제체계가 관리 부재 상태이며 자체의 한계를 초과해 붕괴로 향하고 있음을 인정하고, 궁극적으로 시스템의 구조 자체를 바꾸려고 노력하는 것입니다. 시스템 사고 용어로 구조를 바꾼다는 것은 시스템 안에서 정보들을 연결하는 고리인 피드백 구조를 바꾸는 것을 의미합니다. 즉 시스템을 구성하는 개별 요소들에 대한 데이터의 내용과 적시성, 그리고 그것들의 행동을 자극하거나 제한하는 생각, 목표, 동기, 비용, 피드백들의 구조를 바꾸는 것을 말합니다. 사람과 조직, 물질적 구조들로 구성된 시스템은 만일 시스템 내의 행위 요소들이 시스템의 구조를 바꿀만한 충분한 이유를 알고 있고 또 그렇게 할 자유가 있거나, 그렇게 하도록 자극하는 동기까지 있다면 지금까지와는 완전히 다르게 행동할 수 있습니다. 시스템이 제때 적절한 정보를 제공하는 구조로 바뀌면 시스템의 사회적, 물질적 구조도 바뀔 가능성이 높습니다. 그러한 시스템은 새로운 법, 새로운 조직, 신기술, 새로운 기술력을 가진 사람, 새로운 종류의 기계나 장치들을 개발할 수 있습니다. 그런 변화를 위해 반드시 중앙의 통제를 받아야 할 필요는 없으며 자연스럽게 진화하듯이 흥미진진하고 즐겁게 시스템을 바꿀 수 있습니다. 이런 변화는 새로운 시스템 구조들로부터 자연스럽게 퍼져 나가는데 기득권층이 관련된 정보를 강제로 무시하고 왜곡하거나 제한하려는 것을 막는 경우를 빼고는 누구도 희생되거나 탄압받을 필요가 없습니다. 농업혁명과 산업혁명은 이러한 시스템의 변화 가운데 가장 큰 구조의 변화였습니다. 그것들은 둘 다 식량을 재배하고 에너지를 이용하고 일을 체계화한다는 새로운 생각에서 출발했습니다.[4]

　　한계, 지체, 침식은 지구가 보유한 물질적 특성이며, 인간은 그러한 특성들을 완화하거나 증진할 수도 있고 기술을 이용해 조작할 수도 있고 다양한 생활양식으로 수용할 수도 있지만 그러한 특성들이 미치는 영향에서 완전히 벗어날 수는 없습니다. 사람들에게 가장 큰 영향력을 미치는 한계 초과의 구조적 원인은 인구 집단과 물질 자본의 기하급수적 성장을 유발하는 양의 피드백 순환고리들이 작동하도록 만들었기 때문입니다. 그것들은 사람들의 출생률을 높이는 각종 규범, 목표, 기대, 압력, 동기, 비용들입니다. 이러한 구조적 원인 때문에 천연자원을 남용하고 소득과 부가 불평등하게 분배되며, 사람들이 스스로 소비자와 생산자로 구분해서 생각하게 됩니다. 또한 물질이나 부의 많고 적음으로 서로의 사회적 신분을 나누고 남에게 더 많이 주거나 자기가 만족할 만큼만 소유하기보다 남보다 더 많이 소유하려고 하게 되는 것입니다.

　　시스템 사고에서 평형상태는 양의 순환고리와 음의 순환고리가 균형을 이루고 시스템을 구성하는 주요 요소들[5]이 안정된 상태를 유지함을 의미합니다. 그렇다고 해서 인구와 경제가 반드시 정체된 상태임을 뜻하는 것은 아닙니다. 적절한 강우량이 뒷받침된다면 강물의 전체 수량이 거의 변함이 없는 것처럼 인

---

4) 도넬라 H. 메도스 외. (2004). 성장의 한계. 갈라파고스, 363-366쪽.
5) 여기서는 인구, 자본, 토지, 토지 산출력, 재생 불가능한 자원, 오염 등을 의미한다.

구와 경제의 전체 크기는 일정한 수준을 유지하게 됩니다. 강이나 호수의 물은 한계만 초과하지 않는다면 일부의 오염 물질들은 자체 정화하고 수중 생태계를 더 풍요롭고 다양하게 만들 수 있습니다. 그와 같이 인간 사회도 오염을 스스로 정화하면서 새로운 지식을 얻고 생산공정을 더욱 효율적으로 만들고 기술들을 전파하고 관리능력을 개선하고 분배를 더욱 공평하게 하며 배우고 발전할 수 있습니다. 그래서 아래와 같은 가정들을 검토할 필요가 있습니다.

- 세계가 지속가능한 사회로 옮겨가는 것은 어쩌면 인구나 산업 산출량을 줄이지 않고도 가능할 수도 있다.
- 그러나 지속가능한 사회로의 이전은 인간의 생태발자국을 줄이려는 단호한 의지가 필요하다. 즉 사람들은 가족의 규모를 줄이고 산업 성장 목표를 낮추고 자원의 사용 효율성을 높이려고 노력해야 한다.
- 지속가능한 사회는 인구수, 생활 수준, 기술 투자, 그리고 산업과 사회서비스, 식량과 같은 물질적 욕구의 배분에 따라 다양한 방법이 있지만 어떤 방식이든 즉각 선택해야 한다.
- 지구가 지탱할 수 있는 인구와 이를 먹여 살릴 수 있는 물질 수준 사이에는 상호 밀접한 관계가 있다. 인구가 많아질수록 지속가능한 물질의 양은 줄어들고 인간이 만들어내는 생태발자국 또한 커질 것이다.
- 세계 경제가 생태발자국을 줄이고 지속가능한 사회를 향해 나아가는 걸리는 시간이 길어질수록 지구가 지탱할 수 있는 인구와 물질의 기준은 더 낮아질 것이며, 어느 시점에 도달하면 지체는 붕괴를 의미한다.
- 사회가 인구와 물질적 생활 수준에 대한 목표를 높이 정할수록 한계를 초과해서 무너질 위험은 더욱 커진다.[6]

시스템 사고의 시각에서 지속가능한 사회는 인구와 자본의 기하급수적 증

---

6) 도넬라 H. 메도스 외. (2004). 성장의 한계. 갈라파고스, 377-387쪽.

가를 유발하는 양의 피드백 순환고리들을 끊임없이 점검하기 위해 각종 정보체계와 사회적, 제도적 장치들을 적절하게 배치한 사회를 의미합니다. 이는 기술의 변화와 사회의 결정에 따라 인구와 자본이 일정한 수준에서 변화하는 경우를 제외하고는 출생률이 사망률과 거의 일치하고 자본의 투자율이 자본의 상각률과 거의 같은 사회를 뜻합니다. 지속가능한 사회가 되기 위해서는 물질적 생활 수준이 사회 구성원 모두에게 적절하고 안전하고 공평하게 분배될 수 있도록 인구와 자본, 기술이 조화를 이루어야 합니다. 지속가능한 물질과 에너지 사용을 위해서는 경제를 위한 물질 처리량이 아래 세 가지 조건과 일치해야 합니다.

- 재생 가능한 자원을 사용하는 속도는 그것을 재생산하는 속도와 같거나 느려야 한다.
- 재생 불가능한 자원을 사용하는 속도는 재생가능 대체자원이 개발되는 속도와 같거나 느려야 한다.
- 오염물질의 방출 속도는 환경의 자정능력을 초과하지 말아야 한다.[7]

지속가능성이 반드시 제로성장을 의미하지는 않으며, 지속가능한 사회는 양적 확대가 아니라 질적 발전에 관심이 있습니다. 지속가능한 사회는 자연과 사회가 부담해야 할 비용을 모두 따졌을 때 획득하게 될 가치보다 치르게 되는 대가가 큰 경우 한계를 초과하지 못하게 하거나 마이너스 성장까지도 합리적이라고 생각할 수 있는 사회입니다. 지속가능한 사회는 어떤 성장 계획을 결정하기 전 그 성장이 무엇을 위한 것이고 누구에게 혜택이 돌아가며 그 대가는 얼마이며 얼마나 오랜 기간 지속되는지, 또 현재 지구의 자원 기반과 폐기물 처리능력으로 그 성장을 수용할 수 있는지를 따지는 사회입니다. 지속가능한 사회는 어떤 물질적 성장이든 목적을 달성하고 나면 더 이상 그 목적을 위한 성장을 추구하지 않는 것입니다. 지속가능한 사회가 되면 인류가 근심과 탐욕에서 벗어나

---

7) 도넬라 H. 메도스 외. (2004). 성장의 한계. 갈라파고스, 388쪽.

타고난 창의성을 충분히 발휘하는 기회가 주어질 것이고, 사회와 환경이 성장을 위해 오염이라는 값비싼 대가를 치르지 않고도 기술과 문화가 꽃을 피울 수 있을 것입니다.

우리는 성장을 지상과제로 생각하는 문화 아래 잠재해 있는 가난, 실업, 영원히 채울 수 없는 인간의 욕구들과 같은 문제들을 올바로 인식할 때 비로소 지속가능한 사회를 향해서 중요한 걸음을 내디딜 수 있습니다. 현재와 같이 구조화된 성장은 이러한 문제들을 서서히 비효율적으로 풀어갈 뿐이며 해결하지는 못합니다. 이러한 문제들을 해결하기 위해서는 앞서 언급한 세 가지 문제에 대한 사고가 바뀌어야 합니다.

- 첫째는 가난으로서, 가난을 극복하기 위해서는 충족과 연대가 필요하다. 우리는 모두 한계 초과 상태에 있다. 따라서 적절하게 관리만 된다면 모두에게 골고루 나누기에 충분한 자원을 가지고 있다. 그러나 관리에 실패한다면 아무리 부유하더라도 불행한 결과를 피할 수 있는 사람은 아무도 없다.
- 둘째는 실업으로서 인간은 스스로 노력하고 점검하고 자제할 필요가 있으며 자신의 기본 욕구를 만족시키기 위한 책임도 져야 한다. 고용이 반드시 먹고 살기 위한 요건이 되어서는 안 되며, 소수가 다수의 일자리를 창조한다는 좁은 생각이나, 노동자는 비용 절감을 위한 대상일 뿐이라는 편협한 시각에서 벗어나야 한다. 우리에게 진정으로 필요한 것은 모든 사람에게 기본적으로 필요한 것들을 제공하고 지원하며, 노동과 여가, 경제 산출물들을 공평하게 나누고 일시적이든 영구적이든 일을 할 수 없는 사람들도 포기하지 않는 그런 경제 시스템이다.
- 셋째는 영원히 채울 수 없는 인간의 비물질적 욕구이다. 물질적인 것을 가지고 비물질적인 진정한 욕구[8]를 채우려고 애쓰는 것은 밑 빠진 독에

---

8) 자기정체성, 공동체 의식, 자존심, 도전정신, 사랑, 기쁨 등이 있다.

물을 붓는 것과 마찬가지다. 비물질적인 인간의 욕구들을 인정하고 이를 유기적으로 연관 지우기 위해서는 물질과 에너지의 사용을 지금보다 감소시키는 동시에 인간이 실천해야 할 일의 수준을 높여야 한다.[9]

우리에게 남겨진 것은 창조성과 선택을 위한 기회입니다. 왜냐하면 확장의 시대는 균형의 시대에 자리를 내어 주어야 하기 때문입니다. 새로운 시대의 주제는 무기를 든 인간이나 AI기반의 기계화된 인간이 아니라 삶의 가치를 새롭게 매기는 것, 기계적인 작업이 유기적인 작업으로 바뀌는 것, 인간화, 협동, 공생과 같은 단어처럼 우리가 온 힘을 다해 지켜야 할 중심 주제를 재정립하는 것입니다.

2 지속가능발전을 위한 교육

현재 우리가 살고 있는 세계의 복잡한 시스템들은 두 가지 공통적인 특성을 가집니다. 첫째로 정보는 변화를 위한 열쇠라는 것입니다. 여기서 정보는 새로운 규칙과 목표들을 제시하면서 적절하고, 필수적이며, 시기에 맞는 적절한 정보를 의미합니다. 그것은 어떤 시스템이든 정보의 흐름이 바뀌면 행동양식도 달라지기 때문입니다. 둘째, 시스템들은 정보의 흐름, 특히 자체의 규칙과 목표들이 바뀔 때 강하게 저항합니다. 현재의 시스템에서 이익을 얻는 사람들이 그러한 변화에 강하게 반대하는 것은 당연한 일입니다. 자신의 이익과 영역을 침해당하는 정치, 경제, 종교와 같은 파벌들은 기존의 규칙과 다르게 행동하고 기존에 합의된 목표와 다른 것을 추구하려는 개인이나 소집단들의 움직임을 거의 완벽하게 제한할 수 있습니다. 혁신을 추구하는 사람들을 무시하고 주변부로 몰아내고 그들이 승진하거나 재능을 발휘하거나 여론을 주도하지 못하게 합니다.

---

9) 도넬라 H. 메도스 외. (2004). 성장의 한계. 갈라파고스, 397-399쪽.

그러나 혁신을 추구하는 사람들만이 시스템을 바꾸는 변화를 만들 수 있으며, 이들은 새로운 정보와 규칙과 목표의 필요성을 인식하고 실험합니다. 우리는 소비를 요구하고 부추기면서 그것에 대해 보상까지 하는 시스템에 있으면서 물질적으로 절제하는 생활이 얼마나 어려운지를 알고 있습니다. 그러나 누구나 절제하는 삶으로 나아갈 수 있습니다. 에너지 효율이 낮은 제품을 생산하는 경제체계에서 에너지를 효율적으로 사용하는 일은 쉽지 않습니다. 그러나 누구든지 효과적으로 일하는 방식들을 찾아낼 수 있으며 필요하면 새로 발명해낼 수도 있습니다. 그 과정에서 다른 사람들에게 그 방식을 더욱 잘 이용할 수 있도록 만들 수도 있습니다. 무엇보다도 오직 옛 정보에만 귀를 기울이도록 구조화된 시스템에서 새로운 정보를 제시하는 일은 어렵습니다.

세계를 지속가능한 시스템으로 재구성하기 위해 도움이 되는 다섯 가지 도구가 있습니다. 이 다섯 가지 도구는 지속가능한 사회를 바란다면 반드시 있어야 하는 필수적 요소입니다. 그것은 꿈꾸기, 네트워크 만들기, 진실 말하기, 배우기, 사랑하기입니다. 엄청난 변화의 크기와 비교할 때 이 도구 목록은 너무 허약해 보이지만 이 도구들 하나하나는 양의 피드백 순환고리들이 서로 연결되는 그물망 안에 존재합니다. 따라서 처음에 아무리 작은 집단의 사람들이라 할지라도 이 도구들을 지속적으로 사용한다면 큰 변화를 불러일으킬 수 있습니다.

1) 꿈꾸기

꿈꾸기는 처음에는 일반적으로 상상하는 것을 의미합니다. 그다음에는 진정으로 바라는 것을 점점 더 집중해서 상상하는 것을 뜻합니다. 진정으로 바라는 것은 누군가 가르쳐 주는 것이 아니며 마음에 들지 않지만 마지못해 받아들이는 것도 아닙니다. 꿈꾸기는 사고를 제약하는 요소들을 떨쳐버리고 마음을 가장 고결하고 소중한 이상으로 가득 차게 만드는 것을 의미합니다. 행동이 따르지 않는 꿈은 쓸모가 없지만 꿈이 없는 행동은 힘이 없습니다. 따라서 꿈은 방향을 제시하고 동기부여를 위해서 필요합니다. 무엇보다 사람들과 함께 꿈을 널리 나누고 지탱한다면 반드시 새로운 시스템들을 낳게 됩니다. 공간과 시간, 물질과 에너지의 한계 안에서 꿈을 가진 사람들의 생각은 새로운 정보, 새로운 피드백 순환고리들, 새로운 행동, 새로운 지식, 새로운 기술뿐만 아니라 새로운 제도, 새로운 물리적 구조, 인간 내면에 있는 새로운 힘들을 낳을 수 있습니다.

지속가능한 세계는 사람들이 마음속 깊이 그 꿈을 새기지 않는 한 절대로 실현될 수 없습니다. 그 꿈을 이루기 위해서는 사람들의 마음속에서 그 꿈이 자라나야 합니다. 아래는 우리가 추구하는 지속가능한 사회가 어떤 사회인가에 대한 설명입니다.

- 시스템에 대한 이해가 커진다.
- 모든 사람이 물질적으로 넉넉하고 안정된 생활을 영위하고 인구 수준도 안정적으로 유지된다.
- 경제는 수단이지 목적이 아니므로 환경을 파괴하기보다는 보호해야 한다.
- 효율성이 높은 재생가능한 에너지 시스템들로 구성되어 있다.
- 효율성이 높은 밀폐 순환고리 물질 시스템들로 구성되어 있다.
- 배기가스와 폐기물을 최소한으로 줄이는 기술 설계를 추구한다. 기술과 자연이 처리할 수 없는 배기가스나 폐기물은 생산하지 않기로 사회적 합의에 이른다.
- 재생농업으로 토양을 복원하고 자연력을 이용해서 토질을 기름지게 하며 해충을 방제하고 오염이 안 된 식량을 많이 생산한다.
- 다양한 생태계의 보존, 인간과 생태계 사이의 조화를 꾀하며 인간과 자연 사이의 다양성을 추구하고 존중한다.
- 지적 유연성, 혁신, 지적 상상력을 자극하여 과학이 번창하고 인간의 지식이 끊임없이 확장된다.
- 경제력, 정치적 영향력, 과학 기술의 전문지식이 한 곳에 집중되지 않고 분산되어 있다.
- 정치구조는 사회의 단기 목표와 장기 목표가 균형을 맞출 수 있게 작용한다. 미래세대를 위해서 현재 사회에 강제로 여러 가지 정치력을 행사할

수도 있다.

- 분쟁을 비폭력으로 해결할 줄 아는 고도의 기술이 있다.
- 언론매체는 세계의 다양성을 반영하는 동시에 문화들이 적절하고 적시성이 있도록 이성적인 정보들과 통합한다.
- 지도자들은 정직하고 총명하고 겸손하다. 자리를 지키는 일보다는 자기가 맡은 임무 수행에 적극적이며 선거에서 이기는 것보다 사회봉사에 관심이 많다.
- 사람들의 인격과 품위를 떨어뜨리지 않고 존중하며 일한다. 사람들이 자신과 사회에 최선을 다하도록 동기를 부여하고 그 대가를 받으면서 자신이 처한 환경에서 풍족함을 누린다.
- 물질적인 것들을 축적하거나 집착하지 않는 자신을 자랑스럽게 생각하고 그렇게 살아야 하는 이유가 있다.[10]

2) 네트워크 만들기

우리에게 네트워크가 없었다면 아무 일도 하지 못했을 것입니다. 우리가 속한 네트워크 대부분은 비공식 네트워크들이며 대부분 예산 유무와 관계없이 규모가 작습니다. 그래서 눈에 잘 드러나지는 않으나 그 영향은 무시할 수 없을 정도로 큽니다. 이러한 네트워크들은 겉으로 드러난 형태야 어떻든 간에 삶의 어떤 측면에 대해서 공통의 관심사를 함께 나누고, 서로 지속적인 관계를 맺고 데이터와 도구와 생각을 공유하며 격려하고, 존중하고 지원하는 사람들로 구성되어 있습니다. 네트워크의 가장 중요한 목적 가운데 하나는 그들이 혼자가 아니라는 사실을 구성원들에게 끊임없이 인식시켜 주는 것입니다. 네트워크는 계층구조가 없으므로 힘이나 의무, 물질적 동기, 사회계약 때문에 형성되는 것이 아닙니다. 네트워크는 공유된 가치와 혼자서는 이룰 수 없는 일을 함께하면 이룰 수 있다는 생각 때문에 연결되는 동등한 관계들 사이의 그물망입니다.

---

10) 도넬라 H. 메도스 외(2004) 성장의 한계. 갈라파고스. 413-416쪽.

유기농법으로 해충을 방제하는 농부들의 네트워크나 환경을 생각하는 언론인들, 녹색 건축가들, 공동체 토지 조합 운동을 하는 사람들, 소비자 협동조합과 같은 네트워크들처럼 서로 공통된 목적을 가진 사람들이 만든 수십만 개의 네트워크들이 있습니다. 지역과 전 세계 차원에서 지속가능성을 위해 헌신하는 네트워크들은 지구의 한계 안에서 지역 생태계를 유지하며 균형을 이루는 지속가능한 세계 형성에 필요합니다. 지역 네트워크의 역할 가운데 하나는 산업혁명 이래 거의 사라져버린 공동체 의식과 지역과의 관계를 복원하는 일입니다.

우리는 소외된 지역이나 그런 지역에 거주하는 사람들의 목소리를 들음으로써 그들이 무엇을 필요로 하는지를 알아야 하고, 또한 그들이 세계를 위해 봉사할 기회를 보장해 줄 수 있어야 합니다. 현재 모든 사람이 지속가능한 생태발자국 안에서 네트워크를 통해 지역과 세계를 연결할 수 있게 되었으므로 지역 간의 정보격차를 메워야 할 필요가 있습니다. 지속가능성이란 측면에서 어떤 부분이 여러분의 관심을 끌게 된다면 여러분은 지금이라도 당장 그 특별한 관심을 공유하고 있는 다른 사람들의 네트워크를 발견하거나 그들과 함께 새로운 네트워크를 만들 수 있습니다. 그 네트워크를 통해 여러분이 필요한 정보를 얻기 위해 어디로 가야 하는지, 여러분이 이용할 수 있는 자료나 도구들은 무엇이 있는지, 관리나 재정지원을 받기 위해서는 어디로 가야 하는지, 누가 어떤 일을 도와줄 수 있는지 알 수 있을 것입니다.[11]

3) 진실 말하기

거짓들은 대부분 계획적입니다. 사람들은 권력을 얻거나 기득권을 유지하기 위해서 불편한 현실을 부인하기 위해서 또는 이기적인 행동을 정당화하기 위해서 행동을 조작하거나 부추기거나 지연시키고 거짓을 말합니다. 거짓은 언제나 정보의 흐름을 왜곡합니다. 정보의 흐름이 거짓 때문에 오염된다면 시스템은 제대로 작동할 수 없습니다. 시스템 사고의 중요한 원칙 중 하나는 정보가 왜곡되

---

11) 도넬라 H. 메도스 외. (2004). 성장의 한계. 갈라파고스, 417−419쪽.

거나 지연되거나 고립되어서는 안 된다는 것입니다. 여기에 우리가 성장의 한계에 대해서 말할 때 자주 마주치게 되는 공통된 편견과 단순화, 말 속임수, 통속적인 거짓말들이 있습니다. 인간 경제가 유한한 지구에 끼치는 영향이 무엇인지 분명하게 알고자 한다면 그런 편견들을 찾아내어 극복해야 합니다.

- 미래에 대한 경고는 지구 멸망을 예견하는 것이 아니며, 인류가 지금까지 살아왔던 길과는 다른 길을 갈 것을 권고하는 것이다.
- 환경은 모든 생명체와 경제의 근원이며 돈만 있으면 언제나 구매가 가능한 사치품이나 수요품, 공산품이 아니다. 여론조사를 보면 사람들이 건강한 환경을 위해서는 얼마든지 더 많은 돈을 지불할 의향이 있음을 알 수 있다.
- 변화는 도전하는 것이며, 피하거나 희생을 요구하지 않는다.
- 현재 필요한 것은 성장이 아니라 발전이다. 성장을 멈춘다고 가난한 사람들이 가난에서 벗어나지 못하는 것이 아니라, 가난한 사람들을 묶어 두는 것은 부자들의 탐욕과 무관심이다. 가난한 사람들에 대한 부자들의 태도가 바뀌어야 하며 그렇게 되면 이에 상응하는 성장이 따른다.
- 오늘날 부유한 사람들이 즐기는 수준까지 사람들의 물질적 소비수준을 높일 수는 없다. 사람들은 각자 기본적으로 만족하는 물질적 욕구들이 있다. 그러한 수준을 넘어서는 물질적 욕구는 지속가능한 생태발자국의 범위 안에서 가능할 때만 충족되어야 한다.
- 전 세계 모든 사람이 반드시 선진국의 물질적 수준에 도달해야 하는 것은 아니다.
- 우리는 생태발자국을 줄이고 효율성을 높이고 자원의 품질을 높이고 자연과 인간 사회 사이의 신호체계를 향상하고 물질 부족 상태를 끝내려는 기술 개발 노력을 장려해야 한다. 그리고 현재의 당면한 문제를 기술 문제가 아니라 인간 생존의 문제로 생각하고 접근해야 한다.
- 우리는 우리가 바라는 미래가 무엇인지 스스로 정해야 한다. 우리는 그것

을 이루기 위해 시장 체계를 이용할 수도 있고 그 밖의 많은 다른 조직 수단들을 활용할 수도 있다.

- 거대한 시스템 구조 안에서 사람과 조직은 모두 그 역할을 한다. 구조적으로 한계 초과에 도달한 시스템에서는 고의든 우연이든 참여자들은 그 한계 초과에 대한 책임이 있다.
- 현재의 성공과 실패, 미래의 가능성과 난관에 대해서 진실을 말할 줄 아는 결단력이 필요하다. 더 나아가 현재의 고통을 받아들이고 이겨내면서 동시에 더 나은 미래에 대한 통찰력을 잃지 않는 용기가 필요하다.[12]

4) 배우기

꿈꾸기, 네트워크 만들기, 진실 말하기는 행동이 따르지 않는다면 아무 소용이 없습니다. 지속가능한 세계를 만들기 위해서는 새로운 농사법을 도입하고, 신사업을 개시하고 생태발자국을 줄이기 위해서 기존 사업의 설계를 바꾸어야 합니다. 토지를 복원하고 공원을 보호하며, 에너지 체계를 새롭게 바꾸고 국제적 합의에 도달해야 합니다. 지속가능한 세계를 위해 필요한 법들을 통과시키고 잘못된 법들은 폐기해야 하며 아이뿐만 아니라 성인도 교육받아야 합니다. 공해 산업에 대한 정부 보조금을 없애고 지속가능성 지표들을 개발하고 모든 가격에 사회적 비용을 포함한 비용을 반영해야 합니다.

세계 경제가 유례없이 하나의 통합된 체계로 발전하고 그것이 지구가 가진 한계들을 압박하면서 완전히 새로운 사고체계를 요구하는 오늘날의 시점에서 보면 인간의 무지는 우리 대다수가 인정하는 것보다 훨씬 더 심각한 수준입니다. 현재 세상의 어떤 지도자나 권위자도 우리가 처한 상황을 정확하게 판단하고 해결책을 내놓을 만큼 충분한 지식을 가지고 있지 않으며, 전 세계에 걸쳐 전면적으로 시행할 수 있는 정책도 없습니다.

배우기는 모든 것을 엄밀히 시험해보고 행동의 결과에 대한 정보를 수집하

---

12) 도넬라 H. 메도스 외(2004) 성장의 한계, 갈라파고스, 419-423쪽.

면서 천천히 가는 것을 의미합니다. 이때 정보란 아직 작동하지는 않지만 아주 중요한 정보, 그러나 언제나 환영받는 것은 아닌 정보들을 포함합니다. 실수하고, 잘못한 것에 대한 진실을 말하고 그러면서도 계속해서 앞으로 나아가지 않으면 아무것도 배울 수 없습니다. 배우기는 열정과 용기를 가지고 새로운 길을 탐색하는 것이고, 다른 사람들이 또 다른 길을 찾아 나설 수 있도록 문을 열어 놓는 것이며, 누군가 목표에 좀 더 빨리 도달할 수 있는 길을 찾았다면 기꺼이 그 길로 발걸음을 돌릴 수 있음을 말합니다.

지속가능한 발전이란 가정에서 지역사회, 국가, 전 세계에 이르기까지 어떤 차원에서든 각 개인이 배우는 지도자로서 행동할 것을 요구합니다. 인내와 관용 없이 배울 수 있는 사람은 아무도 없지만 지구의 한계 초과에 직면한 상황에서 인내와 관용의 시간은 그리 많지 않습니다. 절박함과 인내라는 명백히 상반되는 현실 사이에서 적절한 균형을 찾는 가운데 책임과 관용의 자세를 갖기 위해서는 동정과 겸손, 명석, 정직, 그리고 우리에게 가장 힘들고 부족한 부분일지도 모르는 사랑이 필요합니다.[13]

5) 사랑하기

산업문화에서는 가장 낭만적이고 사적인 경우를 제외하고는 사랑에 대해 말하는 것이 허용되지 않습니다. 개인주의와 근시안적 사고는 오늘날 사회체계의 가장 큰 문제이며 지속불가능성의 가장 뿌리 깊은 원인입니다. 그러한 문제를 해결하기 위해서 사랑과 동정을 제도화하는 것은 매우 좋은 방법이라 할 수 있습니다. 그러나 규칙과 목표, 정보의 흐름이 인간의 인격과 품격을 떨어뜨리는 방향으로 움직이는 시스템 안에서 사랑과 우정, 관용, 이해, 연대를 실천하는 일은 쉽지 않습니다. 따라서 변화하는 세상에서 어려움과 맞설 때 인내와 저항이 불가피하다는 사실을 이해하고 공감할 수 있어야 합니다. 우리 자신의 내부에서도 지속불가능한 방식에 매달리려는 저항이 생길 수 있지만 여러분 자신과 모든

---

13) 도넬라 H. 메도스 외. (2004). 성장의 한계. 갈라파고스, 423−425쪽.

이의 내면에 있는 최선의 인간 본능을 찾아내고 신뢰해야 합니다. 여러분 주변에서 들리는 냉소주의에 귀 기울이고 그것을 믿는 사람들을 동정하길 바라지만 스스로 그것을 믿어서는 안 됩니다. 인류가 인간의 생태발자국을 지속가능한 수준으로 줄이는 도전을 세상의 사람들과 함께한다는 생각으로 하지 않는다면 절대로 성공할 수 없습니다. 사람들이 그들 자신과 다른 사람들을 하나의 통합된 지구촌 구성원의 일부로 보지 않는다면 붕괴는 피할 수 없습니다. 인류가 미래 후손들을 사랑한다면 살아있는 지구를 남겨줘야 한다고 생각하는 법을 배워야 합니다.

세계는 예정된 미래가 있는 것이 아니라 인간의 선택에 따라 달라집니다. 낭비할 시간은 없지만 위기에 대처할 시간은 아직 남아 있으며, 인간의 생태발자국을 계획대로 줄일 수 있는 충분한 에너지와 물질, 자본, 환경 복원력, 그리고 인간적 미덕이 있습니다. 지속가능한 발전은 대다수 사람에게 더 좋은 세상을 약속할 수 있습니다.[14]

6) 지속가능발전을 위한 교육
(ESD: Education for Sustainable Development)

지속가능발전교육은 지구상의 아이들이 질 높은 교육의 혜택을 받을 수 있으며 이를 통해 지속가능한 미래와 사회변혁을 위해 필요한 가치, 행동, 삶의 방식을 배울 수 있는 사회를 지향하는 교육으로 규정합니다.[15] 유네스코의 지속가능발전교육을 위한 구체적인 목표는 다음과 같습니다. 첫째, 학령기에 있는 아이들에게 기초교육에 대한 접근성을 향상하고 이를 유지하는 것입니다. 둘째는 지속가능한 발전을 다루기 위해 교육프로그램을 재구조화하는 것입니다. 예를 들면 현재 시행 중인 2022 개정 교육과정을 지속가능발전 프로그램과 융합하여 교육과정을 재구조화하는 것이 이에 해당합니다. 셋째는 지속가능한 발전에 대

---

14) 도넬라 H. 메도스 외. (2004). 성장의 한계. 갈라파고스, 426–430쪽.
15) UNESCO. (2002). Teaching and learning for a sustainable future, A multimedia teacher education programme.

한 일반 시민의 이해와 인식을 증진하는 것입니다. 이것은 학교 교육과정의 재구조화에 그치는 것이 아니라 지속가능한 발전에 대한 인식을 지역사회에까지 넓혀야 한다는 의미입니다. 넷째는 모든 직업인에 대한 지속가능발전교육의 실시입니다. 이는 평생교육의 분야로서 교육 분야뿐만 아니라 사회 전반에서 활동하고 있는 구성원들이 지속가능한 발전에 대한 이해가 필요하다는 의미입니다.

지속가능한 미래를 위한 교수학습(Teaching and Learning for Sustainable Future: TLSF) 프로그램은 유네스코에서 개발한 멀티미디어 교사 교육프로그램으로서 지구상의 모든 교육자를 대상으로 하고 있습니다.[16] 이 TLSF 프로그램은 전체 25개의 모듈이 포함되어 있는데 교육과정 개발이론, 교육과정에서의 지속가능발전, 현시대의 쟁점들, 교수학습전략이라는 네 개의 주제로 구분되어 있고, 여기에는 모두 27개의 하위 주제가 포함됩니다. 25개의 모듈은 예비 교사 교육과정과 교사 및 기타 교육 전문가의 현직 교육에 사용할 수 있도록 각 4시간, 총 100시간의 교수학습자료와 활동을 제공하고 있습니다. 이 프로그램은 우리의 미래를 위협하는 빈곤, 낭비성 소비, 환경파괴, 도시 쇠퇴, 인구 증가, 건강, 분쟁 및 인권 침해와 같은 문제의 복잡성과 상호연결성을 다루면서 학생들이 살고 있는 세계를 더 잘 이해하도록 돕는 교육에 대한 새로운 비전에 뿌리를 두고 있습니다. 이 프로그램은 교사와 학생들이 희망과 자신감을 가지고 지역 및 글로벌 문제에 직면할 수 있도록 힘을 실어주기 위한 것입니다. 그것은 우리 공동의 미래를 위협하는 문제를 해결하기 위해서는 모든 사람이 문화적으로 적절하고 지역적으로 적합한 방식으로 결정을 내리고 행동할 수 있도록 교육시스템, 정책 및 관행의 방향을 재조정해야 하기 때문입니다. 이 프로그램을 통해 교사는 학생들이 지속가능한 미래에 대한 대안적 비전을 개발 및 평가하고 다른 사람들과 창의적으로 협력하여 비전을 실현할 수 있는 학습 경험을 계획할 수 있습니다. 전 세계에는 6천만 명 이상의 교사가 있으며, 각 교사는 지속가능한 미래를 위해 우리가 필요로 하는 생활방식과 시스템의 변화를 가져오는 핵심 주체입니다.

---

16) 이 프로그램의 웹주소는 www.unesco.org/education/tlsf이다.

오늘날 우리가 처한 현실은 교육을 통해 지속가능한 미래에 필요한 가치, 행동 및 생활방식을 육성할 것을 요구합니다. 이러한 이유로 혁신적인 교사 교육은 지속가능한 미래를 위한 교육의 중요한 부분이라 할 수 있습니다. 이 프로그램의 내용은 아래의 표와 같이 25개의 모듈과 네 개의 주제로 나누어져 있으며, 그 내용은 다음과 같습니다.

유네스코 지속가능발전교육 공식 프로젝트 인증제는 우리나라에서 실천하고 있는 다양한 지속가능발전 교육 사례를 발굴하여 널리 알림으로써 구체적인 지속가능발전교육 모델을 개발하여 국제 사회에 소개하는 것을 목표로 하고 있습니다. 이 제도는 2011년부터 우리나라에서 시작되어 2016년까지 총 74개의 프로젝트가 유네스코 지속가능발전교육 공식 프로젝트로 인증받았으며 매년 진행되고 있습니다.[18]

● TLSF의 모듈과 주제[17]

교육과정 개발이론	교육과정 통합	간학문적 교육과정	교수학습
지속가능한 미래를 위한 교육 근거가 되는 개발과 현실 소개	지속가능발전교육을 위한 교육과정 통합 방법 제시	다양한 교육과정 주제의 통합과 재구성 방법 제시	지속가능발전을 위한 교수 및 학습 방법 제시
(1) 지구 현실 탐구 (2) 지속가능발전에 대한 이해 (3) 교육과정에서의 미래 전망 (4) 지속가능한 미래를 위한 교육의 방향 전환 (5) 도전 받아들이기: 교육 과정 전반에 걸친 지속 가능성에 대한 교육	(6) 교육과정 전반에 걸친 지속가능한 미래 (7) 시민성 교육 (8) 보건 교육 (9) 소비자교육	(10) 지속가능한 미래를 위한 문화와 종교 (11) 토착 지식과 지속가능성 (12) 여성과 지속가능한 발전 (13) 인구와 개발 (14) 세계 기아에 대한 이해 (15) 지속가능한 농업 (16) 지속가능한 관광 (17) 지속가능한 지역사회	(18) 경험 학습 (19) 스토리텔링 (20) 가치 교육 (21) 탐구학습 (22) 적합한 평가 (23) 미래 문제 해결 (24) 교실 밖 수업 (25) 공동체 문제 해결

---

17) 25개의 각 모듈에 대한 자세한 내용은 최돈형, 지속가능한 미래를 위한 교육 참고.
출처: https://www.unescoapceiu.org/bbs/files/pdf/2003/031226_EIUofGlobalization_p262-284.pdf

학교는 두 가지 이유에서 지속가능발전교육을 시행해야 합니다. 첫째는 우리가 지금까지 교육제도에서 추구해 왔던 지배적인 사고방식은 제기되는 문제에 대한 즉각적 해결방안을 찾아내는 것과 효율성이라 할 수 있습니다. 그러나 이는 사람들과 환경에 기계적이고 지속불가능한 결과를 초래하였습니다. 지속가능한 발전을 위해서는 다른 사고방식, 즉 시스템 사고에 기반한 교육이 필요합니다. 둘째는 오늘 학교에서 사고하고 행동하는 법을 배운 학생들은 미래가 아니라 바로 오늘부터 배운 것을 실행할 수 있습니다. 지속가능한 발전에 대해 생각하기 시작하는 순간부터 실질적인 기여가 가능하다는 것입니다. 학교와 교실은 사회를 지속가능하게 발전할 수 있게 만드는 가장 비옥한 토양입니다. 따라서 건강하고 지속가능한 미래를 원한다면 교육을 적절하게 설계해야 합니다. 교사와 학생들이 지속가능한 발전을 자연스러운 교육목표로 인식하게 되고 학생들이 참여한다면 교육은 지속가능한 발전을 위한 해결책 중 중요한 일부가 될 수 있습니다. 이러한 의미가 있는 지속가능발전교육은 교사와 학생들에게 새로운 유형의 헌신을 불러일으킬 수 있습니다. 즉 우리 주위의 생명들이 고통받지 않도록 생태계의 건전성을 유지하면서 경제적으로 번영을 달성할 수 있도록 새로운 지식과 새로운 사고방식을 개발하는 것입니다. 우리는 지속가능발전교육을 통해서 이러한 사고방식을 가르칠 수 있고 배울 수 있으며 평가할 수 있습니다.

　　학교에서 시행되는 교육과정을 분석하기 위해서는 지속가능한 발전의 주요 3가지 영역인 환경, 사회, 경제와 관련된 개념들을 비롯하여 학교와 지역사회에 중요한 지속가능한 발전에 관한 여러 주제를 찾아볼 필요가 있습니다. 지속가능발전교육과 관련된 주제들이 상대적으로 많고 자주 다루어지는 교과는 사회, 도덕, 과학, 기술/가정 등입니다. 그러나 지속가능발전교육과 관련 없는 주제나 교과를 찾기는 사실상 어려우며 모든 교과가 이와 관련됩니다. 우리나라의 경우 지속가능발전교육을 위한 추진 방식은 대부분 교육부와 교육청 주도형으로서 위

---

18) 이에 관한 자세한 내용은 크레존(www.crezone.net)의 '지속가능발전교육 수업모델' 참고.

에서 아래로 내려가는 탑다운(Top-down)방식입니다. 지속가능발전교육이란 교육의 전반적인 방향을 근본적으로 바꾸는 패러다임의 변화입니다. 그러나 우리나라의 경우 교육청 주도로 프로그램을 개발하거나 교사의 인식을 높이기 위한 연수 프로그램 실시 등과 같이 위에서 아래로의 교육활동이 주를 이루는 실정입니다. 따라서 학교 단위에서의 지속가능발전교육이 시행될 필요가 있습니다. 마지막으로는 일선 교육자들의 인식 문제입니다. 지속가능한 발전에 대한 기초개념의 이해부터 시작하여 2022 개정 교육과정에 이를 적용하기 위해서는 교육과정의 재구조화를 위한 교사들의 노력이 수반되어야 하는데 교육부나 교육청에서 제공하는 교육과정의 매뉴얼만을 답습하는 과거의 교육 형태를 벗지 못하는 경향이 강합니다. 이와 같은 일선 교사들의 낙후된 인식과 전근대적인 교육풍토는 앞으로 극복되어야 할 과제라고 할 수 있습니다.[19]

지속가능한 미래를 위한 교육은 이와 관련된 지식, 기술, 태도, 실천, 학교와 지역사회와의 연계 등에 관한 틀과 사고방식을 제시하는 것입니다. 만약 학생들이 지속가능한 발전에 대한 경험을 내면화한다면 학생들은 자신이 살고 있는 지역사회에서 유사한 형태로 위험이나 위기에 빠진 대상들을 찾을 수 있습니다. 그런 경우 학생들은 문제에 접근해서 문제 해결 방법을 직접적으로 처리하려고 하기보다는 문제가 되는 사건의 인과관계 사슬들을 살펴보고 새로운 문제의 생성을 최소화하는 해결책을 모색하는 방법을 배워야 합니다. 그것은 문제와 위기에 대한 심사숙고보다는 목표와 해결책의 비전에 대한 반복적인 생각이 신경 흐름의 패턴을 단기기억에서 장기기억으로 변화시키며 보다 창조적이고 장기적 사고를 촉진하기 때문입니다. 그런 경험을 통해서 학생들은 높은 수준의 참여의식과 현재 그들이 살고 있는 장소에 대해 강한 애정을 가지게 될 것입니다.[20]

지속가능한 발전을 위해 학교가 지역사회와 연계하는 것은 매우 중요한 요소입니다. 학교와 지역사회의 연계는 서로가 관심을 가지고 대화하고 교육과정을 재구조화하며 상호 접점에 있는 사업에 참여함으로써 문제에 대한 해결책을 모

---

19) 조성화 외. (2015). 교육과 지속가능발전의 만남. 북스힐.
20) 피터 센게 외. (2019). 학습하는 학교. 씨아이알, 794-796쪽.

형화하면 가능해집니다. 교사와 학생들이 지속가능성에 대한 의식을 높이고 행동할 때 학교와 지역사회는 공동의 목표를 가질 수 있게 되며, 이는 지역사회가 미래에 대한 희망을 품으며 건강해질 수 있는 계기가 될 수 있습니다. 학생의 학습과 행동의 결과는 학교와 교실 차원에서 확인할 수 있지만 지역사회의 발전은 재생에너지의 증가, 폐기물 처리, 공유물의 상태, 생태발자국 등과 같은 지표를 통해서만 확인되므로 이러한 지표들에 대한 기준선을 세우고 시간의 흐름에 따른 추이를 지켜봐야 합니다. 학생들이 학교를 졸업하고 사회에 진출함으로써 자신의 권리를 가지는 것이 아니라 현재 학생들이 학교와 교실에서 하는 일이 미래의 건강과 지속가능성에 봉사한다는 책임감을 가질 수 있어야 합니다. 학교의 중요한 기능 중의 한 가지는 젊은이들이 그들이 원하는 직업을 찾아 사회에 가치 있는 기여자로서 살아갈 수 있도록 도와주는 것이며, 그 본질은 직업이란 단어의 어원[21])처럼 자신의 목소리를 찾는 데 있습니다. 그렇게 되기 위해서는 교실에서의 학습이 학생 자신에게 실제로 중요하고 자신들과 관련된 것에 초점을 맞추고 제기된 문제를 해결할 수 있는 시간과 공간을 제공할 수 있어야 합니다.

그렇다면 어떻게 교육에서 상호의존성의 중요성을 깨닫게 할 수 있을까요? 하나의 방법은 지속가능발전교육의 확대를 위해 교육자와 지역사회의 지도자들이 이를 인정하고 돕는 것입니다. 예를 들면, 과학 수업에서 과학을 탄소발자국[22]) 감소라는 실용적인 목적을 세운 후 분석에 적용하고 그 과정에서 지역사회의 기업들이 탄소발자국을 줄이는 기술의 개발 방법을 배우면서 실생활에서 에너지를 조금씩 감소시키는 방향으로 나아가는 것입니다. 그렇게 되면 학생들은 자신들이 지역사회에 변화를 줄 수 있음을 알게 됩니다. 이것은 교실에서의 학습을 통해 지속가능한 공동체와 사회와 연계되는 기회를 부여하고 교사와 학생이 함께 건강하게 생존할 수 있는 지속가능한 방법들을 찾게 되는 과정이라 할 수 있습니다.

---

21) 직업(vocation)이란 단어는 라틴어 'vocare'에서 유래하는데 영어인 voice를 만들어 낸 vox와 같은 뿌리에서 발생하였으며, calling을 의미한다.
22) 탄소발자국(Carbon footprint)은 개인을 비롯해 기업 등이 직간접적으로 배출하는 온실가스의 총량을 뜻하며 대체로 일 년 동안 발생한 이산화탄소의 양으로 측정된다.

나오면서

인간은 지력이 생기면서 자기의 존재가 물리적으로나 정신적으로 나약함을 조금씩 인정하게 됩니다. 그래서 고대에는 자연을 숭배하였으며 아직도 그 흔적이 오늘날 샤머니즘, 토테미즘 등으로 우리 주위에 남아 있습니다. 중세에는 종교가 세상의 중심이 되었습니다. 서양의 기독교, 이슬람교, 동양의 불교, 도교 등이 그 대표적 예라고 할 수 있습니다. 근대에 들어서면서 인간이 중심이 되는 시대가 열리게 됩니다. 산업혁명에서 시작해 현재 4차 산업혁명시대의 핵심이 되는 기술들, 특히 AI(인공지능), IoT(사물인터넷), 자율주행, 빅데이터(Big Data) 등은 모두 인간, 그중에서도 인간의 뇌(brain)와 관련된 기술들이라 할 수 있습니다.

자연 중심에서 종교(신) 중심으로, 그리고 인간중심이라는 패러다임의 변화에는 항상 이러한 생각과 사상을 제창하고 주도적으로 이끌었던 철학자 또는 사상가가 있었습니다. 여기서는 인간이 중심이 되는 근대사회로 나아갈 수 있는 정신적 기반을 마련하였던 칸트(1724-1804)와 현대사회에서 인간중심의 세계관을 어떻게 해석하고 적용해야 하느냐를 고민한 듀이(1859-1952)에 대해서 살펴보았습니다. 이 두 철학자는 비록 시대는 달랐으나 칸트의 경우 판단력으로 자연(지성)과 자유(이성)의 연결을 시도하였고, 듀이는 경험으로 인간과 자연의 상호작용을 도모하였다는 측면에서 공통점이 있습니다.

인간의 정신세계를 진(眞), 선(善), 미(美)로 나눈 것은 고대 그리스시대의 철학자에서부터 시작되었으며 근대에 이르기까지는 아름다움(美)보다는 진리(眞)나 도덕(善)에 더 많은 관심을 두었습니다. 진리를 우선으로 탐구하려는 체계 속에서 자연스럽게 인간의 본질은 사유하는 능력, 즉 이성에 있다고 간주하였으며, 이러한 사유를 기반으로 행하는 능력(도덕)이 중시되었습니다. 그 결과 인간과 인간이 속해 있는 자연은 완전히 별개의 것으로 구분된다는 이원론적 체계가 성립되게 됩니다. 예를 들면, 인간과 자연, 선과 악, 이성과 감정은 완전히 다르며 구분된다는 인식입니다. 그러나 칸트가 진(眞)과 선(善)의 매개체로 미(美)를 제시하면서 아름다움(美)에 대한 개념과 인식이 조금씩 달라졌습니다. 그것을 포괄적인 개념으로 접근한 이가 듀이이며 그는 경험이 인간과 자연의 매개체가 되어야 한다고 주장합니다.

오늘날 현대사회는 역사적으로 그 어느 때보다 인간중심 사회이지만 또한 인간의 생존을 위협받는 시대이기도 합니다. 그것은 인간이 세상의 중심이라는 사고방식으로 인해 발생하게 된 지구적 생태계 파괴 현상 때문입니다. 우리가 잘 알다시피 기후변화로 인한 자연재해 증가, 지구의 오존층 파괴, 이산화탄소 증가로 인한 지구 온난화 현상, 천연자원의 고갈 등의 문제가 인간의 삶의 질과 생존을 위협하고 있습니다. 따라서 우리는 칸트와 듀이의 미학, 그리고 네이티브 아메리칸의 삶을 통해 자연과 인간이 화합하고 공존하는 방법을 모색할 필요가 있습니다.

인간과 자연이 공존해야 한다는 생각에서 나온 학문이 바로 시스템 사고이며, 지속가능한 발전(Environment of Sustainable Development)입니다. 인간의 필요가 아닌 당위라는 시각에서 지속가능발전을 위해서는 미학을 이해할 필요가 있습니다. 그중에서도 칸트의 판단력 비판과 듀이의 경험이라는 개념을 지속가능발전이란 측면에서 살펴볼 필요가 있습니다. 그것은 미래세대가 앞으로 살아나가야 할 미래는 지금까지와는 다른 생각과 삶의 토대가 펼쳐질 것으로 예상되기 때문입니다. 근대 이후 지금까지 인간이 중심이 되는 사회에서 인간과 자연이 화합하는 사회로, 자연 친화적 사회로 전환되지 않고는 인간은 지구에서 자신이 원하는 삶의 방식을 유지하기가 점점 힘들어질 것이기 때문입니다.

교육에서 미학 기반의 인식이 중요한 이유는 무엇보다 지금까지 이루어져왔던 지식과 이성 위주의 교육이 결국 이기주의와 경쟁을 조장하는 결과를 초래하였기 때문입니다. 칸트가 말하는 미(美)의 주관적 보편성, 즉 아름다움은 주관적이지만 인간은 누구나 아름다움을 느낀다는 관점에서 본다면, 학교 교육은 학생 개개인의 아름다움(美)에 대한 주관적 인식을 인정하고 개인적 가치를 존중해야 합니다. 이는 지금까지의 지식과 도덕 위주의 교육이 학생의 주관적 가치와 느낌을 수용하는 교육과 조화 및 균형을 이루어야 한다는 의미입니다. 이는 또한 장애인 교육의 기본 설계와 목적이 IEP(individual Educational Plan)에 있듯이 공공교육도 이제는 개인의 가치와 의미를 중시하는 개별화 교육으로 조금씩 나아가야 함을 의미합니다. 즉 지식을 중시하는 객관적 가치와 감성을 중시하는 주관적 가치 모두를 포용할 수 있어야 한다는 것입니다. 이제는 칸트와 듀이가 제시했던 것처럼 이원론의 지식체계에서 벗어나기 위한 교육적 노력이 필요합니다. 우리가 이해하기 힘들었던 철학적 의미나, 수학 공식, 과학 법칙을 깨닫고 통달하였을 때의 기쁨이 없다면 왜 우리가 공부해야 할까요? 또한 학문에 대한 아무런 기쁨이나 즐거움 없이 오로지 직업을 얻기 위한 수단으로서 공부하는 것이 가능할까요? 또 그렇게 해서 얻은 직업이 아름다움이라는 주관적 가치와 결부되지 않는다면 자신의 직업 세계에서 친절, 사랑, 배려와 같은 가치가 발휘될 수 있을까요?

따라서 이 책은 미래세대가 행복하게 살기 위해 각자의 삶의 방식을 모색하기 위한 시도이며, 그들이 갖추어야 할 역량을 제시하기 위한 노력의 일부입니다.

📖 참고문헌

김상환. (2019). 왜 칸트인가. 21세기북스.

김연희. (2012). 존 듀이의 교육미학. 교육과학사.

김옥례. (2009) 멜빌과 아메리칸 인디언. 근대영미소설 제16집 제1호.

김옥례. (2008). 벽과 울타리를 넘어서. 미국소설 15권 2호.

도널드 위스터. (1988). 지구의 종말. Cambridge: Cambridge University Press.

도넬라 H. 메도스 외. (2004). 성장의 한계. 갈라파고스.

레너드 펠티어. (2005). 나의 삶, 끝나지 않은 선댄스. 돌베개.

마이클 샌델. (2010). 왜 도덕인가? 한국경제신문.

마이클 크로우, 윌리엄 다바스. (2017). 새로운 미국대학 설계. 아르케.

마티스 베커나겔 외. (2002). 인간경제의 생태적 용량초과 추적. 과학원 회보 99호, No.14, 9266-9271쪽.

맹주만. (2012). 칸트의 미학. 서양 근대미학. 창비.

미코시바 요시유키. (2017). 그렇다면 칸트를 추천합니다. 청어람.

박기순. (2012). 근대와 미학. 서양근대미학. 창비.

박윤경. (2022). 루이스 어드릭의 사랑의 묘약에 나타난 치페와 원주민의 외상회복의 두차원, 영미어문학 146호.

박정만. (2020). 미국 원주민 주체 의식의 탈주와 백인 패권주의에 대한 유쾌한 도발: 아메리칸 인디언 드라마 포그혼, 미국학논집 52-1.

백성혜 외. (2016). 융합교육의 이해. 이모션북스.

백종현. (2018). 인간이란 무엇인가. 아카넷.

손종호. (2023). 교사의 인격과 교원임용제도. 박영스토리.

손종호. (2020.) 시냅스러닝. 박영스토리.

손종호. (2015). 변하지 않는 학교는 공룡이다. 해드림출판사.

손종호. (2011). 학교헌장과 학교문화의 변화과정에 대한 통합적 접근. 인문연구 제62호.

아리스토텔레스. (2013). 니코마코스 윤리학. 도서출판 숲.

우려하는 과학자동맹. (1992). 인류에게 보내는 세계 과학자들의 경고. Cambridge, MA, 02238.

오병남. (2003). 미학 강의. 서울대학교 출판부.

이돈희. (1999). 교육정의론. 교육과학사.

이은미. (2008). 듀이 미학의 교육학적 해석. 서울대학교 박사학위 논문.

이홍우. (2006). 존 듀이 민주주의와 교육. 교육과학사.

임마누엘 칸트. (2018). 윤리형이상학 정초. IV−429, 대우고전총서 16.

임마누엘 칸트. (2009). 판단력 비판. 대우고전총서 024, 아카넷.

장 셀리에. (2016). 시간 여행자의 아메리카사. 청아람미디어.

조셉 M. 마셜3세. (2009). 바람이 너를 지나가게 하라. 문학의 숲.

존 듀이. (2016). 경험으로서 예술(1, 2부). 나남.

조성화 외. (2015). 교육과 지속가능발전의 만남. 북스힐.

최영진. (2015). 폭력, 용서, 그리고 아메리칸 인디언의 문화적 유산에 대한 현재적 의미. 다문화콘텐츠연구 제18집.

피터 센게 외. (2019). 학습하는 학교. 씨아이알.

피터 센게. (2016). 학습하는 조직. 에이지21.

플라톤. (2023). 국가. 현대지성.

크리스티안 헬무트 벤젤. (2012). 칸트 미학. 그린비.

한스 페커 발머. (2014). 철학적 미학. 미진사.

한미야. (2012). 대주교에게 죽음이 오다. 문학과 환경 11권 2호.

허먼 데일리. (2016). 성장을 넘어서: 지속가능발전의 경제학. 열린책들.

A. Maslow. (1965). Eupsychian Management. Homewood III: Richard Invin and Dorsey Press.

Bryant, M. T. & Son, J. H. (2001). Proper human relation and Korean principal's leadership styles. AERA Conference in Seattle.

Cottle, T. (1976). Perceiving Time, New York: John Wiley & Sons.

E. H. 카 (2016). 역사란 무엇인가, 까치글방.

Eagel, B. M. (1991). Buffalo Woman Comes Singing, New York: Magraw−Hill.

Fraine Nearkiller. (1996). Interview in Lincon Indian Center at June, 5, 1996.

Hall, E. T. (1987). Hidden Differences: Doing Business with Japanese. Garden

City, NY: Anchor Press.

MacGregor, G. (1945). Warriors without Weapons. The University of Chicago Press: Chicago.

Mead, M. (1961). Cooperation and Competition among Primitive Peoples. Beacon: Boston.

Neihardt, J. G. (1988). Black Elk Speaks, University of Nebraska Press, Biston Book.

UNESCO. (2002). Teaching and learning for a sustainable future, A multimedia teacher education programme.

Wax, M. & Wax, R. & Dumont R. Jr. (1989). Formal Education in an American Indian Community, Prosper Height. IL: Waveland Press.

Wax, R. H. (1971). Doing Fieldwork: Warning and Advice. The University of Chicago Press: Chicago & London.

교육부 공식블로그. (2021.8.23.). https://if－blog.tistory.com/12465

교육부 보도자료. (2013.05.28.). http://www.moe.go.kr.

중앙일보. (2017.05.14.). https://www.joongang.co.kr/article/21570178#home

정부에 소송 건 청소년들, 1심 승소에 전 세계 요동. (2024.04.07.). https://www.ohmynews.com/NWS_Web/Series/series_premium_pg.aspx?CNTN_CD＝A0003017942

조선일보. (2021.8.20.). https://www.chosun.com/politics/assembly/2021/08/20/SRS6XWQS2NER7AJZMV6MYZAS2Q/

최돈형. (2013). 지속가능한 미래를 위한 교육 https://www.unescoapceiu.org/bbs/files/pdf/2003/031226_EIUofGlobalization_p262－284.pdf

한국유아교육신문. (2020.09.07.). http://www.kindernews.net/news/articleView.html?idxno＝2552

Dona Sharon. (1996). Interview in Lincoln Indian Center at May, 29. 1996.

Eriksson & Anderson. (2010). The Entropy hourglass.

Gerold Springer. (1996). Interview in Lincoln Indian Center at June, 6. 1996.

Geo (1996). Interview in Todd School at July, 15 1996.

Guy, Mato, Bear. (1996). Interview in Todd School at July, 17 1996.

OECD Education 2030: The Future of Education and Skills.

www.oecd.org/education/2030

https://www.etnews.com/20210713000155?mc=ns_002_00002

📁 찾아보기

손종호(孫鍾浩)

학교 현장에서 오랜 시간 교사와 교육행정가로 일하였다. 경북대학교에서 역사학과 학사 및 한국사 석사학위 취득 후 미국 네브래스카주립대학교(UNL)에서 2000년 교육행정 박사학위를 취득하였다. 중고등학교 및 영남대학교, 계명대학교 겸임교수, 대구가톨릭대학교 산학협력교수로 재직하였으며, 저서로는 "변하지 않는 학교는 공룡이다"(2014), "시냅스 러닝"(2020), "교사의 인격과 교원임용제도"(2023) 등이 있다.
현재 대구대학교 사범대학 교직부 겸임교수 및 경북대학교 인문학술원 객원연구원으로 활동 중이다.

미학기반 지속가능발전교육

초판발행   2025년 1월 2일

지은이   손종호
펴낸이   노 현

편 집   전채린
기획/마케팅   허승훈
표지디자인   Benstory
제 작   고철민·김원표

펴낸곳   ㈜ 피와이메이트
                 서울특별시 금천구 가산디지털2로 53 한라시그마밸리 210호(가산동)
                 등록 2014. 2. 12. 제2018-000080호

전 화   02)733-6771
f a x   02)736-4818
e-mail   pys@pybook.co.kr
homepage   www.pybook.co.kr
ISBN   979-11-7279-033-2 93370

정 가   19,000원

박영스토리는 박영사와 함께하는 브랜드입니다.